존 비비어의 은혜

지은이 | 존 비비어
옮긴이 | 윤종석
초판 발행 | 2010. 3. 15
 25쇄 발행 | 2023. 11. 2.
등록번호 | 제3-203호
등록된 곳 | 서울시 용산구 서빙고동 95번지
발행처 | 사단법인 두란노서원
영업부 | 2078-3333 FAX | 080-749-3705
출판부 | 2078-3444

▌책값은 뒤표지에 있습니다.
ISBN 978-89-531-1331-2 03230
▌독자의 의견을 기다립니다.
tpress@duranno.com http://www. duranno.com

두란노서원은 바울 사도가 3차 전도 여행 때 에베소에서 성령 받은 제자들을 따로 세워 하나님의
말씀으로 양육하던 장소입니다. 사도행전 19장 8-20절의 정신에 따라 첫째 목회자를 돕는 사역
과 평신도를 훈련시키는 사역, 둘째 세계선교(TIM)와 문서선교(단행본·잡지)사역, 셋째 예수문화 및 경
배와 찬양 사역, 그리고 가정·상담 사역 등을 감당하고 있습니다. 1980년 12월 22일에 창립된
두란노서원은 주님 오실 때까지 이 사역들을 계속할 것입니다.

존 비비어의

존 비비어 지음 | 윤종석 옮김

두란노

* 이 책에 실린 본문 성구는 다음의 성경 번역본을 사용했습니다(알파벳순).

· AMP=*The Amplified Bible* (The Lockman Foundation 발행)

· CEV=*Contemporary English Version* (American Bible Society 발행)

· NKJV=*New King James Version* (Thomas Nelson Publishers 발행)

· NLT=*New Living Bible Translation* (Tyndale House Publishers 발행)

· TEV=*Today's English Version* (American Bible Society 발행)

· NIV=*New International Version* (Zondervan Publishers 발행)

· 개역개정판 (별도 표기가 없는 경우)

· 메시지 (복있는사람 발행)

하나님을 기쁘시게 하려는 사람에게
가장 필요한 것은 은혜다.

Contents

추천의 글

"존 비비어의 예리하고 실제적인 통찰이 이 책에서 또 한 번 빛을 발한다. 가벼운 즉답에서 생의 해답을 찾고 얄팍한 구호가 지혜로 통하는 시대인 만큼, 삶의 본질적 요건에 대한 이런 솔직함이 요긴한 시기다. 존이 보여 주는 은혜의 삶은 모든 사람의 손닿는 데 있지만 그 조건은 평범하지 않다."

잭 W. 헤이포드, International Foursquare Churches 총재

"출신이 어떠하든 살아온 경험이 어떠하든 하나님은 당신을 통해 비범한 일들을 하기 원하신다. 내가 그 산 증거다. 하나님이 이 세대를 위해 계획하신 모든 일을 이루려면 우리를 향한 그분의 갈망이 얼마나 큰지 알아야 한다. 그런 점에서 존은 시의적절한 주제를 골랐다. 지금부터 존의 놀라운 성경 지식을 통해 하나님이 당신을 위해 예비하신 은혜의 삶을 발견하라!"

조이스 마이어, 「여자의 인생은 자신감으로 결정된다」의 저자

"「은혜」에서 내 친구 존 비비어는 독자들을 보다 이상적인 삶(보통 이상의 명철, 보통 이상의 성공, 보통 이상의 감격)의 여정으로 안내한다. 평범한 실존을 넘어 비범한 삶을 붙들려면 정확히 어떻게 해야 하는지 보여 주고 있다!"

에드 영, 펠로십교회 담임목사

"독특하고 훌륭한 메시지다! 존 비비어가 당신 내면의 비범한 세계를 풀어내줄 참신한 책을 내놓았다. 마음을 열고 하나님의 은혜를 선뜻 받아들이기를 기도한다."

달린 첵, 호주 힐송교회 예배 목사

"존 비비어는 은혜로 사는 삶에 대한 인간의 천성적 갈망을 독특하게 들여다본다. 우리가 힘센 독수리처럼 비상하고 싶으면서도 흔히 닭처럼 걷는 삶을 인생의 최종 운명으로 받아들이는 이유도 깊이 파헤친다. 우리 모두의 내면에 살고 있는 비범한 존재에 이르는 법을 존의 책에서 찾아볼 수 있을 것이다."

T. D. 제이크스, 포터스하우스교회 담임목사 · 「담대한 믿음」의 저자

"오늘날 청소년들은 물론이고 성인들까지도 엉뚱한 데서 가치 있는 일을 찾느라 시간을 허비하고 있다. 이 책에서 존 비비어는 인생의 의미에 관한 질문에 단순한 답으로 우리 모두에게 도전한다. 변화에 준비된 이들만 적용하면 된다!".

론 루스, 틴 매니아 미니스트리 대표

"모두가 알다시피 우리는 보통 이상의 삶을 위해 지음 받았다. 적당한 삶을 버리고 하나님이 예비하신 위대한 모험을 즐기게 해줄 책이다."

토미 바네트, Phoenix First Assembly 목사

Extraordinary: Life You're Meant to Live

part 1

하나님을
기쁘시게 하는
삶은 가능하다

빛나는
그리스도인의 삶

Extraordinary: Life You're Meant to Live

하나님은 당신이 비범하게 살기를 바라실 뿐만
아니라 그것이 가능하도록 당신을 갖추어 주셨
다. 이것은 하나님의 뜻일 뿐만 아니라 그분의
큰 기쁨이기도 하다.

"하나님이 자기를 사랑하는 자들을 위하여 예비하신 모든 것은 눈으로
보지 못하고 귀로 듣지 못하고 사람의 마음으로 생각하지도 못하였다"(고
전 2:9).

상상을 뛰어넘는 성도의 비범한 실존을 그려 낸 말씀이 아닐 수 없다.
그 실존은 유한한 인간이 여태까지 알고 경험했던 세계를 훨씬 초월한다.
지금까지 이 말씀을 성도들이 얻게 될 하늘의 영광과만 결부시켰는지 모
르겠다. 그러나 사실 이 말씀은 지금 이곳에 살고 있는 우리를 위해 주신
것이다! 이어지는 다음 말씀을 보라.

"오직 하나님이 성령으로 이것을 우리에게 보이셨으니"(10절).

교회가 태동하던 시기에 살았던 바울은 이전까지 사람들의 눈과 귀와 생각 너머에 숨겨져 있던 것을 성령의 감화를 통해 드러냈다. 그는 자신의 사명에 대해서도 이렇게 소개한 바 있다.

> 나의 임무는, 이 모든 것을 처음 창조하신 하나님께서 줄곧 은밀히 해 오신 일을 알리고 밝히는 것입니다. 하나님의 이 탁월하신 계획은, 교회에 모인 여러분처럼 예수를 따르는 이들을 통해 천사들에게까지 알려져 이야기되고 있습니다!(엡 3:8-10, 메시지)

당신이 비범하게 살기를 그 누구보다도 바라시는 분이 있다. 그분은 여느 좋은 아버지처럼 자녀들의 성취와 행복을 기뻐하는 아버지다. 그분의 이름은 하나님이다! 그분이 가장 기뻐하시는 순간은 당신이 자신의 잠재력을 최고로 발휘하는 때다. 그분의 탁월하신 계획 역시 우리가 비범하게 살 때 드러난다.

비범하게 산다는 것

'비범함'. 이 얼마나 멋진 단어인지 듣기만 해도 평범함과 현실 안주에서 벗어나고픈 열망이 솟는다. 이 말은 '보통 수준보다 뛰어나다', '평범함을 벗어나다'로 정의된다. 비슷한 말로는 '신기하다, 놀랍다, 기이하다, 상상을 초월한다' 등이 있다. 이 감동적인 단어의 전체 뜻을 더 잘 알려면 '흔하다, 보통이다, 평범하다'의 반대 뜻을 생각하면 된다.

비범함의 반대는 평범함이다! 솔직히 우리는 자신의 존재나 삶의 의미가 여태까지 알고 보아 온 것 이상이기를 원한다. 모든 사람들 안에는 평범함을 초월하려는 타고난 갈망이 있다. 우리는 비범한 삶을 동경한다.

대중의 마음과 관심을 사로잡았던 최고의 영화들에는 항상 비범한 주인공이 등장한다. 〈스파이더맨〉, 〈슈퍼맨〉, 〈헐크〉, 〈스타워즈〉, 〈반지의 제왕〉, 〈나니아 연대기〉, 〈매트릭스〉, 〈판타스틱4〉, 〈인크레더블〉, 〈엑스맨〉, 〈해리 포터〉, 〈카리브 해의 해적〉 등. 여기에 위대한 업적을 이루며 남다른 삶을 살아가는 영웅을 그린 영화까지 더해 보라. 배트맨이나 아이언맨, 인디애나 존스나 조로, 로빈 후드까지.

사실 2009년 현재, 역대 최고의 블록버스터 영화 25위 중 17편이 이 범주에 들어간다. 거의 70퍼센트다. 50위까지 범위를 넓혀도 그 비율은 비슷하다.

역대 최고의 인기 영화 대부분이 멜로나 스릴러, 또는 전쟁 영화나 서부 영화, 우정이나 가족을 다룬 영화가 아니라니 흥미롭지 않은가. 최고의 흥행을 올린 영화들은 놀라운 위업을 달성하는 비범한 인물들을 다룬 것이다. 게다가 그들 중 다수는 초인적 능력을 지니고 있다. 왜 그럴까? 우리가 본래 '비범한' 삶을 살도록 지음 받았기 때문이다. 본래 그것이 하나님의 계획이었다.

왜곡된 기독교의 이미지

하지만 안타깝게도 하나님의 계획과 인간의 현실은 맞지 않을 때가 많다. 내가 오랫동안 기독교를 거부하고 피했던 이유 중 하나는 어긋난 기독교인들의 이미지 때문이었다. 흔히 그렇듯 나에게 비쳐진 그리스도인들은 성경책을 손으로 쿵쿵 내리치며 비판적인 말을 하는 사람들이었다. 그들은 남의 결점을 지적하기에 빨랐고 그게 아니면 수동적이거나, 시류에 역행하며, 무지했다. 그리스도인들이 고정관념에서 벗어나 살아간다거나 평범함을 깨뜨리는 비범한 개척자라는 생각은 한 번도 해보지 않았다.

여자 그리스도인들에 대한 생각은 이보다 더 나빴다. 내가 보기에 그들은 중요한 일에 대한 발언권도 없고, 옷차림도 구식이고, 외모에도 소홀했다. 전통적으로 경건한 여자가 바깥일에 나서는 것은 남세스러운 일이라 어떤 식으로든 지도자가 되는 것을 보지 못했다. 당시 젊었던 나는 사고 기능을 박탈당한 아내, 인생의 모험에 나와 함께하지 못하는 아내를 원하지 않았다. 내가 원하는 여자는 억압된 사람이 아니라 생기발랄한 여자였다!

내게 기독교는 생기가 없어 보였다. 신자가 되면 개성과 창의력, 탁월함과 열정을 잃을 것 같았다. 경제나 스포츠, 정치, 교육, 기타 분야에

> **사**탄이 가장 두려워하는 것은 그리스도인들이 하나님께 지음 받은 자기 본연의 존재를 발견하는 것이다.

서 성공할 수 있는 능력을 잃을 것 같았다. 그때는 몰랐지만 그런 시각은 본래 하나님이 우리를 지으실 때 주신 삶과는 반대다. 그분은 우리에게 비범한 삶에 대한 갈망을 불어넣어 주셨다. 그분 자신의 말씀을 들어 보라.

> 하나님이 이르시되 우리의 형상을 따라 우리의 모양대로 우리가 사람을 만들고 그들로 바다의 물고기와 하늘의 새와 가축과 온 땅과 땅에 기는 모든 것을 다스리게 하자 하시고 하나님이 자기 형상 곧 하나님의 형상대로 사람을 창조하시되 남자와 여자를 창조하시고 하나님이 그들에게 복을 주시며 하나님이 그들에게 이르시되 생육하고 번성하여 땅에 충만하라, 땅을 정복하라, 바다의 물고기와 하늘의 새와 땅에 움직이는 모든 생물을 다스리라 하시니라(창 1:26-28).

우리는 하나님의 형상을 반사시키는 존재로 지음 받았다. 그분은 남자

와 여자에게 "생육하고 번성하여 땅에 충만하라, 땅을 정복하라"고 하셨다. 첫 사람 아담은 지상의 모든 동물에게 이름을 지어 주었다(부인도 동참하고 싶었겠지만 그때는 아직 하와가 창조되기 전이다!). 하나님은 동물들을 아담에게 데려오시며 그에게 명명(命名)의 책임을 맡기셨다. 지구상의 동물들은 족히 백만 종이 넘는다. 아담은 그 모든 이름을 지을 만큼 창의적이었을 뿐 아니라 그것을 다 기억하는 능력까지 있었다. 한마디로 비범한 인간이었다!

당신은 이렇게 물을지 모른다. "하지만 아담이 타락한 뒤로 그런 능력들이 상실되지 않았을까요?" 아니다. 예수님은 아담이 자초한 인류의 곤경을 뒤집으셨다. 바울은 이렇게 말한다.

> 한마디로 말하면 이렇습니다. 한 사람이 잘못을 범해 우리 모두가 죄와 죽음이라는 곤경에 처하게 된 것처럼, 또 다른 한 사람이 올바른 일을 함으로써 우리 모두가 거기서 벗어날 수 있게 되었습니다. 사실, 우리는 단순히 곤경에서 건져진 것 이상입니다. 그분은 우리를 생명 속으로 이끌어 들이셨습니다!(롬 5:18, 메시지)

여기서 생명이라는 말은 장차 우리가 천국에서 누릴 삶 외에 '지금 여기'의 삶도 의미하고 있다. 예수님은 아담이 잃어버린 것을 되찾으셨을 뿐 아니라 그 이상으로, 비범한 삶의 잠재력까지 주셨다!

사실 하나님은 당신이 비범하게 살기를 바라실 뿐만 아니라 그것이 가능하도록 당신을 갖추어 주셨다. 이 말을 절대로 잊지 말고 마음 판에 새겨 두라. 신기하고 놀랍고 비범한 삶은 어떤 개인이나 직업에 국한되지 않는다. 당신이 누구이고 직업이 무엇이든 상관없다. 당신이 교사든 사업가든 정부 지도자든 전업주부든 운동선수든 공장 직원이든 미용사든 학생이든 목사든 상관없다. 당신은 그 역할 속에서 비범한 일을 이루도록 지음 받았다. 놀라운 위업을 이루고 비범한 삶을 사는 능력은 마음의 습성이다. 이것은 하나님의 뜻일 뿐만 아니라 그분의 큰 기쁨이기도 하다.

할리우드와 기존의 신자들, 그리고 현 문화는 내게 하나님의 사람들에 대한 이미지를 왜곡시키고 축소시켰다. 왜 그런 왜곡이 생겨났을까? 하나님과 당신과 내게는 사탄이라는 공통의 적이 있다. '이 세상 임금', '공중의 권세 잡은 자', '이 세상 신'으로 불리는 자다. 그는 세상의 시스템을 지배하며, 하나님께 속하지 않은 자들의 사고를 지배한다. 수십 억의 타락한 천사와 귀신들이 그의 대전략을 수행한다. 안타까운 사실은 교회가 사탄의 주요 전략을 술을 마시거나 영화의 낯 뜨거운 장면을 보게 만드는 행동 따위로 제한할 때가 너무 많다는 것이다. 사탄은 그보다 훨씬 교활하며 온갖 다양한 덫으로 주위를 흐려 놓는다.

우리는 그의 주목적을 놓쳤다. 그가 가장 두려워하는 것은 그리스도인들이 하나님께 지음 받은 자기 본연의 존재(놀랍고 특별한 위업을 수행할 능력을 지닌 비범한 인간)를 발견하는 것이다. 그리스도인에 대한 사회의 이미지가 바로 그래야 된다.

그리스도인에 대한 요즘의 평판과는 대조적으로 초대교회의 큰 고민 중 하나는 신자가 초인적 영웅이나 신이 아님을 사람들에게 설득시키는 것이었다. 세계 최강 군대의 장교였던 고넬료는 베드로와 그 일행에게 엎드려 경배했다. 베드로는 기겁하여 즉시 이렇게 말했다. "일어서라 나도 사람이라"(행 10:26).

루스드라라는 도시에서는 군중이 흥분해서, 루가오니아 방언으로 외쳤다. "'신들이 내려오셨다! 이 사람들은 신이다!' 바울은 그들을 확실히 바로잡아 주었다. '도대체 무엇을 하는 것입니까! 우리는 신이 아닙니다!'"(행 14:11, 15, 메시지) 바울은 멜리데에서 땔감을 줍다가 독사에 물렸다. 그는 독사를 떨어내 버렸다. 주민들은 그가 죽을 줄 알았다가 "그런 일이 일어나지 않자, 이번에는 그가 신이라고 단정했다!"(행 28:6, 메시지)

사람들은 초대교회에 대해 이렇게 말했다. "천하를 어지럽게 하던 이 사람들이 여기도 이르매"(17:6). 그들의 사회는 그리스도인들을 아주 높이 보았다. 기록에 보면 교회를 향한 예루살렘 성 전체의 태도는 이랬다. "백성이 칭송하더라"(5:13). 이처럼 교회를 우러르는 마음이 우리 세대에도 회복되어야 하지 않을까?

앞으로의 여정

이 책에서 우리는 하나님이 원하시는 비범한 삶을 온전히 이해하기 위한 여정에 오를 것이다. 내용을 대충 훑어보거나 건너뛰지 않기를 바란다. 각 장은 앞 장에 기초하고 있다.

내가 자라면서 여러 번 겪었던 일이 당신에게는 없기를 바란다. 간혹 나는 온 가족이 영화를 보고 있을 때 뒤늦게 끼어들곤 했다. 하루는 거실에 들어갔는데 〈웨스트사이드 스토리〉가 막 끝나려던 참이었다. 남자 주인공이 죽어가며 마지막 대사를 말하는 클라이맥스였다. 가족들과 함께 그 장면을 봤지만 나의 감동은 그들과 전혀 달랐다. 나는 어머니와 누이들이 왜 울고 있는지 몰랐다. 아버지마저도 침통하고 슬픈 표정이었다. 나는 나중에 왔기 때문에 '다들 왜 이러지?' 하는 생각이 들었다. 부모님과 누이들의 마음을 사로잡은 그 장면이 내게는 그냥 무덤덤했다. 영화 전체의 여정을 함께 걷지 않았기 때문이다.

이 책의 메시지가 당신에게 그렇게 되지 않기를 바란다. 평범한 삶을 영영 떨칠 수 있는 잠재력은 점진적으로 이루어진다. 나의 경험에서 하는 말이다. 이 책을 집필하면서 나는 하나님을 구하고, 자료를 조사하고, 집필하고, 기도하면서 차츰 달라졌다!

이 여정을 함께하는 사이, 당신은 자신이 비범한 삶을 위해 지음 받았음은 물론 실제로 그렇게 사는 법도 알게 될 것이다. 시작하기 전에, 하나님이 당신 안에 있는 하나님의 갈망을 깨워 달라고 함께 기도하자.

사랑하는 하나님, 이 책을 읽는 동안 성령께서 가르쳐 주십시오. 제 삶에 주신 주님의 사명이 얼마나 풍성하고 큰지 알기 원합니다. 또한 이 사명을 이루어 주의 이름에 영광을, 주의 마음에 기쁨을 드릴 수 있도록 제 안에 주신 능력도 알고 싶습니다. 주님이 저를 이때에 이곳에 두셨습니다. 하나님의 계획대로 이 땅에서 제가 이룰 놀라운 일을 다 이루게 되기를 기도합니다. 예수 그리스도의 이름으로 기도합니다. 아멘.

02

당신은
사랑받는 존재다

Extraordinary: Life You're Meant to Live

우리 영혼의 값은 예수 그리스도 외에는 무엇
으로도 되살 수 없을 만큼 비싸다. 하나님이 비
싼 값을 치르고 우리를 사셨다.

우리 집에는 아들이 넷이나 있다. 이 글을 쓰는 지금 그 애들의 나이는
14세에서 22세에 이르기까지 다양하다. 몇 년 전 가족끼리 즐겁게 식사를
하다가 이런 말을 한 적이 있다. "얘들아, 너희가 무슨 일을 해도 엄마와
나는 너희를 지금 사랑하는 것보다 더 사랑할 수 없단다. 반대로, 너희가
무슨 짓을 해도 엄마와 나는 너희를 지금보다 덜 사랑할 수도 없단다."

그 말에 아이들이 좋아하며 안정감을 느끼는 모습을 보았다. 부모에게
사랑받는 기분을 누군들 원하지 않겠는가. 그러나 이어진 내 말이 아이들
의 허를 찔렀다. "하지만 얘들아, 엄마와 내가 너희를 얼마나 기뻐할지는
너희 책임이 크단다." 아이들의 웃음이 차분한 표정으로 바뀌었다. 자신

20

들에 대한 부모의 기쁨이 무조건적이 아니라 각자의 행동에 달려 있음을 깨달은 것이다.

조금 충격을 받을지 모르겠지만 하나님과 우리의 관계도 마찬가지다. 우리가 그 어떤 대단한 일을 해도 하나님은 우리를 이미 사랑하시는 것보다 더 사랑하실 수 없다. 거꾸로, 우리가 무슨 나쁜 짓을 해도 그분은 우리를 덜 사랑하실 수도 없다. 하지만 그분이 우리를 얼마나 기뻐하실 것인가는 다른 이야기다.

최근에 우리는 하나님의 무조건적인 사랑에 대해 많이 들었다. 아주 유익하고 필요한 주제다. 그런데 그것 때문에 많은 사람들이 무의식중에, 하나님이 나를 사랑하시니 또한 나를 기뻐하실 거라는 결론을 성급하게 내려 버린다. 전혀 그렇지 않다.

하나님을 기쁘시게 한다는 것이 무엇인가? 대개의 아이들이 어떻게든 부모를 기쁘게 하려고 애쓰는 것처럼 우리도 하나님을 기쁘시게 하려고 노력한다. 벌써 수십 년째 내가 간절히 기도하는 것이 있다. "아버지, 인간이 할 수 있는 한 최대로 아버지를 기쁘게 해드리고 싶습니다!" 이 기도는 사도 바울이 모든 신자들에게 말했던 내용과 일치한다. "그러므로 여기 있든지 떠나든지 주를 더없이 기쁘시게 하는 것이 우리의 목표입니다"(고후 5:9, NKJV).

핵심 문구는 '더없이 기쁘시게' 한다는 말이다. 어떻게 하면 하나님을 그냥 기쁘시게 하는 정도가 아니라 '더없이 기쁘시게' 하는 것일까? 그리고 우리가 그렇게 할 때 그분은 어떻게 반응하실까?

이 책 전반에 그 답을 설명할 것이다. 하지만 먼저 우리를 향한 하나님의 엄청난 사랑의 깊이부터 바로 알자.

우리를 향한 하나님의 사랑은 조건도 없고 변질도 없다. 예수께서 십자가에 달리시기 전날 밤에 드리신 기도를 보자. "아버지께서 나를 보내신 것과 또 나를 사랑하심 같이 그들도 사랑하신 것을 세상으로 알게 하려 함이로소이다"(요 17:23).

보았는가? 하나님은 예수님을 사랑하심 같이 당신을 사랑하신다! 이해를 뛰어넘는 수준이다.

당신은 이렇게 생각할지 모른다. '이 말씀은 예수님이 최후의 만찬석상에 앉아 있던 제자들을 두고 하신 말씀일 것이다. 그들이야 당시 전 세계에 복음을 전했고 한 명을 빼고는 모두 순교하지 않았던가.' 이런 생각은 하나님의 사랑의 근거를 인간의 행위에 두는 것이다. 그것은 사실과 다르다. 우리를 향한 그분의 사랑은 우리가 그분께 해드리는 일과는 별개다.

이 깊은 사랑에 대한 또 다른 반론은 이런 식이다. '그들은 하나님이 특별히 택하신 사람들이다. 하나님은 그들을 나머지 사람들보다 더 사랑하셨다.' 전혀 그렇지 않다. 같은 기도에서 예수님은 "내가 기도하는 것은 이 제자들만 위함이 아니요 또 그들의 증언을 통해 나를 믿게 될 사람들도 위함이니"(요 17:20, NLT)라고 하셨다.

당신이 예수 그리스도를 믿고 있다면 그것은 직간접적으로 이 제자들의 증언을 통해서다. 당신은 이들이 기록한 신약의 말씀을 직접 읽거나 전도자들에게서 복음을 들었다. 그들의 증언이 없었다면 예수 그리스도를 믿는 신자가 되지 못했을 것이다.

이 엄청난 사랑에 대한 흔한 반론으로 이런 것도 있다. '좋다, 하나님이 한때는 나를 무조건 사랑하셨다고 치자. 하지만 내가 엉망으로 산 후로는 나를 처음처럼 사랑하실 수 없을 거다!'

그 또한 거짓말이다! 성경에 보면 하나님의 사랑은 "모든 것을 믿으며 모든 것을 바라며 모든 것을 견디"며, "언제까지나 떨어지지 아니"한다(고전 13:7-8). 약해지거나 식어 버리거나 없어지거나 끝나지 않는다는 뜻이다. 당신을 향한 그분의 사랑은 약해지거나 없어질 수 없다. 그 근거가 당신의 행위가 아니라 그분의 신실하신 성품에 있기 때문이다.

우리를 향한 하나님의 사랑은 워낙 넓어서 감히 그 범위를 헤아릴 수 없다. 그분의 사랑에 관한 사실을 몇 가지 확인해 보자. 그분은 우리가 아직 원수였을 때 예수님을 보내셔서 우리를 위해 죽게 하셨다. 사도 요한은 이렇게 썼다. "하나님이 세상을[당신과 나를] 이처럼 사랑하사 독생자를 주셨으니 이는 그를 믿는 자마다 멸망하지 않고 영생을 얻게 하려 하심이라"(요 3:16). 하나님은 왜 예수님을 주셨는가? 답은 간단하다. 우리를 도로 사시기 위해서다. 우리 조상 아담은 에덴동산에서 사탄의 말을 듣다가 자신은 물론 결과적으로 모든 후손(당신과 나를 포함하여)을 새 주인에게 내주었다. 그의 주제넘은 불순종으로 우리 모두는 창조주와 갈라지게 되었다.

그러나 사랑이신 하나님은 우리에게 사탄 및 그 수하들과 똑같은 운명(지옥 또는 영원한 불못)을 선고하실 마음이 없으셨다. 하나님은 우리의 자유를 되사실 창의적인 계획이 필요했고, 그래서 제2위 예수 그리스도를 보내셨다. 예수님은 성령으로 잉태되어 처녀의 몸에서 나셨다. 그분은 온전한 인간이자 온전한 하나님이며 완전한 삶을 사셨다(죄 없이 이 땅을 사신 유일한 인간이시다). 우리가 하나님께 불순종한 값을 그분이 십자가에서 치르셨다. 우리가 심판을 당하지 않아도 되도록 우리의 심판을 대신 받으신 것이다.

다른 것으로는 우리를 살 수 없었다. 그래서 하나님은 "자기의 재물을 의지하고 부유함을 자랑하는 자는 아무도 자기의 형제를 구원하지 못하며 그를 위한 속전을 하나님께 바치지도 못할 것은 그들의 생명을 속량하는 값이 너무 엄청나서 영원히 마련하지 못할 것임이니라"(시 49:6-8)고 하셨다. 우리 영혼의 값은 예수 그리스도 외에는 무엇으로도 되살 수 없을 만큼 비싸다. 성경은 "하나님이 비싼 값을 치르고 우리를 사셨다"(고전 6:20, NLT)고 말한다. 그리고 우리가 "[그리스도]의 은혜의 풍성함을 따라 그의 피로 말미암아 속량 곧 죄 사함을 받았느니라"(엡 1:7)고 말한다.

하나님께는 그 누구나 그 무엇도 예수님보다 더 귀하지 않다. 하나님은 우리의 가치를 가장 귀한 예수님의 가치와 동등하게 보셨다. 놀라운 사실은 만약 당신과 나의 가치가 예수님의 가치보다 1원만 덜했어도 하나님은 우리를 사지 않으셨을 것이다. 하나님은 손해나는 장사를 하거나 밑지고 사실 분이 아니다("하나님이 비싼 값을 치르시고 우리를 사셨다"는 말씀을 잊지 말라). 실제 가치보다 더 큰 돈을 치른다면 그것은 밑지고 사는 것이다. 하나님이 보시기에 당신의 가치는 예수님의 가치와 똑같다!

당신이 하나님께 얼마나 중요한지 알겠는가? 그래서 예수님은 "아버지께서 … 나를 사랑하심 같이 그들도 사랑하신 것을" 알게 해 달라고 기도하셨던 것이다(요 17:23). 참으로 평범하지 않은 사랑이다!

예수님은 자신보다 우리를 사랑하신다

내 삶을 그리스도께 드린 지 얼마 안 되어 나는 뜻하지 않게 주님과 황홀한 대화를 나누게 되었다. 육성으로 들린 것은 아니지만 마음속에 떠오른 메시지가 나를 압도했다. 주님이 말씀하셨다. "내가 너를 나 자신보다 낮게 여김을 아느냐?"

그 말에 내가 얼마나 놀랐을지 짐작이 가는가? 내 머릿속에 신성모독이나 교만한 생각을 집어넣으려는 원수의 짓인가? 우주와 그 안의 모든 것을 창조하신 분이 어떻게 나같이 하찮은 사람한테, 나를 더 소중히 여기신다고 말씀하실 수 있단 말인가? 나는 거의 "사탄아, 내 뒤로 물러가라. 너는 나를 넘어지게 하는 자로다"라고 말할 뻔했다. 그러나 내 영 깊은 곳에서 그것이 예수님의 음성임을 알았다. 그래도 확인해야 했다. "영들을 분별하라"(요일 4:1)는 말씀을 새 신자였던 그때도 알았기 때문이다.

나는 이렇게 대답했다. "주님, 주께서 제게 세 가지 확실한 증거를 주시지 않는 한 저는 이것을 믿을 수 없습니다." 비록 떨리긴 했지만 나는 그게 옳은 일임을 알았다. 주께서 내 요청에 반감이 없으심이 금방 느껴졌다. 사실 나는 그분이 내 청을 기뻐하심을 느꼈다.

거의 즉시 그분이 대답하셨다. "빌립보서 2장 3절에 뭐라고 했느냐?"

마침 외워 둔 구절이라서 소리 내서 암송했다. "아무 일에든지 다툼이나 허영으로 하지 말고 오직 겸손한 마음으로 각각 자기보다 남을 낫게 여기고."

"이것이 첫 구절이다." 주께서 일러 주셨다.

나는 얼른 되받았다. "아니, 주님, 바울은 주님에 대해서 말한 게 아닙니다! 빌립보 신자들에게 서로를 각자 자기보다 낮게 여기라고 가르친 겁니다. 주님이 저를 어떻게 대하시는가에 대한 말이 아닙니다."

즉시 대답이 들려왔다. "나는 나 자신이 하지 않는 일은 내 자녀들에게 시키지 않는다."

"와!" 나는 멈칫했다. 주님은 하실 말씀이 더 있었다.

"이것이 수많은 가정들의 문제다. 부모들은 자기가 하지도 않는 일들을 자녀들에게 시키고, 자기가 하는 일들은 자식들에게 하지 말라고 한다. 많은 부모들이 싸우지 말라고 가르쳐 놓고는 정작 본인들은 아이들 앞에서 종종 싸운다. 그러고는 자녀들이 왜 싸우는지 의아해 한다. 나는 그러지 않는다. 내 자녀들에게 시키는 것이면 나도 그대로 한다."

나는 아직도 긴가민가해서 이렇게 말했다. "아직 성경 말씀이 하나뿐입니다. 두 개가 더 필요합니다!"

그때 내 마음속에 그분의 질문이 들려왔다. "누가 십자가에 달렸느냐? 너냐 나냐?"

나는 말문이 막혔다.

"내가 너의 죄, 질병, 아픔, 가난, 심판을 지고 십자가에 달려 결국 죽었다. 너를 나 자신보다 낫게 여겼기 때문이다."

베드로의 말이 떠올랐다. "친히 나무에 달려 그 몸으로 우리 죄를 담당하셨으니"(벧전 2:24). 그제야 주님의 음성을 들은 것이 분명함을 깨달았다. 그분은 그분 자신보다 나를 더 낫게 여기셨다. 그렇지 않고서야 그분이 내 심판을 짊어지고 내 대신 죽으실 리가 없다.

> **놀라운** 사실은 만약 당신과 나의 가치가 예수님의 가치보다 1원만 덜했어도 하나님은 우리를 사지 않으셨을 것이다.

세 번째 확증이 남아 있었지만 굳이 묻지 않아도 내 마음속에서 들려왔다. "형제를 사랑하여 서로 우애하고 존경하기를 서로 먼저 하며"(롬 12:10). 주님은 이어서 "나는 많은 형제들 중에서 맏아들이다(롬 8:29 참조). 하지만 사랑으로 내 형제자매들을 나보다 먼저로 여긴다"라고 하시며 말을 맺으셨다.

물론 이것은 하나님의 모든 자녀에게 해당되며, 따라서 당신에게도 사실이다. 그분은 말 그대로 우리 각자를 그분 자신보다 낫게 여기신다! 이것은 비범한 사랑이며 감히 생각할 수조차 없는 황송한 일이다. 이렇듯 예수님은 당신을 그분 자신처럼, 아니 그 이상으로 사랑하신다!

삼위일체 하나님의 제3위인 성령도 똑같은 사랑으로 당신을 사랑하신다. 성령은 당신이 예수 그리스도께 삶을 드릴 때 당신의 마음속에 하나님의 사랑을 부어 주신 분이다(롬 5:5 참조). 그래서 바울은 "형제들아, 내가 우리 주 예수 그리스도와 성령의 사랑으로 말미암아 너희를 권하노니"(15:30)라고 했다. 잘 보면 이 구절에 우리를 향한 성령의 사랑이 밝히 보인다. 그분은 영원히 우리와 함께 거하신다. 우리를 사랑하시기에 떠나지 않으신다.

당신과 나를 향한 하나님의 사랑은 과연 조건도 없고 변하지 않으며 영원하다. 그분은 예수 그리스도를 사랑하심 같이 우리 각자를 사랑하신다. 감히 생각할 수 없는 황송한 일이지만 사실이다. 하나님은 거짓말을 못하신다. 당신이 사랑받지 못한다고 느껴질 때마다 그 느낌이나 생각이 거짓임을 인정하고 물리치라. 당신을 아버지 품으로 도로 데려오기 위해 치러진 엄청난 대가를 떠올리라. 그분은 끝없는 사랑으로 당신을 갈망하신다.

이 사랑을 절대로 잊어버리거나 의심하지 말기 바란다. 그 사랑은 무조건적이다. 당신의 착한 행위나 선함의 정도에 근거한 것이 아니다. 그것은 식지도 않고 끝나지도 않는 불변의 사랑이다. 그 사랑이 그리스도 안에서 당신 삶의 기초가 되어야 한다.

03

하나님을
기쁘시게 하라

Extraordinary: Life You're Meant to Live

영원을 '어디서' 보낼 것인가는 우리가 십자가
에 어떻게 반응하느냐로 결정되지만, 영원을
'어떻게' 보낼 것인가는 신자로서 우리가 어떻
게 사느냐로 결정된다.

하나님의 사랑을 기초로 하여 이제 그분을 기쁘시게 하는 삶으로 넘어
가도록 하자. 다시 한 번 말하지만, 우리가 무슨 일을 해도 하나님은 우리
를 이미 사랑하시는 것보다 더 사랑하실 수 없고, 거꾸로 우리가 무슨 짓
을 해도 그분은 우리를 덜 사랑하실 수도 없다. 그러나 내가 우리 아이들
에게 말한 것처럼, 하나님이 우리를 얼마나 기뻐하시는지는 우리 책임이
다. 그분이 우리를 기뻐하시는 근거는 우리가 살아가면서 내리는 선택들
이다. 그래서 바울은 이렇게 딱 잘라 말했다. "그런즉 우리는 … 주를 기
쁘시게 하는 자가 되기를 힘쓰노라"(고후 5:9).

바울의 말을 자세히 살펴보자. 힘쓴다는 것은 '목표'를 향해 애쓴다는

말이다. 사실 NIV(*New International Version*)에는 정확히 그렇게 되어 있다. "그런즉 우리의 목표는…." 하나님의 자녀로서 우리 삶의 목표는 아버지를 감동시키는 것이다.

기쁘시게 한다는 말은 그리스어 '유아레스토스'(euarestos)에서 왔다. 스트롱 성구사전의 정의도 NKJV(*New King James Version*)와 똑같이 "아주 기쁘시게 하다"로 나와 있다. 바울이 사용한 단어는 그냥 기쁘시게 하는 정도가 아니라 아주 기쁘시게 한다는 뜻이다. 하나님께 기쁨을 드림에 있어 우리가 겨냥하는 목표는 평균치 이상이어야 한다. 우리는 열심히 노력하여 하나님을 온전히 기쁘시게 해야 한다.

바울의 말을 메시지(*The Message*) 성경으로 살펴보자. "하나님을 진심으로 기쁘시게 해드리는 것이 핵심입니다. 어떤 처지에 있더라도, 우리가 하려고 하는 일은 그것입니다." 핵심이라는 표현이 참 좋다. 그것이 우리 삶의 원동력이 되어야 한다. 그 무엇도 이 목표보다 위에 있어서는 안 된다. 이 최고의 목표를 삶의 기준으로 삼고 살면 두 가지 결과가 나타난다. 풍성한 기쁨과 온전한 만족이다.

우리 모두에게는 부모를 기쁘게 하려는 타고난 갈망이 있다. 이것은 하늘 아버지를 기쁘시게 하려는 가장 근본적인 갈망의 반사일 뿐이다. 우리가 하나님을 기쁘시게 하는 주된 동기는 그분을 향한 사랑이다. 우리가 그분을 사모하는 것은 그분이 먼저 우리를 사랑하셨고 우리 마음이 그 사랑으로 충만해졌기 때문이다! 하나님의 자녀로서 가지는 가장 큰 만족은 하나님이 나를 기뻐하심을 알 때 온다. 그것을 알면 다른 무엇도 그 기쁨을 이길 수 없다.

이 최고의 목표를 좇게 되면, 둘째로, 큰 상을 얻는다. 이 말이 이상하게 들릴지 모르겠다. 이기적인 것처럼 여겨질지도 모르겠다. 그러나 바울이 우리에게 하나님을 기쁘시게 하라고 권하면서 내놓은 이유가 바로 이 큰 상이다. 다음 절을 살펴보기 전에 우선 앞 구절로 가서 바울이 지금 누구에게 말하고 있는지 보자.

> 우리가 담대하여 원하는 바는 차라리 몸을 떠나 주와 함께 있는 그것이라(고후 5:8).

이 구절로 미루어 지금 바울이 말하는 대상은 모든 사람이 아니라 예수 그리스도를 믿는 신자들이다. 주님 되신 예수 그리스도께 드려지지 않은 사람은 죽어서 세상을 떠나면 주와 함께 있지 않고 지옥에 간다. 말씀에 분명히 나와 있듯이 사람이 죽은 후에 갈 수 있는 곳은 천국 아니면 지옥 둘뿐이다. 처녀의 낙원, 연옥, 천국과 지옥의 중간 지대, 윤회, 고등 상태 따위는 존재하지 않는다. 천국이라는 실존 장소와 지옥이라는 실존 장소가 있을 뿐이다.

냉정한 단죄의 뜻으로 하는 말이 아니라 사실을 전하는 것이다. 우리는 예수님의 이 말씀을 잊지 말아야 한다. "하나님이 그 아들을 세상에 보내신 것은 세상을 심판하려 하심이 아니요 그로 말미암아 세상이 구원을 받게 하려 하심이라." 이유는 세상이 "벌써 심판을 받은" 까닭이다(요 3:17-18). 얼마나 고마우신 하나님인가! 우리가 자초한 심판에서 예수님은 우리를 구해 주셨다.

"사랑의 하나님이 어째서 인간을 지옥에 보내시는가?"라는 물음으로 고민하는 사람들이 많이 있을 줄 안다. 여기에 대해서는 몇 가지로 답할 수 있다. 첫째, 지옥이 인간을 위해 지어진 곳이 아니라 사탄과 그 수하들을 위해 지어진 곳임을 명심하라. 예수님을 위해 살지 않은 사람들에게 주신 말씀을 보라. "저주를 받은 자들아, 나를 떠나 마귀와 그 사자들을 위하여 예비된 영원한 불에 들어가라"(마 25:41). 이 중요한 사실을 통해 우리는 하나님이 우리를 되사셔야만 했던 이유를 분명히 알 수 있다. 하나님은 과연 사랑이지만 또한 공의로우시다. 그분은 거짓말을 하거나 법을 어기지 않으신다. 하나님이 불의하다면 더 이상 하나님이 아니다. 하나님은 "거짓이 없으신" 분이다(딛 1:2).

인간은 에덴동산에서 죄의 주인인 사탄에게 자신을 내주었기 때문에 법대로 지옥의 판결을 받았다. 그때부터 인간은 죄의 노예가 되었고 그 결과로 새 주인인 사탄과 동일한 운명을 선고받았다. 하나님이 인간에게만 죄의 벌을 덜어 주신다면 공의롭거나 공정하지 못한 것이다. 그러

> **하**나님의 자녀로서 가지는 가장 큰 만족은 하나님이 나를 기뻐하심을 알 때 온다. 그것을 알면 다른 무엇도 그 기쁨을 이길 수 없다.

면 사탄이 이렇게 당당하게 하나님을 비난할 것이다. "하나님이 인간을 위한다는 핑계로 법을 어기고 불의를 행하셨네요." 하나님의 심판은 편파적일 수 없다. 그분의 성품이야말로 그분이라는 존재의 기초인 까닭이다. 그래서 인류는 사탄 및 그 사자들과 똑같은 심판을 당해야 하는 처지가 되었다.

이에 하나님은 자신들과 후손들에게 심판을 자초한 인류를 구원하실 방도를 내셔야 했다. 예수께서 대신 죽으셔야만 했던 것도 이 때문이다. 예수님은 백퍼센트 하나님으로 나셨으므로 죄의 저주에서 벗어나 있었다. 동시에 그분은 백퍼센트 인간으로 태어 나셨으므로 인간이 하나님께 지은 큰 죄의 값을 치르실 수 있었다. 죄 없는 인간만이 우리가 자초한 심판에서 우리를 건져낼 수 있다. 그래서 예수님은 십자가에서 우리를 위하

여 죄가 되셨다. 그분은 그때 "나의 하나님, 나의 하나님, 어찌하여 나를 버리셨나이까"(마 27:46)라고 부르짖으셨다. 그분이 우리의 벌을 당하시고 우리 대신 심판을 받으신 것이다.

이렇듯 아담 한 사람 때문에 온 인류에게 죄가 임했고, 예수 그리스도 한 분 때문에 죽음에서 건져지는 구원이 만인에게 가능해졌다.

한마디로 말하면 이렇습니다. 한 사람이 잘못을 범해 우리 모두가 죄와 죽음이라는 곤경에 처하게 된 것처럼, 또 다른 한 사람이 올바른 일을 함으로써 우리 모두가 거기서 벗어날 수 있게 되었습니다. 사실, 우리는 단순히 곤경에서 건져진 것 이상입니다. 그분은 우리를 생명 속으로 이끌어 들이셨습니다!(롬 5:18, 메시지)

우리가 주님 되신 그리스도께 자신의 마음과 삶을 드리면 사탄의 법적 소유권이 무산되게 된다. 우리가 하나님께 받아야 했던 심판 또한 완전히 충족된다. 이제 하나님 아버지께서 자신의 성품을 거스르지 않고도 우리를 정당하게 그분 나라에 들이실 수 있다. 우리 하나님이 예비하신 계획이 이 얼마나 놀라운가!

당신은 예수 그리스도를 주님으로 모시고 그분께 삶을 드렸는가? 그렇지 않은데 지금 그러고 싶다면 이 책 부록을 보라. 결단하는 방법이 나와 있다. 당신 평생에 가장 중요한 결단이 될 것이다.

어떻게 영원을 보낼 것인가

이제 우리에게 하나님을 기쁘시게 하라고 한 이유로 다시 돌아간다. 바울의 말로 미루어, 그가 말하는 대상은 예수를 믿어 하나님의 자녀가 된 사람들을 의미한다.

> 그런즉 우리는 몸으로 있든지 떠나든지 주를 [아주] 기쁘시게 하는 자
> 가 되기를 힘쓰노라 이는 우리가 다 반드시 그리스도의 심판대 앞에
> 나타나게 되어 각각 선악 간에 그 몸으로 행한 것을 따라 받으려 함이
> 라(고후 5:9-10).

첫 번째 이유는 어느 날 그분이 우리를 심판하실 것이기 때문이다. 당
신은 이렇게 물을 수 있다. "하지만 예수님이 나를 심판에서 구해 주신 줄
알았는데?" 맞다, 당신이 그분을 주님으로 받아들였다면 그분은 당신의
구주시다. 그래도 언젠가는 심판자이신 그분 앞에 서게 된다.

모르고 있는 사람들이 많지만 미래의 어느 날 모든 신자들은 개인적으
로 그리스도의 심판대 앞에 서서, 이 땅의 짧은 시간 동안 행한 대로 상을
받게 된다. TEV(Today's English Version)에는 이렇게 되어 있다. "우리 각자가
마땅히 받을 것을 받게 된다"(10절).

죄로 인한 영원한 심판은 예수님의 피로 없어졌지만 예수 그리스도를
믿는 신자로서 자신의 수고에 대해 상이나 해를 받는 것이다. 바울이 고린
도 교회에 보낸 첫 번째 편지에 그것이 분명히 나와 있다. "이 [이미] 닦아
둔 것 외에 능히 다른 터를 닦아 둘 자가 없으니 이 터는 곧 예수 그리스도
라"(고전 3:11). 여기서도 그가 말하는 대상은 하나님의 자녀들이다. 신자들
의 삶의 기초는 예수 그리스도다. 다른 편지에 바울은 "그러므로 너희가
그리스도 예수를 주로 받았으니 그 안에서 행하되 그 안에 뿌리[또는 기초]
를 박으며 세움을 받"으라고 썼다(골 2:6-7). 우리는 예수님을 기초로 그 위
에 삶을 세워야 한다.

이것을 염두에 두고 계속 읽어 보자.

> 만일 누구든지 금이나 은이나 보석이나 나무나 풀이나 짚으로 이 터 위에 세우면(고전 3:12).

금이나 은이나 보석은 영원한 가치를 상징한다. 나무나 풀이나 짚은 영원하지 않은 한시적인 것을 가리킨다. 매일 매시 매순간 당신이 선택하기 나름이다. 당신의 삶을 영원한 것 위에 세울 수도 있고 한시적인 것 위에 세울 수도 있다. 말씀은 이렇게 계속된다.

> 각 사람의 공적이 [훤히, 공공연히] 나타날 터인데 그[그리스도의] 날이 공적을 밝히리니 이는 불로 나타내고 그 불이 각 사람의 공적이 어떠한 것을 시험할 것임이라(13절).

나무나 풀이나 짚에 불을 붙이면 다 타서 없어지고 만다. 그러나 금이나 은이나 보석에 불을 붙이면 그것들은 정화되어 남는다.

> 만일 누구든지 그 위에 세운 공적[수고의 산물]이 그대로 있으면 상을 받고 누구든지 그 공적이 불타면 해를 받으리니[상을 잃으리니] 그러나 자신은 구원을 받되 불 가운데서 받은 것 같으리라(14-15절).

상과 해라는 말을 보라. 이 말씀을 처음 읽었던 때가 기억난다. 충격이었다. 그때까지 들었던 내용과 맞아떨어지지 않았다. 나는 예수께서 우리에게 해주신 일 때문에 우리 모두가 천국에 가서 똑같은 상을 받을 줄 알았다. 그때까지 상의 근거가 신자들의 행위라는 말을 들어 본 적이 없었기 때문이다.

나는 영원한 상 또는 해를 구원과 혼동했다. 성경은 전혀 다르게 말하고 있는데 나는 그 둘을 하나로 뭉뚱그렸다. 바울의 말을 보면, 예수 그리스도를 구주와 주님으로 영접하여 하나님의 은혜로 구원은 받았으되 심판대에 가서 하나님이 주시려는 상을 다 잃는 사람들이 있다. 이 성도들이 잃는 것은 천국이 아니라 상이다. 왜 잃을까? 성경의 답은 단지 그들이 하나님을 기쁘시게 하는 일을 하지 않았기 때문이라고 말한다.

성경은 또한 예수 그리스도 위에 자신을 세우고 하나님을 기쁘시게 하여 큰 상을 받는 사람들도 있다고 말한다. 그들이 받을 보상은 예수 그리스도 옆에서 영원무궁토록 다스리는 데까지 이른다. 놀랍다!

심판 날 예수님이 우리 삶에 대해 내리실 결정을 일컬어 "영원한 심판"이라고 한다(히 6:1-2 참조). 개정이나 수정이나 변화가 일체 없다는 뜻이다. 영원한 결정이다! 잠시 멈추어 생각해 보라. 결론은 간단하고 명확하다. 영원을 어디서 보낼 것인가는 우리가 십자가에 어떻게 반응하느냐로 결정되지만, 영원을 어떻게 보낼 것인가는 신자로서 우리가 어떻게 사느냐로 결정된다.

나는 전 세계 여러 교회에서 강연하면서 이 진리를 모르는 그리스도인들이 어찌나 많은지 보고는 놀랄 뿐이었다. 특히 서구 문화에서 더했다. 이런 지식은 그리스도의 도의 "초보"라고 나와 있다(히 6:1-2 참조).

초보라는 말을 잠시 생각해 보라. 초보의 정의는 '가장 단순하고 기본적인 사실이나 원리가 들어 있는 것'이다. 사전에는 "초등학교와 관계된 것"이라는 정의도 나온다. 초등학교에서 배우는 것이 무엇인가? 읽기, 쓰기, 덧셈, 뺄셈 등 모든 교육의 기초를 배운다. 읽기, 쓰기, 덧셈, 뺄셈도 모르면서 고등학교나 대학 교육을 받는다는 게 상상이 되는가? 불가능하다. 그런데 그리스도께 대한 이런 초보 내지 기초 지식도 없으면서 그리스도인의 삶을 살아가려는 신자들이 너무 많다. 그러니 오늘날 교회의 모습이 사도행전에 나오는 교회와 거리가 먼 것이 그다지 이상한 일은 아니다. 우리의 삶이 비범하지 못한 것도 마찬가지다.

자녀에게 상을 주는 것은 기쁜 일이다

영원한 상에 대해 잘못된 겸손을 품고 있는 사람들이 많이 있다. 구원받은 것으로 감사해야지 하나님께 더 이상의 상을 받으려고 하는 것은 주제넘어 보인다는 것이 그들의 생각이다. 구원에 감사하는 것이어야말로 좋고 옳은 일이다. 그러나 이런 태도는 진리와 거리가 멀다. 사도 요한이 이 주제에 대해 한 말을, 하나님이 하시는 말씀이라고 생각하고 읽어 보라. "너희는 스스로 삼가 우리가 일한 것을 잃지 말고 오직 온전한 상을 받으라"(요이 1:8).

하나님이 우리에게 주시려는 것은 그냥 상이 아니라 '온전한 상'이다! 아내 리자와 나는 우리 아이들에게 일을 시킬 때 수고에 대한 상당한 보상을 약속한다. 그들이 부모의 기대에 부응하여 시킨 대로 해내면 우리는 기쁘다. 그럴 때는 뿌듯한 마음으로 수고에 대한 적절한 보상을 준다. 그러나 간혹 그들이 맡은 일을 하지 않아 우리를 실망시킬 때면 상을 줄 수 없다. 주고 싶어도 줄 수 없다. 자녀가 상 받을 일을 하지 않았는데 부모가 상을 준다면 보상의 효과가 없어진다.

맏아들 애디슨은 고등학교를 우등으로 졸업하고 미국 최우수 대학 가운데 한 곳에 합격했다. 학교로 떠나기 몇 주 전 그는 이런 말로 나를 충격에 빠뜨렸다. "아버지, 이번에 꼭 학교에 가야 됩니까?"

"가지 않을 이유가 뭔데?" 그 말밖에 나오지 않았다

"아버지, 이 기관에서 전임으로 일하고 싶습니다. 아버지 어머니를 도와 하나님이 맡기신 말씀을 전하고 싶어요." 아들의 대답이었다.

그렇다는데 뭐라 하겠는가? "좋다, 아들아." 나는 그렇게 대답했다.

애디슨은 기초 업무부터 시작했다. 그런데 6개월쯤 지나 선임 직원이 내게 전화하여 애디슨을 중요한 부서의 책임자로 승진시켜 달라고 했다.

나는 약간 미심쩍었다. "그 아이가 유능해서인가요, 아니면 그냥 내 아들이라서 이러는 겁니까?"

"존, 당신 아들은 지도자감입니다." 그가 대답했다.

부서를 맡은 애디슨은 새로운 방법들을 찾아내 팀의 의욕을 북돋고 선교의 효율성을 높였다. 1월의 어느 날, 그가 나를 사무실 한쪽으로 불러내더니 이렇게 물었다. "아버지, 우리가 작년보다 두 배로 생산성을 높인다면 무엇을 해주실 수 있나요?"

나는 그의 실현 불가능한 생각에

> **죄**로 인한 영원한 심판은 예수님의 피로 없어졌지만, 예수 그리스도를 믿는 신자로서 자신의 수고에 대해 상이나 해는 받는 것이다.

웃음이 날 뻔했지만 다행히 참았다. 전년도에 그 부서의 실적은 대단했다. 그러니까 애디슨의 기대치도 아주 높았다. 그거야 좋지만 그의 목표는 전혀 현실성이 없어 보였다. 워낙 실현 가능성이 없는 일인지라 나는 당연히 들어 줄 일이 없을 줄 알고 불쑥 큰 상을 약속했다. "아들아, 이 목표를 달성하면 너와 네 팀 전원에게 7일 간 크루즈 여행을 시켜 주마." 나는 자신 있게 말했다.

애디슨은 씩 웃으며 "좋아요, 아버지" 하고는 가버렸다.

내가 모르는 것이 있었다. 이 부분에서 그의 비전과 믿음은 나를 능가

했다. 그해 그는 내게 자주 전화하여 자기 직원들이 월별 목표를 달성할 수 있도록 기도를 부탁했다. 그래서 우리는 함께 기도했다. 그의 부서가 급속히 성장하는 것도 보았다. 6개월 후에는 그들이 정말 해낼 수도 있겠다는 생각이 들었다. 충격이었다(서글픈 내 모습이여).

결국 12개월 후 애디슨 부서의 수고는 전년도의 거의 3배에 달하는 결과를 낳았다. 나는 하나님이 하신 일에 자못 숙연해졌다. 그들의 실적은 비범했다.

리자와 나는 연말에 팀 전원을 데리고 크루즈 여행을 갔다. 열심히 수고한 애디슨과 각 부서원에게 상을 주는 것이 내게는 큰 기쁨이었다. 일석삼조의 승리였다. 무엇보다 가장 중요한 승리는 하나님의 말씀을 들은 사람들이 수십만이나 더 늘었다는 것이다. 수많은 이들이 구원을 받았으며, 결혼 생활이 회복되었고, 교회가 견고해졌으며, 연약한 이들이 치유되었다. 그 팀이 목표에 매진하지 않았다면 그 사람들은 하나님의 말씀과 능력을 경험하지 못했을 것이다.

두 번째 승리는 애디슨과 그 팀이 이러한 경건한 변화와 영원한 결실에 자신들의 수고가 한몫 했다는 데 보람을 맛본 것이다. 그들은 또 단체로 즐거운 시간을 보내는 유익도 얻었다. 여행은 재미있었고 웃음꽃이 만발했다. 정말 뜻깊은 시간이었다.

세 번째 승리는 내가 그들에게 상을 주는 즐거움을 누린 것이다. 리자와 나는 수고의 결실을 즐기는 그들을 바라보며 얼마나 기뻤는지 모른다. 팀원들은 계속 이런 말을 주고받았다. "우리가 믿고 노력한 덕에 하나님의 말씀을 들은 사람들이 얼마나 더 늘었는지 알아?" 나는 그들의 성숙한 모습에 감동했다. 그들은 여행을 즐기면서도 초점을 잃지 않았다.

몇 년이 지난 지금도 그들은 열정을 잃지 않고 여전히 목표를 높게 정하여 전력질주하고 있다. 그들은 자신들이 성공하면 할수록 그만큼 변화되는 인생들도 많아진다는 것을 안다. 이것이야말로 우리 모두에게 가장 큰 상이다.

하나님의 목표는 높다

우리와 하늘 아버지의 관계에서 이것이 어떻게 적용될 수 있을까? 하나님은 우리 각자의 삶에 목표를 정하셨다. 사실 그분은 시간이 시작되기도 전에 그것을 책에 기록해 두셨다. 다윗은 이렇게 썼다.

> 내 형질이 이루어지기 전에 주의 눈이 보셨으며 나를 위하여 정한 날이 하루도 되기 전에 주의 책에 다 기록이 되었나이다(시 139:16).

정말 대단하다! 당신에 대해 쓴 책이 있음을 아는가? 유명한 사람들만 전기에 등장하는 것이 아니다. 당신의 이야기도 책 속에 있다. 저자는 다름 아닌 하나님이다. 그분은 당신이 어머니 뱃속에 잉태되기도 전부터 그 책을 쓰셨다. 얼마나 놀라운 일인가. 당신 인생의 하루하루가 그 책에 기록되어 있다. 매일만 아니라 매순간까지라는 사실에 더욱 입이 벌어진다.

맏아들이 내 승인을 받고 구체적인 사업에 힘썼듯이 하나님도 당신이 이룰 일을 당신의 책에 계획해 두셨다. 맞다, 하나님께는 당신을 향한 목표가 있다. 아울러 사도 바울은 우리 쪽의 의지적인 수고도 이미 기록되어 있음을 보여 준다.

> 우리는 그가[하나님이] 만드신 바라 그리스도 예수 안에서 선한 일을 위하여 지으심을 받은 자니 이 일은 하나님이 전에 예비하사 우리로

그 가운데서[그분이 미리 계획해 두신 길로] 행하게 하려[그분이 준비해 두신 선한 삶을 살게 하려] 하심이니라(엡 2:10).

하나님이 당신의 길을 미리 계획하셨다. 그러나 잘 보면 "우리로 그 가운데서 행하게 하려 하심이라"고 되어 있다. 성령은 바울을 통하여 "우리로 그 가운데서 행하게 만드심이라"고 하지 않으셨다. 둘은 큰 차이가 있다. 여기에 자유의지가 개입된다. 이 일은 저절로 이루어지지 않는다. 우리가 협력해야 한다. 목표는 하나님이 정하셨지만 내 삶을 위해 기록된 내용이 무엇인지 기도와 성경 읽기와 다른 영적 수단을 통해 발견하는 것은 우리의 일이다. 그것을 알고 나면 우리는 그분의 은혜로 그것을 이루게 된다. 그래서 바울은 이렇게 기도했다.

이로써 우리도 듣던 날부터 너희를 위하여 기도하기를 그치지 아니하고 구하노니 너희로 하여금 모든 신령한 지혜와 총명에 하나님의 뜻을 아는 것으로 채우게 하시고 주께 합당하게 행하여 범사에 기쁘시게 하고 모든 선한 일에 열매를 맺게 하시며 하나님을 아는 것에 자라게 하시고(골 1:9-10).

내 삶을 향한 하나님의 뜻을 알면 그분을 항상 기쁘시게 할 능력이 생긴다. 하지만 그것은 억지로 해야 하는 일은 아니다. 하나님은 우리를 위해 비범한 목표를 정해 두셨지만, 그 목표는 기도와 믿음과 부지런한 수고 없이는 이루어지지 않는다. 그래서 성경은 우리를 하나님의 "동역자들"이라고 했다(고전 3:9). 내 아들 애디슨의 부서가 그랬듯이 우리도 각자의 사명을 찾아내어 전진해야 한다. 그 팀이 기도하고 믿고 부지런히 수고하지 않았다면 목표를 이루지 못했을 것이다.

하나님의 목표를 이야기할 때 좋아하지 않는 사람들도 있다. 그들이 생각하는 그리스도인의 삶은, 내 인생을 향한 하나님의 구체적인 계획을 이루기보다는 "주는 대로 받아 최선의 삶을 사는 것"이다. 그들은 이렇게 생각한다. '거듭나서 교회에 다니고, 사람들을 잘 대하고, 일하다 은퇴하고, 병으로 죽으면 천국에 가는 거다.' 이런 사고방식 때문에 이 귀한 성도들이 놓치는 것이 무엇일까? 하나님이 설계하신 놀라운 사명을 평범한 실존으로 바꾸어 버리는 것이다. 얼마나 서글픈 일인가!

성경은 우리 인생이 매순간 계획되어 있다고 말한다. 내 아들이 그냥 오는 대로 사람들을 받았다면 어떻게 됐을까? 그 팀은 높은 목표를 달성하는 기쁨을 누리지 못했을 것이다. 우리 하늘 아버지께서 구체적으로 말씀하신다. "여호와의 말씀이니라 너희를 향한 나의 생각을 내가 아나니 평안이요 재앙이 아니니라 너희에게 미래와 희망을 주는 것이니라"(렘 29:11).

하나님은 우리가 내 인생을 향한 그분의 뜻을 구하여 찾기를 원하신다. 바울은 "그러므로 어리석은 자가 되지 말고 오직 주의 뜻이 무엇인가 이해하라"(엡 5:17)고 썼다. 좀 더 거칠게 옮긴 성경 역본도 있다. "미련해지지 말라. 대신 주께서 너희에게 원하시는 일이 무엇인지 찾아내라"(CEV).

하나님이 빌리 그레이엄, 오럴 로버츠, 에이브러햄 링컨, 코리 텐 붐, 기타 유명한 사람들의 삶만 계획하신 게 아니라니 놀랍지 않은가. 그분은 당신의 삶 – 매일 매시 매순간 – 도 계획하여 책에 기록하셨다. 당신의 삶은 독특하고 특별하다. 결코 우연도 아니고 다른 '보통' 사람들의 복잡하고 자질구레한 삶 속에 묻힌 것도 아니다. 보통 사람이나 천한 사람은 없다. 우리는 다 비범하고 독특한 길을 가도록 지음 받았다.

04

누구나
심판대 앞에
서게 된다

Extraordinary: Life You're Meant to Live

인간은 자기가 두려워하는 대상을 섬기게 되어
있다. 하나님을 두려워하면 하나님께 순종하게
되고, 사람을 두려워하면 사람의 뜻에 순종하
게 된다.

예수님은 심판대에서 우리의 수고와 행동과 말만 살피시는 게 아니라
우리 내면의 은밀한 곳까지 낱낱이 파헤치신다. 거기에는 가장 깊은 생
각, 동기, 목적, 의중이 다 포함된다. 우리가 하나님을 기쁘시게 해드리는
곳은 가장 깊은 우리의 내면이다. 앞으로 차근차근 보겠지만 우리 존재의
심연이야말로 비범한 삶이 시작되는 곳이다.

신자들에 관해 성경은 "주께서 오시면 우리의 가장 깊은 비밀을 드러내
시고 우리의 은밀한 동기를 나타내시리라"(고전 4:5, NLT)고 말한다. 가장
깊은 비밀과 은밀한 동기라는 말을 생각해 보라. 분명하다. 감추어진 것
중에 드러나지 않을 것은 하나도 없다. 그 점을 염두에 두고서 신자의 심

판에 대한 하나님의 말씀을 이번에는 AMP(*The Amplified Bible*) 역으로 다시 들어 보자.

> 우리는 늘 그분을 기쁘시게 하려는 열망을 품고 간절히 애쓴다. 우리 모두는 그리스도의 심판대 앞에 서서 있는 그대로 드러나야 하기 때문이다. 그래서 각기 선악 간에 몸으로 행한 대로[목표와 동기가 무엇이었고 성취한 일과 바빴던 일과 혼신을 다해 이루려 한 일이 무엇이었는지 감안하여] 보응을 받게 된다(고후 5:9-10).

있는 그대로 드러난다는 말을 잘 보라. 인간은 누구나 세 가지 이미지가 있다. 투사 이미지, 지각 이미지, 그리고 실제 이미지다. 투사 이미지는 내가 바라기에 남들이 나를 이렇게 보았으면 하는 이미지다. 지각 이미지는 남들이 인식하는 나의 이미지다. 마지막으로 실제 이미지는 실제의 내 모습이다.

예수님을 생각해 보라. 많은 사람들이 그분을 거부했고, 실세들은 그분을 비방했고, 권력자들은 그분에 대해 거짓말을 했고, 지배층은 그분을 이단이나 심지어 귀신들린 자로 보았다. 특히 저명인사들의 눈에 그분의 지각 이미지는 정말 좋지 않았다. 하지만 그분의 실제 이미지는 전혀 달랐다. 성경은 그분이 아버지를 꼭 닮으셨다고 말한다(히 1:3 참조). 최후의 만찬에서 그분은 "나를 본 자는 아버지를 보았거늘"이라며 정곡을 찌르셨다(요 14:9).

높은 명성을 가지고 영향력을 행사했던 사람들은 예수님의 지각 이미지에 치중했지만 하나님은 그분의 실제 이미지만 보셨다. 그래서 몇 번이나 이렇게 말씀하셨다. "이는 내 사랑하는 아들이요 내 기뻐하는 자라"(마

3:17, 17:5, 벧후 1:17).

그중 첫 번째 말씀에서, 하나님의 기쁨의 근거는 예수님의 성취가 아니었다. 그분은 아직 사역이라는 것을 하나도 하신 게 없었다(마 3:17 참조). 아버지의 말씀은 예수께서 '대단한 존재'가 되려는 유혹을 물리치고 자신의 존재에 충실하셨다는 사실에서 비롯되었다.

생각해 보라. 세례를 통해 예수님이 확실히 계시되기 오래 전부터 그분의 동생들은 그분이 누구인지 잘 알았을 것이다. 마리아와 요셉 둘 다 천사의 방문을 받았었고 아마 그 이야기를 가족들에게 했을 것이기 때문이다. 그러나 예상컨대 동생들조차 그분을 조롱했던 것 같다. "어이, 예수. 대단한 일 좀 해보시지 그래!"

> **말씀**이 우리 내면으로 뚫고 들어가지 못하면 하나님과 그분의 길에 대해 추상적 지식만 남는다. 그나마 그것도 잠시뿐이다.

예수께서 세례를 받으신 후에도 동생들은 그분께 투사 이미지로 살라고 종용했다. "그 형제들이 예수께 이르되 '당신이 행하는 일을 제자들도 보게 여기를 떠나 유대로 가소서 스스로 나타나기를 구하면서 묻혀서 일하는 사람이 없나니 이 일을 행하려 하거든 자신을 세상에 나타내소서 하니"(요 7:3-4). 그들이 성인이 되어서까지 이렇게 채근했다면, 사역에 들어서기 전의 예수께는 과연 어떻게 대했을지 알 만하다.

성경이 강조하는 것은 예수님에 대한 지각 이미지가 아니라 그분의 실제 정체다. 예수님을 보았으면 아버지를 본 것이다. 그래서 예수님은 빌립에게 "빌립아 내가 이렇게 오래 너희와 함께 있으되 네가 나를 알지 못하느냐"(요 14:9)라고 하셨다. 예수님은 겉과 속이 한결같은 분이셨다. 사람들 앞에서나 아버지 앞에서나 똑같으셨다. 그분은 자신의 이름을 선전하지 않으셨고 사람들의 박수나 인정을 구하지 않으셨다. 아버지께 중요한 것에만 관심을 두셨다. 우리도 그래야 한다! 예수님처럼 되어야 한다. 그 것이 우리를 향한 아버지의 목표며 우리의 목표여야 한다.

그러나 대다수의 그리스도인들은 자신에 대한 지각 이미지를 중요하 게 여기는 경향이 있다. 간단히 말해서, 그들에게는 자신의 평판이 마음 의 진짜 동기보다 더 중요하다. 그래서 남들에게 높이 평가받는 모습으로 자신을 투사한다. 이런 노력의 구심점은 외모, 지위, 직함, 체면 등이다. 그러나 천국 총회 앞에 드러날 것은 우리의 투사 이미지나 지각 이미지가 아니다. 분명히 기억해야 할 것은 그때 드러나는 모습은 우리의 실제 이 미지, 우리 마음의 진짜 동기와 의중이다. 바울의 말을 다시 한 번 반복한 다. "우리 모두는 그리스도의 심판대 앞에 서서 있는 그대로 드러나야 하 기 때문이다"(고후 5:10, AMP).

인간은 자기가 두려워하는 대상을 섬기게 된다

그래서 바울은 심판대를 언급한 직후에 이렇게 말한다.

> 우리는 주의 두려우심을 알므로 사람들을 권면하거니와(고후 5:11).

"주의 두려우심"이라는 말에 주목하라. 주를 두려워하는, 곧 경외하는 마음이 있으면 우리는 자신의 실제 이미지를 유지할 수 있게 된다. 반대도 사실이다. 주를 경외하는 마음이 없을수록 우리는 투사 이미지에 의존하 게 된다.

인간은 자기가 두려워하는 대상을 섬기게 되어 있다. 하나님을 두려워 하면 하나님께 순종하게 된다. 사람을 두려워하면 결국 사람의 뜻에 순종하게 된다. 대개는 눈에 보이지 않는 하나님보다 눈에 보이는 사람의 말을 거역하기가 더 힘들다. 특히 내가 그 사람의 사랑이나 우정을 원할 경우는 더 그렇다.

사도 바울은 하나님을 두려워했다. 그래서 자신의 투사 이미지가 아닌 실제 이미지, 하나님이 보시는 나에 더 관심이 있었다. 덕분에 그는 사람들이 자신에게 실망하고 비난하고 거부할 때도 그리스도께 순종할 수 있었다. 바울은 이렇게 고백했다. "이제 내가 사람들에게 좋게 하랴 하나님께 좋게 하랴 사람들에게 기쁨을 구하랴 내가 지금까지 사람들의 기쁨을 구하였다면 그리스도의 종이 아니니라"(갈 1:10).

바울이 이 말을 쓴 것은 아마도 근래에 겪었던 일 때문일 것이다. 그래서인지 그는 같은 편지 2장에 자신이 베드로와 다른 사도들의 잘못을 지적한 일을 언급한다.

그 후에 베드로가 안디옥에 왔을 때, 나는 그와 정면으로 맞선 적이 있습니다. 그가 분명하게 잘못한 일이 있었기 때문입니다. 이야기는 이렇습니다. 베드로는 야고보가 보낸 몇몇 사람들이 오기 전만 해도, 식사 때마다 이방인들과 함께 식사를 했습니다. 그러나 예루살렘에서 보수적인 사람들이 오자, 그는 슬그머니 뒤로 물러나, 할 수 있는 한 이방인 동료들과 거리를 두었습니다. 그는 할례라는 옛 방식을 강요해 온 유대 보수파를 두려워했던 것입니다. 안타깝게도, 안디옥 교회에 있던 나머지 유대인들도 그런 위선에 동조했고, 바나바까지도 그런 수작에 휩쓸리고 말았습니다.

나는 그들이 메시지를 따라 한결같이 바른 길을 걷지 않는 것을 보고, 그들 모두가 보는 앞에서 베드로에게 이렇게 말했습니다. "당신은 예루살렘에서 파견된 감시인들이 보지 않을 때는 유대인이면서도 이방인처럼 살더니, 이제는 예루살렘에서 온 당신의 옛 동료들에게 좋은 인상을 주려고 이방인에게 유대인의 관습을 강요하는군요. 도대체 무슨 권한으로 그렇게 하는 것입니까?"(갈 2:11-14, 메시지)

잊지 말라, 인간은 자기가 두려워하는 대상을 섬기게 되어 있다. 베드로는 예루살렘에서 온 보수파 친구들을 두려워했다. 야고보와 다른 지도자들의 인정을 너무나도 원한 나머지 위선적인 행동을 한 것이다. 그의 초점은 자신의 투사 이미지에 있었다. 자신에 대한 그들의 지각 이미지가 좋기를 간절히 원했기 때문이다. 그래서 잠언은 "사람을 두려워하면 올무에 걸리게 되거니와"(잠 29:25)라고 말한다.

바울은 용기를 내서 베드로는 물론 함께 부화뇌동했던 바나바 등을 면전에서 책망했다. 바울의 말대로 베드로는 보수파 유대 지도자들이 없을 때는 진리 가운데서, 자신의 실제 이미지대로 살았다. 그래서 예수 그리스도의 참 대표자로서 이방인 신자들과 즐겁게 교제하며 그들을 받아들였다. 그런데 자기가 잘 보이고 싶은 사람들이 오자 즉시 투사 이미지의 삶으로 돌아가 버렸다. 이런 행동은 이방인 새 신자들에게 나쁜 본보기였고 하나님도 기뻐하지 않으셨다.

알다시피 베드로는 훌륭한 성인(聖人)이다. 그러나 그 일만은 심판대에서 판단 받을 나쁜 동기와 행동이었다. 베드로는 이 사건에 대해 해명해야할 것이다. 우리 역시 지각 이미지가 자신을 지배하도록 허용한다면 그 모든 선택에 대해 마찬가지로 판단을 받게 될 것이다.

이제 다음 히브리서 말씀을 잘 읽어 보라.

하나님의 말씀은 살아 있고 활력이 있어 좌우에 날선 어떤 검보다도 예리하여 혼과 영과 및 관절과 골수를 찔러 쪼개기까지 하며 또 마음의 생각과 뜻을 판단하나니 지으신 것이 하나도 그 앞에 나타나지 않음이 없고 우리의 결산을 받으실 이의 눈앞에 만물이 벌거벗은 것 같이 드러나느니라(4:12-13).

얼마나 뜨끔한 말인가! 전에 읽어 보았다고 대충 넘어갔다면 지금 다시 돌아가 한 소절 한 소절 천천히 묵상해 보라.

하나님의 말씀은 우리의 혼과 영을 찔러 쪼개고 우리 마음의 생각과 뜻을 판단한다. 드러나는 것은 내가 투사한 모습이 아니라 실제의 내 모습이다. 하지만 우리가 듣고 순종하기만 하면 말씀이 우리를 기만에서 보호해 준다.

하나님의 말씀에 주의하면 주를 경외하는 마음이 늘 살아 있게 된다. "지으신 것이 하나도 그 앞에 나타나지 않음이 없고 우리의 결산을 받으실 이의 눈앞에 만물이 벌거벗은 것 같이 드러"남을 늘 충분히 의식하게 된다. 이 말씀을 듣고 알았으니 이제 성령께서 이렇게 말씀하시는 이유를 더 깊이 이해할 수 있을 것이다.

"내 아들아 네가 만일 나의 말을 받으며 나의 계명을 네게 간직하며 네 귀를 지혜에 기울이며 네 마음을 명철에 두며 지식을 불러 구하며 명철을 얻으려고 소리를 높이며 은을 구하는 것 같이 그것을 구하며 감추어진 보배를 찾는 것 같이 그것을 찾으면 여호와 경외하기를 깨달으며"(잠 2:1-5).

마음속에서 그분의 지혜를 가장 귀한 보배로 찾고 구하면, 더 나은 상이나 기쁨이 없는 것처럼 그분의 길을 알고자 하면, 우리는 주를 경외하는 것을 알게 된다. 투사 이미지로 자신을 속이지 않고 진리 가운데서 살게 된다.

주를 경외한다는 것

그렇다면 주를 경외한다는 것은 무엇인가? 우선 그것은 하나님을 무서워하는 것이 아니다. 무서워하는 대상과 어떻게 친해질 수 있겠는가? 하나님의 소원은 우리와 가까운 교제를 나누시는 것이다.

이스라엘 백성을 이집트에서 인도해 낸 모세는 그들을 곧장 시내산으로 데려갔다. 그곳은 하나님이 떨기나무 가운데서 모세에게 자신을 계시하셨던 곳이다. 모세의 목적지가 약속의 땅이었다고 알고 있는 사람들이 많은데 그렇지 않다. 모세가 바로에게 누누이 전한 하나님의 말씀은 이것이다. "내 백성을 보내라 그러면 그들이 광야에서 나를 섬길 것이니라"(출 7:16). 모세가 무슨 이유로 그들을, 약속을 주신 당사자께 내보이기도 전에 약속의 땅에 들여놓고 싶었겠는가?

모세와 이스라엘 백성을 보면 그들 사이에 기막힌 대조가 나타남을 볼 수 있다. 이스라엘 백성은 이집트에서 학대당했다. 매를 맞았고, 자식들은 살해되었고, 평생 이집트 유적지를 짓느라 노역에 시달렸고, 빈민가에 살았으며, 박한 음식을 먹었고, 누더기를 걸쳤다. 그런데 이집트에서 나온 뒤로 그들은 늘 불평하며 다시 그리로 돌아가려 했다.

반면 모세는 세상 최고의 갑부였던 왕의 궁궐에서 살았고, 산해진미를 먹었고, 최고급 옷을 입었고, 시키는 대로 하는 수행원들이 있었고, 최고의 교육을 받았다. 그런데 그는 이집트에서 떠난 뒤로 한 번도 다시 돌아가겠다고 한 적이 없다! 왜 이렇게 다를까? 모세는 떨기나무에서 하나님을 친밀하게 만났고, 이스라엘 백성은 똑같은 제의를 받고도 거부했다. 하나님은 친히 산에 내려와 히브리 백성에게 자신을 알리겠다 하셨고, 실제로 사흘 후에 그렇게 하셨다. 그러나 백성은 그분의 임재를 받아들이기는커녕 그분을 피해 달아났다. 모세는 그것을 보고 이스라엘에게 이렇게 말했다.

두려워하지 말라 하나님이 임하심은 너희를 시험하고 너희로 경외하여 범죄하지 않게 하려 하심이니라(출 20:20).

다시 말하면, "두려워하지 말라. 하나님이 오심은 너희가 그분을 두려워하나 보려 하심이니라." 모순처럼 보일 수 있지만 사실 모세는 하나님을 무서워하는 것과 주를 경외하는 것을 구별하고 있다. 하나님을 무서워하는 사람은 뭔가 숨길 게 있다는 점에서 다르다. 에덴동산의 아담과 하와가 불순종한 후에 보인 행동이 좋은 예다. 그들은 죄를 지었기 때문에 하나님의 임재를 피해 숨었다. 숨으면 하나님을 속일 수 있을 줄 알았다.

하나님을 경외하는 사람은 아무것도 숨길 게 없다. 오히려 하나님과 멀어지는 것을 무서워한다. 다윗 왕은 하나님을 향해 거룩한 두려움이 있는데도 그분께 달려가 이렇게 아뢰었다. "하나님이여, 나를 살피사 내 마음을 아시며 나를 시험하사 내 뜻을 아옵소서 내게 무슨 악한 행위가 있나 보시고"(시 139:23-24).

보다시피 '주를 경외하는 것'은 큰 주제이고 이 책에서 깊이 다룰 주제가 아니므로 간단히 말하겠다(더 자세히 알고 싶다면 나의 저서 「동행」과 「열정」을 참고하라). 하나님을 경외한다는 것은 그분을 존중한다는 의미가 포함되어 있으면서도 그 이상이다. 그분께 합당한 영광, 존귀, 공경, 감사, 찬송, 높은 자리를 드리는 것이다. 그분과 그분의 뜻을 나 자신이나 다른 사람들의 뜻보다 더 높이는 것이다. 그러면 그 자리가 그분께 돌아간다. 우리는 그분이 미워하시는 것을 미워하고 그분이 사랑하시는 것을 사랑하게 된다. 마음속으로 간절히 진리를 구하게 된다. 거룩한 두려움은 그분이 하시려는 일이 이해가 가든 안 가든 무조건 순종하는 것으로 나타난다.

하나님을 바르게 두려워하면, 우리의 창조주께 아무것도 숨길 수 없음과 투사된 자아로서가 아니라 내 실체로서 주님 앞에 설 수 있음을 알게 된다. 결과는 다소 뜻밖이겠지만, 깊은 안정감이 찾아든다.

스스로 속이는 것의 위험

우리가 실제 이미지가 아닌 투사의 이미지로 살면 기만에 빠질 위험이 있다! 기만의 큰 위험 가운데 하나는 말 그대로 스스로를 속이는 것이다. 기만에 넘어간 사람들은 사실은 자기가 틀렸는데도 철석같이 옳다고 믿게 된다. 무서운 일이다! 야고보는 이렇게 말한다.

> 너희는 말씀을 행하는 자가 되고 듣기만 하여 자신을 속이는[기만하는] 자가 되지 말라 누구든지 말씀을 듣고 행하지 아니하면 그는 거울로 자기의 생긴 얼굴을 보는 사람과 같아서 제 자신을 보고 가서 그 모습이 어떠했는지를 곧 잊어버리거니와 자유롭게 하는 온전한 율법을 들여다보고 있는 자는 듣고 잊어버리는 자가 아니요 실천하는 자니 이 사람은 그 행하는 일에 복을 받으리라(1:22-25).

하나님의 말씀은 우리 마음속을 뚫고 들어가 사고 과정, 태도, 지각, 의

중 등을 판단하고 그리하여 우리의 행동 방식을 바꾸어 놓기를 원하신다. 그런데 말씀이 그 일을 하지 못하게 그냥 듣고만 있으면 자기를 기만하는 것이다. 말씀이 우리 내면으로 뚫고 들어가지 못하면 하나님과 그분의 길에 대해 추상적 지식만 남는다. 그나마 그것도 잠시뿐이다(거울을 보는 동안). 그러다 믿음을 애써 의식하지 않게 되면(거울 앞을 떠나면) 자신의 고백과 정반대되는 행동이 나온다.

예를 들어 보자. 우리 가족은 15년째 해마다 하와이에서 일주일 간 휴가를 보낸다. 리자와 나의 사역으로 축적된 마일리지와 호텔 할인 혜택 덕분에 별로 큰 돈을 들이지 않고도 그럴 수 있었다.

하와이에서 누리는 혜택 가운데 하나는 본토 시간에 적응된 나의 생체 시계로 인해, 평소보다 일찍 일어나 기도할 시간을 더 가질 수 있다는 것이다. 이른 새벽에 바닷가를 걸으며 성령과 교제하면 참 좋다.

한번은 바닷가를 걷다가 역시 시차 때문에 일찍 일어난 어떤 사람을 만났다. 외향적인 그는 하와이가 신나는 곳이며 이 섬의 장점들을 열거하며 너무 좋다고 열변을 토했다. 그는 자신과 만나는 여자들과의 멋진 파티 따위를 자랑했다. 말끝마다 욕이었다. 몇 마디 질문을 던져 보니 가슴 아프게도 그는 기혼자에 두 딸까지 두고 있었다.

주님과 둘만의 시간은 이미 물 건너갔으므로 나는 그에게 예수님을 전하기로 하고 접촉점을 찾고 있었다. 그가 내 직업을 묻기에 나는 하나님을 위해 복음 사역자로 일한다고 말했다.

그랬더니 그의 얼굴이 환해지면서 아까보다 더 열심히 말했다. "잘됐네요! 저도 거듭난 그리스도인이고 뉴욕에 있는 큰 교회에 나가거든요." 그는 자기네 목사 이야기도 하고 자신이 교회에서 사역을 하고 있다는 이야기도 했다. 복음 사역자를 만난 게 뜻밖이어서 그는 신앙에 대해 그칠 줄 모르고 이야기를 이어갔다.

들으면서 나는 그 사람이 얼마나 큰 기만에 빠져 있는지 보고는 아찔했다. 다행히 파티와 여자 얘기를 할 때처럼 욕은 하지 않았다. 그 순간만은 '거울'을 보고 있었던 것이다. 그는 기독교 어휘를 알았고, 성경도 인용할 줄 알았고, 하나님에 대해서 열변을 토할 줄도 알았다. 그러나 내가 사역자임을 밝혀 거울을 들지 않았다면, 나까지 덩달아 음담패설을 했어도 아무 문제가 없었을 것이다. 만약 내가 욕까지 하며 그의 이야기에 동참했다면 아마도 그의 본능적 욕망만 더 부추겼을 것이다. 그는 전혀 가책이 없었다. 하나님의 말씀이 그의 가장 깊은 의중과 갈망과 사고를 판단하지 못하고 있었다.

'신앙'과 교회에 대한 얘기를 하며 기독교라는 거울을 보고 있는 한 그는 자신의 모습이 어떤지 알았다. 그러나 거울에서 등을 돌리는 순간 그의 실제 이미지가 드러났다. 십중팔구 그는 예수 그리스도를 모르는 사람일 것이다. 그의 열매가 그 사실을 분명히 드러내 주기 때문이다(마 7:20-23 참조). 다른 그리스도인과 같이 있을 때 그는 자신의 실제 모습이 아니라 자기가 생각하는 모습을 투사했다.

> 우리가 예수 그리스도의 형상으로 성장할 수 있을 것인지, 아니면 기독교의 모양만 있고 하나님의 마음과는 먼 형상으로 자랄 것인지는 우리의 선택에 달려 있다.

극단적인 경우지만, 야고보가 하려는 말에 딱 들어맞는 예다. 동일한 원리가 다른 차원들에도 적용된다. 걸핏하면 싸우고 다투고, 가족들에게 모질게 말하고, 실생활 속에서 비윤리적이고, 쾌락과 이득을 위해 살다가, 교회만 가면 사랑이 많고 친절하고 잘 참고 정직하고 신앙심이 독실한 이미지를 투사하는 사람들이 얼마나 많은가! 그들은 주중의 모습과 교회에서(거울 앞에 있을 때) 보이는 모습이 판이하게 다르다. 자신의 실제 이미지보다 투사 이미지에 더 매달리기 때문이다. 그들 또한 기만에 빠져 있으며, 그리스도의 심판대 앞에서 깜짝 놀라게 될 것이다.

단호한 결단이 필요하다

우리가 투사 이미지에 집중하게 되면 안타깝게도 예수 그리스도의 형상으로 변화되는 복을 잃고 만다. 기만에 빠지기 때문에 하나님을 기쁘시게 하거나 비범한 삶을 살 수 없게 된다. 우리는 이렇게 물어야 한다. '나는 하나님을 기쁘시게 하기 위해 살 것인가, 아니면 사람들의 인기를 얻기 위해 살 것인가?' 이 선택은 진심이어야 한다. 겉으로는 하나님을 기쁘시게 하는 게 중요하다고 해 놓고 정작 불편할 때는 그 자리를 떠나는 식으로 그분을 속일 수는 없다. 이는 영원히 변치 않는 단호한 결단이어야 한다. 우리가 예수 그리스도의 형상으로 성장할 수 있을 것인지, 아니면 기독교의 모양만 있고 하나님의 마음과는 먼 형상으로 자랄 것인지는 우리의 선택에 달려 있다.

당신은 기독교 서적도 많이 읽고, CD나 DVD로 설교도 많이 듣고, 인근의 교회 예배에도 다 참석하고, 신자들과 자주 모이고, 전도 활동에도 참여할 수 있다. 그러나 참으로 하나님을 경외하지 않고 자신의 평판에 더 집중한다면, 그분과 멀어질 수밖에 없을 것이다. 그래서 성경은 이렇게 말한다. "여호와를 경외함이 지혜의 근본이라"(시 111:10).

이런 말씀도 있다. "여호와의 친밀하심이 그를 경외하는 자들에게 있음이여 그의 언약을 그들에게 보이시리로다"(시 25:14).

주님은 거룩한 두려움이 없는 사람들에게는 그분 자신이나 그분의 참 지혜를 계시하지 않으신다. 우리 삶에서 그분이 최고 우위를 점하셔야 된다. 말이나 겉모양으로가 아니라 마음의 뿌리 깊은 결단으로 그래야 된다. "제 삶은 제 것이 아닙니다. 나의 주 예수 그리스도의 것입니다."

서구 교회의 큰 비극 가운데 하나는 우리가 사람들에게 부활의 권능이라는 축복만 전하고 십자가에 수반되는 순종은 전하지 않는다는 것이다. 많은 지도자들이 열심히 수고하며 전하는 예수는 구원자일 뿐 우리 삶의 주님은 아니다. 일요일마다 교회에서 전하는 많은 메시지는 성경 원리에 근거한 '복된 삶'만 말할 뿐 복음의 진보에 필요한 자기부인에 대해서는 일언반구도 없다.

많은 목사들이 본연의 진실한 사역자가 되기보다 인생 코치가 되는 데 더 매달린다. 그들의 설교는 세상 리더십 원리나 심리학에서 온 것이고, 성경 구절은 그런 시각에 들어맞는 것만 고른다. 성경을 단순하고 철저하게 있는 그대로 믿는 게 아니라 다른 정보와 신념을 끌어내는 근거 정도로 생각하는 것이다. 이 강력한 말씀을 다시 들어 보라.

> 하나님의 말씀은 살아 있고 활력이 있어 좌우에 날선 어떤 검보다도 예리하여 혼과 영과 및 관절과 골수를 찔러 쪼개기까지 하며 또 마음의 생각과 뜻을 판단하나니(히 4:12).

노련한 외과 의사처럼 하나님의 참된 말씀은 우리가 참으로 건강해질 수 있도록 우리의 혼과 영을 찔러 쪼개고 마음 상태를 드러낸다. 서구 교회는 이 메시지를 말씀의 기준대로 듣고 있는 것일까? 만약 아니라면 우리는 참된 말씀을 듣는 것이 아닐 수도 있다. 우리의 강단에서 하나님의 참된 지혜가 나오길 소망한다.

우리는 많은 교회들에서 이기심과 시기가 이토록 많이 드러나는 이유를 정직하게 자문해 보아야 한다. 그것이 혹시 주를 경외하지 않는 결과는 아닌지? 야고보는 교인들에게 "너희 중에 지혜와 총명이 있는 자가 누구냐"(약 3:13)라고 묻는다. 질문의 핵심은 이것이다. "너희 중에 하나님을 참으로 경외하는 자가 누구냐"(주를 경외함이 없이는 지혜도 존재하지 않는다). 그의 말은 이렇게 이어진다.

> 그는 선행으로 말미암아 지혜의 온유함으로 그 행함을 보일지니라 그러나 너희 마음속에 독한 시기와 다툼이 있으면 자랑하지 말라 진리를 거슬러 거짓말하지 말라 이러한 지혜는 위로부터[주를 경외함에서] 내려온 것이 아니요 땅 위의 것이요 정욕의 것이요 귀신의 것이니(13-15절).

하나님의 말씀은 우리를 기만의 올무(인간의 환심을 사는 메시지나 우리 귀에 솔깃한 메시지)에서 지켜 준다. 성경은 사람을 두려워하면 올무에 걸린다고 했다(잠 29:25). 올무가 무서운 것은 막상 거기에 걸려들 때까지는 모른다는 것이다. 새나 짐승들도 사태를 미리 알았다면 올무 속으로 들어가지 않았을 것이다. 자신의 투사 이미지에 집중하는 것은 올무다. 그리고 거기에 걸려들 때까지는 그 사실을 모른다.

최근 금식 중에 성령께서 내 마음속에서 이렇게 부르짖으셨다. "진리를 위해 용감한 자들이 이 땅에 어디 있느냐?"(렘 9:3 참조) 인간을 두려워하는 올무에 빠져 하나님의 말씀에 대한 열정을 잃은 서구 교회의 수많은 사람들을 향한 주님의 슬픔이 느껴졌다.

죄를 지적해야 영혼들이 구원받을 수 있는데도 죄를 지적하지 않는 기독교 지도자들, 그들을 향한 그분의 슬픔이 느껴졌다. 수백만 달러를 들여 지은 교회들이 뒤쪽에 상자를 두고는 구도자들에게 신앙에 관심이 있다는 내용의 카드를 그 속에 넣게 한다. 그리스도를 위한 결단 때문에 그들이 불편해지거나 남의 눈에 띄지 않게 하려는 것이다. 우리는 그들의 신앙 입문을 '편하게' 해주려 애쓴다. 주님의 이런 말씀을 잊었단 말인가? "너희 가운데 누구든지 나와 너희를 인도하는 내 방식을 부끄러워하면, 인자도 모든 영광에 싸여 아버지와 거룩한 천사들과 함께 올 때, 그를 더 부끄럽게 여길 줄로 알아라"(눅 9:26, 메시지). 이것은 믿을 수 없는 훗날의 이야기가 아니다.

이런 식의 사역은 예수께서 하신 방식과 일치되지 않는다. 예컨대 부자 청년을 보라. 그는 구원받고 싶은 간절한 마음과 천국에 가려는 열망을 가지고 왔다(막 10:17 참조). 예수님은 그에게 재산을 팔아 가난한 자들에게 주고 십자가를 지고 그분을 좇으라 하셨다. 구도자에게 얼마나 강경한 말씀인가! 결과는 어땠는가? 구원을 얻겠다고 들떠 있던 이 부자는 "슬픈 기색"으로 예수님 앞을 떠났다. 하나님의 말씀을 듣고 나서 "근심하며"(22절) 떠나갔다. 말씀이 그의 마음을 찌르고 생각과 의중을 간파했다. 그는 자신의 삶을 파헤치는 말씀을 감당할 수 없었다.

곰곰이 생각해 보라. 이 사람은 올 때는 들으려는 마음이 간절했는데, 막상 예수님의 말씀을 듣고 나자 침울해져 떠났다. 여기에 비하면 현대 서구의 사역 방법들은 어떤가? 예수님은 부자 청년에게 카드를 내밀며 기입한 후 마태가 들고 있는 상자에 넣으라고 하지 않으셨다. 아니, 그분은 진리로 그의 실상을 지적하셨고, 그가 받아들이지 않았을 때도 진리를 '부담 없게' 만들지 않으셨다.

이어 예수님은 다른 사람들에게 하나님 나라에 들어가는 것이 얼마나 어려운지 비유를 통해 말씀하셨다. "낙타가 바늘귀로 나가는 것이 부자가 하나님의 나라에 들어가는 것보다 쉬우니라"(막 10:25). 이렇게 말할 수도 있다. "자신의 투사 이미지와 지각 이미지를 의지하는 남녀들도 천국에 들어가기가 똑같이 어렵다." 이들이 의지하는 부는 돈이 아니라 자신에 대한 남들의 시선이다.

본당 뒤쪽에 상자를 둔 일부 교회에 예수님이 초청 강사로 오신다면 어떻게 하실까? 사람들의 인생 여정을 돕는다고 격려의 말, 좋은 말만 하는 교회들에서 그분은 어떻게 하실까? 예수께서 사람들의 이기적인 생활방식을 지적하시며 삶을 내어 드리라고 명하신 후 많은 사람들이 슬퍼하고 근심하며 건물을 떠나갈 때, 그런 교회 지도자들은 어떻게 할까?

다행히 아직 늦지 않았다. 우리는 달라질 수 있다. 지도자여, 일어나라! 그리스도인이여, 일어나라! 하나님은 이 세대를 크게 변화시키라고 우리를 부르신다. 우리는 시대의 영, 불순종의 아들들 가운데 역사하는 영, 이 세상의 영과 대결하도록 부름 받았다. 이 땅에 천국을 이루도록 부름 받았다!

05

당신은 주님의
기쁨이 될 수 있다

Extraordinary: Life You're Meant to Live

하늘 아버지를 기쁘시게 하는 삶을 사는 데 필요한 모든 것이 우리에게 있다. 사실은 당신보다 하나님을 기쁘시게 할 능력이 더 많은 사람은 아무도 없다!

하나님을 기쁘시게 함에 있어 중요한 질문은 이것이다. "과연 우리가 할 수 있는 일인가?" 그분을 미소 짓게 하는 데 필요한 것이 우리에게 있는가? 불완전한 세상에서 살아가는 불완전한 우리가 완전하신 하나님께 기쁨을 드릴 수 있을까?

나는 처음에 청소년 사역을 했다. 중고등부 전도사로 일하면서 그 기간 동안 나는 자녀 양육과 가정의 역할에 대해 참 많은 것을 배웠다. 아이들을 보면서 번번이 마음 아팠던 것은 자기 부모를 도저히 기쁘게 할 수 없다는 것으로 괴로워하는 일부 아이들 때문이었다. 그 아이들은 무엇을 해도, 아무리 열심히 해도, 그들은 자신들의 부모(대개는 아버지)의 기대에 차지 않는다는 것을 알았다.

그 아이들은 좌절감 속에서도 계속 부모의 마음에 들려고 오랫동안 애쓰고 노력한다. 하지만 결국은 실패만 거듭하다 포기하고 만다. 그리고는 될 대로 되라는 식의 무책임한 삶으로 빠져든다. 마지막에는 환멸과 절망만 남는다. 부모가 그들을 조금만 더 칭찬해 주었다면 많은 탈선을 막을 수 있었을 것이다.

우리 하늘 아버지는 어떠실까? 흠이 없으신 그분을 우리가 정말 기쁘시게 할 수 있을까? 사도 베드로의 말을 들어 보라.

> 하나님을 기쁘시게 하는 삶을 사는 데 필요한 모든 것이 우리에게 있다. 이 모두를 하나님 자신의 능력으로 우리에게 주셨다(벧후 1:3, CEV).

여기 답이 있다. 하늘 아버지를 기쁘시게 하는 삶을 사는 데 필요한 모든 것이 우리에게 있다. 그러므로 처음부터 이것을 마음에 새겨 두고, 절대로 이 지식이 슬그머니 달아나지 않게 하라. 베드로를 통해 이 말씀을 하신 분은 하나님이다. 그분의 말씀은 참되고 변함이 없다. 하나님을 기쁘시게 하는 데 필요한 것이 당신에게 없다는 거짓말을 한시도 믿지 말라. 사실은 당신에게 다 있다!

많은 신자들이 일부 그리스도인, 특히 훌륭한 지도자들을 보며 '나는 결코 사도 요한, 사도 바울, 빌리 그레이엄, 오럴 로버츠, 테레사 수녀, 기타 존경하는 인물에 버금가거나 그들만큼 하나님께 기쁨이 될 수 없다'고 생각한다. 그러나 사실은 당신보다 하나님을 기쁘시게 할 능력이 더 많은 사람은 아무도 없다! 이 말과 더불어 다음 말도 잊지 말기 바란다. 하나님을 기쁘시게 할 능력이 과연 당신에게 있으나 그 능력을 활용하여 삶으로 살아 내는 것은 당신 몫이다.

리자와 나는 네 명의 아들을 두었다. 셋째 아들 알렉산더는 전통적인 보통의 학교 교육을 힘들어했다. 사실 몇 년 동안 특수교육을 받기도 했다. 분명히 그는 부모인 우리들보다 더 뛰어난 잠재력을 지닌 똑똑하고 명철한 아이였다. 창의력도 뛰어나고, 기존 사고의 틀을 벗어나며, 번득이는 아이디어도 많았다. 누구 못지않게 지적인 대화도 가능했다. 그런데 학교에서는 읽기 과목에서 고생을 했다. 그의 사고와 학습 과정이 다른 아이들보다 좀 더 시각적이었기 때문이다.

반면, 맏아들 애디슨은 전통적인 교육에서만큼은 재능이 특출하다. 500페이지짜리 책을 읽는 데 걸리는 시간이 나의 4분의 1밖에 안 되고 나중에도 책 내용을 정확히 다 말할 수 있을 정도다.

두 아들 모두에게는 인생의 성공에 필요한 것이 다 있다. 둘 다 나의

> **하**나님은 당신을 그분 나라에서 제 구실을 다 하기에 부족함이 없도록 지으셨다. 맡은 일을 수행할 은사와 능력도 주셨다.

큰 자랑이다. 두 아이가 학교에 다니던 시절에 리자와 나는 각자에게 기대가 달라야 함을 배웠다.

애디슨은 성적표에 전 과목 A를 받아 오는 학기가 많았다. 리자와 나는 그의 숙제나 공부를 도와준 적이 거의 없다. 그는 평소에 열심히 공부해서 내용을 다 알고 있었고 시험 점수도 잘 나왔다. 우리는 기뻤다.

그 시기에 알렉산더는 중학생이었는데 종종 우리 부부를 힘들게 했다. 아이는 숙제를 자주 잊어버렸고, 다 마친 과제물도 기준 이하였다. 성적은 A는 없었고 거의 D와 F를 받아왔다. 그 학기에 그의 성적은 우리를 기쁘

게 하지 못했다.

　몇 학기 후에 알렉산더는 전에 없이 열심히 공부하기 시작했다. 성적표를 펴 보니 D와 F는 없고 B와 C가 있었던 일이 지금도 기억에 선하다. 우리는 정말 기뻤다! 비록 애디슨의 성적에는 못 미쳤지만 리자와 나는 알렉산더가 열심히 하고 있음을 알았다. 그래서 우리는 거듭 칭찬해 주었다. 알렉산더는 우리의 기쁨을 알았다. 결국 고된 노력을 통해 A와 B학점 학생이 되었다.

　다른 학기에 애디슨이 A와 B를 받아왔다. 우리는 전혀 기쁘지 않았다. 그 아이가 전 과목이 A가 아니어서가 아니라 그 학기 동안에 보여 주었던 모습 때문이었다. 우리 부부는 옆에서 그를 안타깝게 바라보았다. 그는 학교 공부보다 친구나 친교 활동에 더 매달렸다. 당시에 그의 성적이 알렉산더의 B와 C보다 나았음에도 불구하고 우리는 애디슨이 최선을 다하지 않았음을 알았다(그때 한번만 그랬을 뿐 애디슨은 우등으로 졸업했고 삶의 모든 영역에서 늘 열심히 노력한다).

　요지는 이것이다. 하나님은 자녀인 우리들에게 능력을 똑같이 나눠 주지 않으신다. 다만 우리가 각자 자신이 받은 바에 충실하기 원하신다. 우리 모두가 이 진리만 확고히 알고 그것을 붙든다면 얼마나 좋을까. 달란트 비유에 그것이 확실히 나온다. 한 종은 다섯 달란트, 한 종은 두 달란트, 한 종은 한 달란트를 받았다. 성경에 분명히 나와 있듯이, 하나님은 우리에게 "각각 그 재능대로"(마 25:15) 선물을 맡기신다. 비유 속의 종들도 나의 두 아들처럼 능력의 수준이 달랐다. 아울러 우리는 바울의 이 말도 늘 명심해야 한다.

　누가 너를 남달리 구별하였느냐 네게 있는 것 중에 받지 아니한 것이 무엇이냐 네가 받았은즉 어찌하여 받지 아니한 것 같이 자랑하느냐 (고전 4:7).

우리는 늘 하나님께 받은 바에 주목해야 한다. 글쓰기, 교육, 설교, 노래, 작곡, 설계, 관리, 정리, 지도, 대인 관계 등 사람의 모든 능력은 하나님이 주신 선물이다. 그 점을 명심하면 교만이나 시기의 치명적 올무에 걸리지 않는다. 교만은 내가 남보다 낫다는 생각이고, 시기는 남이 가지고 있는 것을 욕심내는 것이다.

다시 달란트 비유로 돌아와, 다섯 달란트 받은 종은 열심히 일해서 열 달란트를 남겼다. 두 달란트 받은 종도 똑같이 열심히 일했으나 네 달란트밖에 남기지 못했다. 전자가 후자보다 여섯 달란트나 더 남겼는데도(월등히 나은 결과다) 상은 똑같이 받았다. 이들을 칭찬하는 주인의 목소리에 기쁨이 배어난다.

그 주인이 이르되 잘하였도다 착하고 충성된 종아 네가 적은 일에 충성하였으매 내가 많은 것을 네게 맡기리니 네 주인의 즐거움에 참여할지어다 하고(마 25:21, 23).

21절과 23절은 특이한 성경 구절이다. 두 구절이 정확히 똑같다. 나는 이것이 우연이 아니라고 본다. 하나님은 아주 중요한 요점을 강조하고 계신다. 21절은 열 달란트를 남긴 종에게 준 말이고, 23절은 그 절반도 안 되는 네 달란트를 남긴 종에게 준 말이다. 그런데 두 종에 대한 주인의 즐거움과 기쁨은 똑같다. 예수님은 이렇게 말씀하신다.

무릇 많이 받은 자에게는 많이 요구할 것이요 많이 맡은 자에게는 많이 달라 할 것이니라(눅 12:48).

존경하는 지도자, 가족, 친구와 자신을 비교하면 당신은 부족할지 모른다. 사실 하나님은 당신보다 그 사람에게 은사와 능력과 달란트를 더 많이 주셨을 수 있다. 바울의 말을 들어 보라.

하나님께서 주신 것들에 대한 깊은 감사의 마음으로, 여러분에 대해 특별한 사명을 받은 사람으로서 말씀드립니다. 여러분은 순전히 은혜 가운데 살고 있습니다. 여러분이 마치 하나님께 뭔가 좋은 것을 해드리고 있는 것처럼 착각하지 마십시오. 그렇지 않습니다. 실은, 하나님께서 여러분에게 온갖 좋은 것을 가져다주고 계신 것입니다. 우리가 우리 자신을 바르게 알게 되는 것은, 오직 하나님과 또한 그분이 우리를 위해 하고 계신 일에 주목할 때이지, 우리 자신과 또한 우리가 그분을 위해 하는 일에 주목할 때가 아닙니다.
우리 각자는 사람 몸의 다양한 부분과 같습니다. 각 부분은 전체 몸에게서 의미를 얻습니다. 그 반대는 아닙니다. 지금 우리가 말하는 몸은, 택함 받은 사람들로 이루어진 그리스도의 몸을 말합니다. 우리 각자의 의미와 기능은, 우리가 그분 몸의 한 부분으로서 갖는 의미와 기능입니다. 잘려 나간 손가락, 잘려 나간 발가락이라면 무슨 대단한 의미와 기능이 있겠습니까? 우리는 그리스도의 몸 안에서, 빼어난 모양과 탁월한 기능을 부여 받은 부분 부분들로 지음 받았습니다. 그러므로 우리는 지음 받은 본연의 모습대로 살아가야 합니다. 시기심이나 교만한 마음을 품고서 다른 사람들과 자신을 비교해서는 안 됩니다.

자기가 아닌 다른 무엇이 되려고 애쓰지 마십시오(롬 12:3-6, 메시지).

하나님은 당신을 그분의 나라에서 제 구실을 다하기에 부족함이 없도록 지으셨다. 맡은 일을 수행할 은사와 능력과 재능을 주셨다. 그러므로 내가 받은 것에 관해서는 내 몫을 다른 사람과 비교할 수 없다. 그러나 그 받은 것으로 내가 어떻게 하느냐에 관해서는 우리에게 심판이 있다. 바로 이 부분에서 우리는 하늘 아버지께 기쁨을 드릴 수도 있고 그렇지 못할 수도 있다.

다시 말해서, 두 달란트 받은 종이 만일 자신의 은사를 다섯 달란트 받은 사람과 비교했다면 그는 부족했을 것이다. 하지만 두 종 모두 처음보다 갑절을 남겼다. 그들은 맡겨진 것에 똑같이 충성했고 똑같이 주인을 기쁘게 했다.

비슷하지만 강조점이 다른 비유

이번에는 그와 비슷하지만 강조점이 아주 다른 비유를 살펴보자. 예수님의 므나 비유이다(눅 19:11-26 참조). 여기에는 종이 세 명이 아니라 열 명이다. 그들 열 명은 모두 동일하게 한 므나씩을 받았다. 달란트 비유와 달리, 이 비유의 므나는 다른 수준의 사명이나 특별한 은사를 가리키지 않는다. 므나는 은혜, 기본적 믿음, 하나님의 사랑 등 모든 신자에게 똑같이 주시는 선물들을 가리킨다.

예를 들어, 하나님이 어떤 사람을 구체적으로 찬양과 예배를 통해 회중을 하나님의 임재 속으로 인도하도록 부르셨다면 그 사람은 음악의 달란트를 받은 것이다. 그런데 그 은사는 후천적으로 학습해서 계발된 것이 아니다. 모든 사람에게 주신 것이 아니다. 특별히 예배자들을 하나님의 임재 안으로 끌어들이는 달란트로 하나님이 그에게만 주신 것이다.

솔직히 나는 음악의 달란트를 받지 못했다. 내가 가족들 앞에서 노래를 부르려 하면 매번 사고가 벌어진다. 가족들은 웃거나 방을 나가거나 장난으로 내게 물건을 집어던진다. 당연하다. 그러니 내가 우리 교회의 찬양 인도자가 되려 한다면 그것은 지혜롭지 못한 일이다. 나는 나대로 하나님께 받은 사명이 있고, 그 사명을 수행하라고 맡겨 주신 다른 분야의 달란트가 있다. 설교, 글쓰기, 지도 등이다. 우리는 각기 맡은 소임에 해당하는 달란트를 받았다.

그러나 삶의 일반 분야에서는 우리 모두 받은 것이 똑같다. 성경은 우리 각자에게 그리스도의 마음, 하나님의 전신갑주, 예수님의 이름, 기본적 믿음, 하나님의 약속들, 하나님의 사랑이 있다고 말한다. 그런 것을 다 헤아려 보자면 한이 없다.

이 모두가 누가복음에 나오는 므나 이야기에 들어 있다. 비유 속의 첫 번째 종은 한 므나를 열 배로 늘렸다. 심판 때 그는 큰 상으로 열 고을을 다스리는 권세를 받았다. 두 번째 종은 다섯 배로 늘렸는데 상은 열 배로 늘린 종만큼 크지 못하여 다섯 고을 권세를 받았다. 상이 적었던 이유는 그가 자신에게 맡겨진 것으로 첫 번째 사람의 절반밖에 늘리지 못했기 때문이다. 세 번째 사람은 므나를 묻어 두었다가 게으르다고 호된 책망을 받았고 상도 없었다.

두 비유를 통해 알 수 있듯이, 하나님은 삶의 제반 상황이나 여건에서는 우리 각자를 똑같이 갖추어 주시지만(므나 비유), 특별한 사명이나 소임의 영역에서는 사람마다 다르게 갖추어 주신다(달란트 비유). 이 책에서는 하나님이 우리 각자에게 똑같이 주신 자원을 중심으로 살펴볼 것이다. 하지만 그 자원은 각자의 특별한 소임을 성공적으로 수행하는 데 꼭 필요한 기초이기도 하다.

결론적으로, 이제부터 말하려는 내용의 계시가 없이는 결코 자신의 잠재력(비범한 삶)을 십분 발휘할 수 없다.

Extraordinary: Life You're Meant to Live

part 2

은혜 안에
답이 있다

06

은혜 안에
승리하는
삶의 비결이 있다

Extraordinary: Life You're Meant to Live

하나님이 원하시는 자녀의 모습은 의의 명의만
있고 죄와 연약함을 극복할 능력은 없는 사람
이 아니다. 그분이 뜻하신 구원은 오는 세상뿐
아니라 이 세상에서도 승리의 삶을 살게 해주
는 완성품이다.

반복의 위험을 무릅쓰고 앞 장의 요점을 다시 강조하고자 한다. 이 진
리를 충분히 '깨닫지' 못하면 우리 삶에 고투와 의심과 좌절이 찾아오기 때
문이다.

하늘 아버지를 기쁘시게 하는 데 필요한 것이 당신과 나에게 있다. 메
시지 성경은 "우리는 하나님을 기쁘시게 해드리는 삶에 어울리는 모든
것을 기적적으로 받았습니다"(벧후 1:3)라고 했다. CEV(*Contemporary English
Version*)에는 이렇게 되어 있다.

하나님을 기쁘시게 하는 삶을 사는 데 필요한 모든 것이 우리에게 있

다. 이 모두를 하나님 자신의 능력으로 우리에게 주셨다.

여기서 제기될 만한 질문이 있다. "하나님을 능히 기쁘시게 할 수 있도록 우리에게 기적적으로 주셨다는 그 능력의 원천이 무엇인가?" 답은 "그분의 은혜"다.

'은혜'. 요즘 들어 은혜에 대한 말들이 많았지만 아직도 은혜를 충분히 이해하지 못하는 사람들이 아주 많다. 두말할 나위 없이 은혜야말로 그리스도인들이 알아야 할 가장 중요한 진리이거나 적어도 그중에 하나다. 그리스도 안에서 우리의 구원과 삶의 기초가 은혜인 까닭이다.

먼저 우리는 은혜로 구원받았다. 구원은 선물이다. 인류에게 주어진 최고의 선물이다. 우리가 하나님과의 관계에 들어선 것은 그분의 법을 지켜서가 아니다. 만약 그렇다면 구원은 당연한 것이 된다. 은혜는 하나님의 과분한 호의다. 성경은 이렇게 말한다.

> 너희는 그 은혜[하나님의 과분한 호의]에 의하여 믿음으로 말미암아 구원을 받았으니[심판에서 벗어나 그리스도의 구원에 참여하게 되었으니] 이것은 너희에게서[네 행위와 노력에서] 난 것이 아니요 하나님의 선물이라 행위에서[율법의 요구를 충족시켜서] 난 것이 아니니 이는 누구든지 자랑하지 못하게[인간의 노력으로 가능한 결과가 아니기에 아무도 제 자랑을 하거나 제 공로로 돌리지 못하게] 함이라(엡 2:8-9).

우리의 구원을 한마디로 잘 압축한 말씀이다. 우리의 죄가 뿌리째 뽑혀서 동이 서에서 먼 것 같이 영원히 옮겨진 것은 예수 그리스도의 은혜로 된 일이다. 심판대 앞에 설 때 하나님이 우리에게 그분 나라에 들어가야 할 이유를 물으신다면, 분명히 우리의 선행, 주일 성수, 충성스런 봉사, 사역, 기타 내 쪽의 어떤 선(善) 때문은 아니다. 하나님이 우리를 받아 주시는 이유는 2천 년 전 예수께서 십자가에서 보배로운 피를 흘리며 처참하게 죽으셨고 사흘 만에 부활하여 우리에게 자유를 주셨기 때문이다. 예수님은 하나님이 우리를 노예 상태에서 해방시키려고 치르신 속전(贖錢)이다. 그 외에는 아무것도 우리를 해방시킬 수 없다! 예수님의 희생을 믿고 주님 되신 그분께 삶을 내어 드림으로써 우리는 하나님 앞에 당당히 설 수 있다.

회개하면 사건은 종료된다

하지만 구원받은 순간부터 왕 앞에 설 때까지는 이 은혜의 역할이 무엇인가? 우선 우리는 삶을 위한 은혜도 똑같이 하나님의 호의임을 절대로 잊어서는 안 된다. 우리 힘으로 얻어 낼 수 없다는 말이다. 하나님과의 관계 속에 들어선 뒤에도 그것은 달라지지 않는다.

안타깝게도, 회심한 후에 그리스도 안에서 살아가는 삶을 율법의 렌즈를 통해 보는 사람들이 많이 있다. 그들은 하나님의 은혜에 의지하여 호의와 복을 받는 게 아니라 자신의 노력에 의지한다. 바울은 답답해서 이렇게 물었다. "너희가 이같이 어리석으냐 성령으로 시작하였다가 이제는 육체로 마치겠느냐"(갈 3:3).

나중에 바울은 더 매섭게 역설했다. "율법 안에서 의롭다 함을 얻으려 하는 너희는 그리스도에게서 끊어지고 은혜에서 떨어진 자로다"(5:4). 구약 율법의 규정과 계율과 요구를 지켜 하나님과의 바른 관계를 유지하려 한다면 우리는 실제로 그리스도와의 교제와 은혜의 혜택을 잃게 된다! 두려운 일이다. 구원받은 것도 은혜요, 구원의 혜택을 계속 누리는 것도 은혜임을 늘 잊어서는 안 된다.

그래서 바울은 자신의 거의 모든 서신에 "우리 주 예수 그리스도의 은혜가 너희에게 있기를 원하노라"고 썼다. 그가 서신들을 쓴 대상이 구원의 은혜가 필요한 잃어버린 영혼들이 아니라 이미 구원받은 성도들임을 잊지 말라.

사도 야고보는 신자들에게 "[하나님이 우리에게] 더욱 큰 은혜를 주시나니"(약 4:6)라고 썼다. 다시 말해서, 우리가 이미 받은 은혜보다 더 큰 은혜가 준비되어 있다는 것이다.

베드로는 차원을 달리하여 "은혜와 평강이 너희에게 더욱 많을지어다"(벧후 1:2)라고 썼다. 이것은 더 기쁜 소식이다. 은혜가 우리 삶에 더해지다 못해 배가될 수 있다는 것이다! 사도들이 더욱 큰 은혜를 사모하고 기도했다면 그리스도 안에서 살아가는 우리에게도 틀림없이 중요하다.

회심한 후에 구약 율법의 규정과 계율과 요구를 지켜 하나님과의 바른 관계를 유지하려 한다면, 우리는 실제로 그리스도와의 교제와 은혜의 혜택을 잃게 된다!

그러므로 그리스도인의 삶에 관한 한, 처음 구원받을 때만 아니라 구원이 유지되는 것도 은혜. 예수 그리스도께 헌신한 뒤로 자기가 엉망으로 살아서 하나님이 자기의 구원을 거두셨을 거라는 생각으로 힘들어하는 신자들이 많이 있다. 그것은 잘못된 생각이다! 성경은 이렇게 말한다.

> 만일 우리가 우리 죄를 자백하면 그는 미쁘시고 의로우사 우리 죄를 사하시며 우리를 모든 불의에서 깨끗하게 하실 것이요(요일 1:9).

여기 보면 거의 모든 불의라고 하지 않았다. 예수님의 피는 모든 불의를 씻어 낸다. 그분은 우리를 하나님의 임재에서 떼어 놓으려는 모든 것으로부터 우리를 깨끗하게 하시고 용서하신다.

그분은 신실하고 의로우셔서 우리를 용서하고 깨끗하게 하신다. 신실하다는 말은 매번 그런다는 뜻이고, 의롭다는 말은 그분이 자신의 언약을 항상 지키신다는 뜻이다. 그분은 "내가 다른 사람들의 불의는 용서해도 너는 안 되겠다"고 하시는 법이 없다.

그래도 확신이 없는가? 당신은 혹시 이런 생각을 하고 있는가? '나는 죄를 너무 많이 지어서 용서받을 수 없다. 하나님의 자비를 다 갖다 써 버렸다.'

아니다. 성경은 "여호와께 감사하라 그는 선하시며 그 인자하심이 영원함이로다"(시 136:1)라고 말한다. 그분의 자비는 고갈되지 않고 영원히 계속된다. 사실 "그 인자하심이 영원함이로다"라는 말이 시편 136편에만 26번이나 나온다.

하나님의 용서가 너무 커서 감당이 안 된다면 당신만 그런 게 아니다. 사도 베드로도 그것을 이해하느라 애를 먹었다. 그래서 어느 날 예수님께 이렇게 여쭈었다. "주여 형제가 내게 죄를 범하면 몇 번이나 용서하여 주리이까 일곱 번까지 하오리이까"(마 18:21). 구약 율법에 "이는 이로"(출 21:23-24 참조)라는 규정이 있으므로 베드로 딴에는 일곱 번도 대단한 아량이라고 생각했다. 그는 인간들이 잘못과 죄와 과오를 그대로 되갚는 현실에 익숙해 있었다.

예수님의 대답은 그를 충격에 빠뜨렸다. "네게 이르노니 일곱 번뿐 아니라 일곱 번을 일흔 번까지라도 할지니라"(마 18:22). 490번이다! 물론 예수님의 말씀은 용서가 490번으로 제한된다는 뜻이 아니다. 누가복음에 그분은 이렇게 말씀하신다. "조심하여라. 네 친구가 잘못하는 것을 보거든, 바로잡아 주어라. 그가 네 지적에 응하거든, 용서하여라. 설령 너에게 하루에 일곱 번 되풀이해서 잘못하더라도, 그가 일곱 번 '미안하네. 다시는 그러지 않겠네' 하거든 용서하여라"(17:3-4, 메시지).

매일 일곱 번까지라도 용서하라는 말씀이다. 그런데 어떤 사람이 하루에 일곱 번씩 70일 이상 죄를 지으면 490번이 넘는다. 그러니까 우리가 죄짓고 용서받을 수 있는 한도가 490번이라면 예수님은 누가복음에도 "490번까지"라고 말씀하셨을 것이다. 하지만 그러지 않으셨다. 하루에 일곱 번이라고 하시고 날수에는 제한을 두지 않으셨다. 사람이 80년 동안 하루에 일곱 번씩 죄를 지으면 총 204, 400번이 된다! 490번을 훨씬 앞지르는 수다.

예수님이 하시는 말씀은 우리의 용서가 바닥나지 말아야 한다는 것이다! 왜 고갈되지 말아야 할까? 우리를 향한 하나님의 용서가 그러하기 때문이다. 성경은 우리에게 "서로 용서하기를 하나님이 그리스도 안에서 너희를 용서하심과 같이 하라"(엡 4:32)고 명한다.

그러므로 혹시라도 하나님의 용서를 다 갖다 쓴 것처럼 느껴진다면 당신은 자신의 감정을 듣고 있거나 아니면 하나님 말씀에 어긋나는 거짓말을 듣고 있는 것이다. 죄를 지었을 때 뉘우치고 회개하면 당신은 용서받는다. 사건 종료다.

이 기쁜 소식과 더불어 중요한 경고가 있다. 이 용서를 악용하여 뻔뻔하게 죄짓는 일을 삼가야 한다는 것이다. '나는 은혜로 구원받았다. 어떻게 살아가든 구원은 보장돼 있다. 그러니 절제 따위는 잊어버리고 실컷 즐기며 살자.' 그것이 당신의 속생각이라면 당장 멈추라! 그것은 위험한 논리다. 당신은 속고 있다! 내 말을 기분 나쁘게 생각하지는 말라. 하지만 당신은 자신에게 이렇게 물을 필요가 있다. "내가 구원을 받기는 한 건가?" 바울은 이 문제에 대해 이렇게 말했다. "그런즉 우리가 무슨 말을 하리요 은혜를 더하게 하려고 죄에 거하겠느냐 그럴 수 없느니라 죄에 대하여 죽은 우리가 어찌 그 가운데 더 살리요"(롬 6:1-2). 사실 바울은 그리스도인들에게 이렇게 경고한다.

> 여러분이 항상 자기 마음대로 살려고 할 때 여러분의 삶이 어떻게 될지는 아주 분명합니다. 사랑 없이 되풀이되는 값싼 섹스, 악취를 풍기며 쌓이는 정신과 감정의 쓰레기, 과도하게 집착하지만 기쁨 없는 행복, … 살벌한 경쟁, 모든 것을 집어삼키지만 결코 만족할 줄 모르는 욕망, 잔인한 기질, 사랑할 줄도 모르고 사랑받을 줄도 모르는 무력감, 찢겨진 가정과 찢어진 삶, 편협한 마음과 왜곡된 추구, 모든 이를 경쟁자로 여기는 악한 습관, 통제되지도 않고 통제할 수도 없는 중독… 등이 그것입니다. 더 열거할 수도 있지만 그만하겠습니다.
>
> 여러분도 알다시피, 내가 여러분에게 경고한 것이 이번이 처음은 아닙니다. 여러분이 자신의 자유를 그런 식으로 사용하면, 여러분은 하나님 나라를 상속받지 못할 것입니다(갈 5:19-20, 메시지).

분명히 우리에게는 하나님의 은혜로 말미암은 자유가 있다. 그러나 이 자유는 뻔뻔스럽게 죄짓는 데 쓰라고 있는 게 아니다. 참으로 구원받은 사람은 하나님의 마음을 품고 있기에, 속으로 "얼마만큼 죄를 짓고도 무사히 빠져나갈 수 있을까?"라고 말하지 않는다. 진정으로 거듭난 신자는 "나는 나를 위해 죽으신 분의 마음과 그분이 사랑하시는 사람들을 아프게 하고 싶지 않다"고 말한다. 그럼에도 다시 말하지만, 죄를 지었을 때는 참으로 회개하면 하나님이 용서해 주신다. 하루에 일곱 번이라도 상관없다.

우리는 은혜로 구원받았고 그 은혜로 구원이 유지된다. 얼마나 놀라운 일인가. 그러나 그것 말고도 훨씬 많다! 은혜는 죄 사함으로 그치지 않는다. 은혜는 하나님이 주시는 능력이기도 하다. 바로 그것이 우리가 그리스도처럼 살 수 있는 길이다.

이 말씀을 잘 읽어 보라. "[예수] 안에 산다고 하는 자는 그가 행하시는 대로 자기도 행할지니라"(요일 2:6). 여기 보면 사도는 "행하는 게 좋다"고 하지 않고 "행할지니라"라고 했다. 우리는 예수님이 행하시는 대로 행해야 한다! 이것은 제안이나 목표가 아니다. 하나님이 우리에게 마땅히 기대하시는 바다. 다행히 하나님은 명령을 주실 때 반드시 그 명령을 지킬 수 있는 능력도 함께 주신다. 그런 이유로 우리는 은혜의 능력으로 예수님처럼 행동할 수 있다.

이 문제에 대한 바울 자신의 간증을 들어 보라. "우리가 너희 믿는 자들을 향하여 어떻게 거룩하고 옳고 흠 없이 행하였는지에 대하여 너희가 증인이요 하나님도 그러하시도다 너희도 아는 바와 같이 우리가 너희 각 사람에게 아버지가 자기 자녀에게 하듯 권면하고 위로하고 경계하노니 이는 … 하나님께 합당히 행하게 하려 함이라"(살전 2:10-12). 바울은 신자들에게 자기처럼 "하나님께 합당히" 행하라고 명했다! 이것은 그에게나 우리에게나 가능한 일이다. 은혜의 능력으로 그렇게 할 수 있다.

많은 사람들이 은혜의 이 부분을 놓친다. 그 이유는 다분히 우리가 이 부분을 똑같이 강조해서 가르치지 않기 때문이다. 그래서 많은 신자들이 그리스도인의 생활을 힘들어 하며, 비범한 삶을 살지 못한다.

그리스 원어에서 은혜라는 단어의 뜻부터 살펴보자. 은혜의 의미로 신약성경에 가장 자주 쓰인 단어는 카리스(charis)로, 대략 150번쯤 나온다. 카리스의 가장 흔한 뜻은 "보상을 바라지 않고 베푸는 호의"다. 하나님이 당신의 인자하심을 우리에게 전혀 값없이 베푸신 것이 은혜다. 이것은 절대로 노력이나 공로로 얻어 낼 수 없는 호의다.

은혜의 이 기초적 정의에 바울이 죄와 영원한 사망에서의 구원과 관련하여 에베소서, 갈라디아서, 로마서, 기타 서신에 쓴 여러 성경 말씀을 합하면 대다수 그리스도인들이 알고 있는 은혜의 정의가 나온다. 하지만 여기에는 은혜의 동기와 결과만 들어 있을 뿐 은혜의 현재적 특성은 빠져 있다. 다시 말해서, 내생과 관련하여 우리를 구원하는 값없는 선물만 남고 이생에서 누려야 할 은혜의 능력은 없어진다.

총의 예화

은혜의 참뜻을 총의 비유로 제시해 볼까 한다. 시간을 몇 백 년 거슬러 올라가 1717년으로 가 보자. 그때는 총기가 처음 발명되기 1년 전이다. 어떤 사람이 배가 난파되는 바람에 바다 한복판의 무인도에 혼자 갇혔다. 그를 섬사람이라고 하자.

섬 내부는 전형적인 열대성 기후이지만 무슨 특이한 조건 때문에 해안은 늘 짙은 안개로 가려져 있다. 섬은 통상적 뱃길에서 멀리 떨어져 있다. 설사 배가 근처로 지나간다 해도 짙은 안개 때문에 배에서는 섬이 보이지 않는다.

섬에는 식수가 많이 있고 사슴이나 멧돼지 같은 야생동물도 있다. 코코넛도 곳곳에 널렸지만 키다리 야자수에 높이 매달려 있다.

며칠 전 이 섬으로 떠밀려 들어온 섬사람은 몹시 배가 고프다. 동물을 쫓아가 잡으려 해 보았지만 모두 수포로 돌아갔다. 나뭇가지로 창도 만들어 보았지만 도망가는 짐승에게 상처를 입힐 만큼 세게 던질 수가 없었다. 큰 새총을 만들어 볼까도 했지만 고무줄처럼 늘어나는 것이 하나도 없었다. 최후의 수단으로 사슴과 멧돼지를 쫓아가 큰 돌을 던졌지만 그 역시 허사였다.

섬사람은 코코넛을 따러 키다리 야자수에도 오르려 해보지만 얻은 것은 다리의 상처와 팔의 생채기뿐이다. 코코넛은 그림의 떡이었다.

설상가상으로 이 외로운 생존자는 섬에 사는 다른 녀석 때문에 늘 극도로 조심해야 했다. 사나운 야생 곰이었다. 곰의 행방을 속 시원히 알 수 없는 터라 그는 늘 정신을 바짝 차려야 한다. 꼭 곰들이 그를 사냥하는 것 같다. 제정신이라도 지켜야겠다 싶어 섬사람은 집채만큼 큼직한 바위를 찾아냈다. 곰이 올라오기 힘든 곳이었다. 임시 사다리를 만들어 꼭대기로 올라간 그는 사다리까지 끌어올려 버렸다. 그런 대로 안전한 느낌이 들었지만 감옥 같기도 했다. 굶주린 육식동물을 피하려고 밤낮없이 꼬박 바위에 갇힌 것이다. 이제 섬사람은 배만 고픈 게 아니라 숙면 부족으로 피곤하기까지 하다. 바위 표면이 울퉁불퉁해서 누워도 못내 불편했던 것이다.

이쯤 되자 이 불운한 남자의 좌절과 탈진은 극에 달한다. 거기에다 절망감까지 밀려든다. 생사의 기로가 피부로 느껴진다. 그는 굶어 죽거나 곰에게 찢겨 죽을 판이었다.

그런데 갑자기 난데없이 어떤 사람이 등장한다. 타임머신을 타고 온 21세기 말의 사람이다. 그에게는 섬사람의 시대와 행방을 볼 수 있는 기술이 있다. 과거를 돌아보다 섬사람의 곤경을 알게 된 그는 사랑과 염려의 마음으로 구조에 필요한 지식과 장비를 모아 타임머신을 타고 섬사람을 구하러 왔다. 그의 이름은 메신저다.

메신저는 새로운 존재의 등장에 흥분한 섬사람에게 정확히 61일 후에 섬 근처로 배 한 척이 지나갈 것이라고 말해 준다. 그때가 집에 돌아갈 수 있는 유일한 기회라는 것도 일러 준다. 메신저가 과거를 돌아보니 그 섬 근처로 또 다른 배가 지나가려면 수십 년이 더 지나야 했다. 메신저는 배가 지나갈 날짜와 시간을 정확히 알려 주고, 섬사람이 시간을 알 수 있도록 해시계까지 만들어 준다. 그리고 "배가 섬에 가장 가까워지면 나팔 소리가 들릴 겁니다"라고 말해 준다.

> 은혜는 죄 사함으로 그치지 않는다. 은혜는 하나님이 주시는 능력이기도 하다. 바로 그것이 우리가 그리스도처럼 살 수 있는 길이다.

이어 메신저는 가져온 상자를 연다. 이상하게 생긴 상자 안에 낯선 물건들이 들어 있다. 그중 하나는 총이다. 물론 섬사람이 처음 보는 것이다. 그는 이 구경 7밀리미터 소총이 무엇에 쓰는 물건인지 전혀 모른다.

메신저가 힘주어 말한다. "이건 총이라는 건데 당신의 목숨을 구해 줄 겁니다!"

그는 잠시 반응을 기다렸다가 말을 잇는다. "총을 장전하고 이 방아쇠를 당기면 아주 큰 소리가 납니다." 시범으로 메신저는 상자 안에서 다른 이상한 물건, 곧 총알을 꺼내 그것을 약실에 넣고 총신을 공중으로 향해 방아쇠를 당긴다. '빵!' 하는 요란한 소리에 섬사람은 깜짝 놀란다.

메신저는 말한다. "이 총소리는 바다 위로 멀리까지 퍼집니다. 배 선장이 총성을 들으면 안개를 뚫고 들어와 섬 동쪽 해안을 찾아낼 것입니다. 배가 보이거든 총을 몇 번 더 쏘십시오. 그럼 당신이 눈에 띌 겁니다. 그들이 당신을 배에 싣고 안전하게 집에 데려다 줄 것입니다!"

섬사람은 황홀하여 메신저에게 거듭 감사의 인사를 한다.

"천만예요." 메신저가 대답한다. "그런데 당신이 알아야 할 게 더 있습니다. 이 총은 소리만 클 뿐 아니라 총신에서 총알이 빠른 속도로 나오기 때문에 이 섬의 곰이나 사슴, 멧돼지 등을 죽일 수 있습니다. 그러니까 이제부터는 곰한테 찢겨 죽을까봐 두려워하며 살지 않아도 됩니다. 더 좋은 것은, 배가 올 때까지 양식이 충분해질 겁니다. 사슴 고기와 멧돼지 고기는 물론 나무의 코코넛까지 쏘아 떨어뜨릴 수 있을 테니까요."

이어 메신저는 섬사람에게 사정거리가 뛰어난 그 총의 사용법을 가르쳐 준다. 숲속의 어떤 과녁에 총을 여러 번 쏘아 보자 섬사람의 조준 실력이 좋아진다. "바로 그겁니다!" 메신저는 웃으며 말하다가 다시 힘을 주어 말한다. "더 있습니다!"

그는 섬사람과 함께 바닷가로 내려와 바닥에 모래가 깔린 동굴로 데려간다. 섬사람도 해안으로 떠밀려온 지 얼마 안 되어 이 동굴을 보고 거기서 자고 싶었으나 밤중에 곰이 습격할까 봐 두려웠었다.

메신저가 말한다. "굴 입구는 사슴 가죽으로 막으면 됩니다. 이제 부드러운 모래 위에서 잠잘 수 있습니다. 곰을 두어 마리 잡아 그 가죽으로 요와 이불도 만들 수 있습니다. 그럼 추운 밤에도 따뜻할 것이고 비가 퍼부어도 걱정할 것 없습니다."

메신저는 총 상자를 열어 여분의 총알을 보여 준다. 수백 발쯤 된다. 그는 이렇게 주의를 준다. "총알을 지혜롭게 사용하십시오. 어쨌든 61일 동안 쓰기에는 아주 넉넉할 겁니다."

섬사람은 이제 감사에 겨워 어쩔 줄 모른다. 갑자기 그는 중요한 생각이 떠올라 조심스레 묻는다. "메신저님, 총을 받았으니 저는 무엇을 드려야 될까요?"

메신저는 웃으며 대답한다. "돈이 없을 테니 사실 수야 없겠지요. 설령 돈이 있다 해도 저는 보상을 바라고 온 게 아닙니다. 타임머신에 당신이 보이기에 도와드리고 싶었습니다. 총은 팔지 않을 테니 그냥 가지십시오. 그나저나 이 총은 당신한테 주라고 내 주인이 주신 겁니다. 그분은 타임머신의 실제 주인이며, 내가 사는 세상에서 아주 큰 부자랍니다. 나는 그분의 선물을 전달한 것만으로도 기쁩니다."

"네, 감사합니다, 감사합니다!" 섬사람은 메신저와 그 주인의 마음 씀씀이와 너그러움에 크게 놀라며 고마움을 전한다. 그가 총을 받자 낯선 은인은 순식간에 사라져 버린다. 섬사람과 무기만 남았다. 그 무기가 그의 목숨을 건져 줄 뿐 아니라 남은 두 달 동안 섬 생활을 편안하게 해줄 것이다. 그는 구원받았다!

눈치 챘겠지만 비유 속의 메신저는 섬사람에게 구원의 길을 전해 주는 예수 그리스도의 종을 나타낸다. 전도자나 목사일 수도 있고, 가족이나 친구일 수도 있고, 생판 모르는 남일 수도 있다. 메신저의 주인은 메신저를 구조 임무에 파견한 주님을 가리킨다. 총은 하나님의 은혜, 그분의 과분한 선물을 가리킨다. 섬사람이 처참한 죽음에서 구원받은 것은 자신의 행위 때문이 아니라 메신저의 주인이 보낸 선물 때문이다. 섬에서 보낼 61일의 기간은 이 땅에서 섬사람에게 남아 있는 수명을 가리킨다. 그리고 그를 태우러 올 배는 그가 이 땅을 떠나 천국에 가는 것을 상징한다.

중요한 하나의 사실을 뺀다면

이번에는 이 이야기에서 중요한 요소 하나만 바꾸어 보자. 그리고 그 차이를 살펴보기로 하자.

이번에도 메신저가 나타나 총이 섬사람의 목숨을 구해 줄 거라고 말한다. 아까처럼 그는 총을 쏘아야만 선장이 안개 속에 누가 있음을 알 수 있다고 말해 준다. 이번에도 메신저는 공중에 대고 총을 발사한 뒤 섬사람에게도 총알을 장전하여 공중으로 몇 발 쏘아 보게 한다. 저번과 마찬가지로 섬을 빠져나가는 길은 이것밖에 없다.

그런데 이번에는 메신저가 섬사람에게 총의 다른 기능은 말해 주지 않는다. 요란한 소리를 내는 것 외에, 단단한 탄환이 빠른 속도로 총신에서 나와 짐승을 죽여 양식과 안전한 은신처와 온기를 줄 수 있다는 설명을 빠뜨린다. 메신저는 섬사람이 총의 기능을 알고 있다고 착각한다. 그때가 총기가 발명되기 이전임을 잊은 것이다. 전처럼 섬사람은 선물을 준 메신저에게 감사하고, 메신저는 즉시 자기 시대로 돌아간다. 이제 섬사람은 살아날 길은 찾았지만 남은 61일 동안 섬에서 제대로 살아가는 데 필요한 정보는 없다.

이번 시나리오에서 섬사람은 메신저가 갑자기 사라진 뒤로 감정이 혼란스럽다. 한편으로는 섬에서 빠져나갈 길이 생겼다는 사실에 기쁘지만, 또한 자기가 큰 문제에 빠져 있음을 깨닫는다. 남은 61일 동안 무엇을 먹을 것인가? 음식 없이 그렇게 오랫동안 목숨을 부지할 수 있을까? 이때까지 그는 짐승을 잡아 보려 갖은 애를 썼지만 다 헛수고였다. 61일이 다하기 전에 그가 아사나 곰의 습격을 피할 수 있는 확률은 전무하다. 게다가 여전히 밤에 숙면을 취할 수도 없고, 폭우나 밤중의 추위에서 보호받을 길도 없다. 과연 섬사람은 버틸 수 있을 것인가? 그는 두 달 후에 배가 올 때까지 자기가 견디지 못할지도 모른다는 사실 앞에서 잔뜩 겁이 난다.

다시 좌절이 밀려든다. 섬사람은 자기 손안에 있는 물건의 잠재력을 모른다. 섬에서 빠져나갈 길을 일러 줄 만큼 친절한 메신저가 어떻게 남은 기간 동안 제대로 살아가는 데 필요한 정보는 주지 않을 수 있단 말인가?

이제 비유의 두 버전을 다 보았다. 그렇다면 요지는 무엇인가? 우리 중에 많은 사람들이 은혜가 공로 없이 주어지는 선물임을 배웠고, 그 은혜로 말미암아 천국의 영생을 얻었다. 그러나 많은 복음주의 진영에서 간과해 온 것이 있다. 이 은혜가 어떻게 하나님을 기쁘시게 하는 삶을 살 수 있도록 해주느냐는 것이다. 결론적으로, 우리는 배가 도착하기 전까지 총이할 수 있는 일들을 전하지 않았다. 은혜의 이 부분을 모르다 보니 많은 교인들이 아직도 구원받기 전과 별반 다르지 않게 살고 있으며, 삶의 많은 부분에서 패배하고 있다.

은혜는 눈에 보이게 나타난다

다시 은혜라는 말로 돌아가 보자. 스트롱 그리스어 사전은 은혜(카리스)를 "마음을 거쳐 삶으로 나타나는 신적 영향력"이라고 정의한다. "삶으로 나타난다"는 이 말에 은혜의 위력이 잘 담겨 있다. 분명히 은혜는 천국에 가는 것 그 이상이다. 이 정의로 보건대 은혜를 받은 사람과 그렇지 않은 사람은 겉으로도 구별이 된다. 다시 말해서, 은혜는 신자의 삶에 눈에 보이게 나타난다. 사도행전에서도 그것을 볼 수 있다.

> 예루살렘 교회가 이 사람들의 소문을 듣고 바나바를 안디옥까지 보내니 그가 이르러 하나님의 은혜를 보고 기뻐하여 모든 사람에게 굳건한 마음으로 주와 함께 머물러 있으라 권하니(행 11:22-23).

바나바는 안디옥에서 만난 신자들의 삶에서 하나님의 은혜의 외적인 증거를 보았다. NLT(*New Living Bible Translation*)에는 더 분명히 표현되어 있다. "그가 도착하여 그 증거를 보고…." 바나바는 그들의 마음속에 예수 그리스도의 은혜가 부어졌다는 증거를 볼 수 있었다. 은혜가 겉으로 나타난 것이다.

존더반 「성경 용어 백과사전」에는 이렇게 설명되어 있다. "은혜는 우리에게 의를 전가시켜 하나님 앞에 서게 할 뿐 아니라 그 이상의 일까지 하게 하는 역동적인 힘이다. 은혜는 우리의 실생활에도 영향을 준다. 하나님이 우리 안에 능력을 주셔서 우리의 무력함을 극복하게 하시는 것이 은혜의 특징이다."

신약의 다음 말씀도 이 정의를 확실히 뒷받침해 준다.

> 그러므로 우리가 흔들리지 않는 나라를 받았은즉 은혜를 받자 이로 말미암아 … 하나님을 기쁘시게 섬길지니(히 12:28).

하나님을 기쁘시게 섬길 능력이 은혜를 통해서 가능하다고 아주 명백히 나와 있다. NKJV에는 "하나님이 받으실 만하게 섬길지니"라고 되어 있지만 "기쁘시게"가 더 강한 표현이다. 하나님이 받으실 만한 삶, 그분을 기쁘시게 하는 삶을 우리 힘으로는 살 수 없었지만 이제 그것이 가능해졌다. 은혜가 그 능력을 준다. 우리는 자신의 부족한 점을 극복할 능력을 받았다.

히브리서 12장 28절에 쓰인 단어 카리스는 에베소서 2장 8절에 나오는 단어와 똑같다. "너희는 그 은혜[카리스]에 의하여 믿음으로 말미암아 구원을 받았으니 이것은 너희에게서 난 것이 아니요 하나님의 선물이라." 그러니까 구원이 값없는 선물임을 가장 명백히 밝힌 구절에도 그 단어가 쓰였고, 하나님이 받으실 뿐 아니라 기뻐하시는 삶을 살아갈 능력을 은혜가 준다는 말씀에도 그 단어가 쓰였다.

은혜는 노력으로 얻어 낼 수 없는 하나님의 호의에서 끝나는 게 아니라 우리에게 하나님을 감동시킬 수 있는 힘과 능력을 주는 그분의 임재이기도 하다. 은혜는 우리에게 자신의 힘을 초월하는 능력을 준다. 비범하게 살아갈 능력을 준다!

얼마나 감격스러운가! 하나님은 우리를 구하기만 하신 게 아니라 여기 이 세상에서 제대로 살아갈 수 있는 능력도 주셨다. 하나님이 원하시는 자녀의 모습은 의의 명분만 있고 죄와 연약함을 극복할 능력은 없는 사람이 아니다. 그분이 뜻하신 구원은 오는 세상뿐 아니라 이 세상에서도 승리의 삶을 살게 해주는 완성품이다.

07

은혜는 진리를
행하게 한다

Extraordinary: Life You're Meant to Live

이제 은혜가 왔고, 하나님의 신성한 성품이 우리에게 값없이 주어졌으며, 우리의 완악한 마음이 하나님의 고유한 성품의 씨로 대체되었다. 그래서 이제는 하나님이 본래부터 인간에게 살도록 뜻하신 삶을 살아갈 수 있다!

사도 베드로가 마지막 서신에서 한 말을 나는 오랫동안 보지 못했었다. 그 서신을 여러 번 읽었으면서도 이 메시지는 한 번도 내 눈에 들어오지 않았다. 그의 말을 들어 보라.

그러므로 너희가 이것을 알고 이미 있는 진리에 서 있으나 내가 항상 너희에게 생각나게 하려 하노라(벧후 1:12).

생각나게 한다는 말을 잘 보라. 베드로는 자기가 쓰고 있는 말을 독자들이 이미 들었고 그 진리에 굳게 서 있다고 했다. 그런데도 일부러 그들에게 생각나게 했다. 한 번이 아니다. "내가 이 장막에 있을 동안에 너희를 일깨워 생각나게 함이 옳은 줄로 여기노니"(13절). 끊임없이 그들을 귀찮게 하겠다는 말이다!

"생각나게 하겠다"는 베드로의 의지는 거기서 끝나지 않는다.

> 내가 힘써 너희로 하여금 내가 떠난 후에라도 어느 때나 이런 것을 생각나게 하려 하노라(15절).

이 말이 또 나온다! 베드로는 자기가 지금 쓰고 있는 말이 자기가 세상을 떠난 후에도 어떻게든 그들에게 항상 - 정말 항상 - 생각나게 하려 한다고 했다. NLT에는 "내가 공들여 이것을 너희에게 분명히 해두겠다"고 되어 있다.

그날 나는 기록된 말씀의 중요성을 다시금 실감했다. 요즘은 성경의 계시와 깨달음이 결여된 설교가 많은 것 같다. 성경에 대한 통찰이 거의 없는 기독교 서적도 많다. 초기 교회 교부들의 글을 읽으면 하나님의 기록된 말씀이 많이 인용된다. 본문에는 성경 말씀이 수백 번, 어떤 때는 수천 번씩 등장한다. 초기 교부들 중에서 알렉산드리아의 클레멘트는 A. D. 150-215년경에 살았던 사람이다. 그는 이집트 알렉산드리아의 교회 지도자였고 새 신자들을 교육하는 학교의 책임자였다. 조쉬 맥도웰의 「기독교 변증 총서」에 보면 클레멘트의 글들에 신약성경 27권 중 3권을 제외하고 그 인용 횟수가 무려 2,400번에 달한다는 놀라운 사실이 나온다. 1-2세기와 지금, 성경에 대한 강조가 이렇게 대조적인 이유는 무엇인가? 초기 교부들은 하나님의 말씀이 자꾸 생각나는 것이 중요함을 알았다.

내가 이전에 19년 동안 다녔던 교회와 교단은 죽은 사람들에게 기도할 것과, 사람들을 연옥에서 나오게 할 목적으로 촛불을 밝힐 것과, 예수님한테 기도 응답을 얻으려면 마리아한테 갈 것과, 기타 성경에 나오지 않는 많은 이상한 개념들을 가르쳤다. 그 교회에 다니는 동안 나는 다른 교단 사람들이 불쌍하게 보였다. 우리한테 있는 진리가 그들에게는 없었기 때문이다.

만일 내가 그때 죽었다면 천국에 가지 못했을 것이다. 예수 그리스도를 내 주님으로 영접하고 나서 보니

> **당**신 안에 심겨진 씨는 다름 아닌 그리스도 자신이다. 당신은 그 씨를 통해 재창조되었다. 그분의 충만한 성품이 우리에게 있다.

나는 많은 오류를 진리로 믿고 있었다. 잘못 배우고 잘못 알았던 것이다. 나는 하나님의 말씀에 충실했던 게 아니라 인간의 생각으로 가르친 내용에 삶의 기초를 두고 있었다. 내가 속했던 그 교단이 하루아침에 갑자기 성경의 가르침에서 떨어져 나갔을까? 그럴 리 없다. 인간이 만든 모든 교리는 대개 차츰차츰 곁길로 벗어나기 시작하여 결국은 진리에서 한참 멀어진다.

오류에서 벗어나 예수님을 영접하고 난 직후에 나는 이 말씀에 매료되었다.

> 모든 성경은 하나님의 감동으로 된 것으로 교훈과 책망과 바르게 함과 의[사고와 목적과 행동이 하나님의 뜻에 부합된 거룩한 삶]로 교육하기에 유익하니(딤후 3:16).

모든 성경은 하나님의 감동으로 되었다. 다시 읽어 보라. "모든 성경"이다. 성경의 일부 사상이나 일부 내용이 아니라 모든 성경이 하나님의 감동

으로 되었다.

그로부터 얼마 안 되어 예수님의 이 말씀도 알게 되었다. "천지는 없어 지겠으나 내 말은 없어지지 아니하리라"(막 13:31). 천지는 없어져도 그분 의 말씀은 "일점일획"(마 5:18)도 없어지지 않는다. 그 이유가 무엇일까? "그의 능력의 말씀으로 만물을 붙드시"기 때문이다(히 1:3).

하나님은 천신만고 끝에 우리에게 당신의 말씀을 주셨다. 그런데 우리 는 왜 말씀을 가볍게 여기며 소홀히 하는가? 우리는 종종 말씀에 우리 삶 을 맞추는 게 아니라 그분의 완전한 말씀을 우리의 생활방식이나 주변 문 화에 맞추려 한다.

그래서 베드로는 "너희에게 다시 생각나게 하노니, 내가 살아 있는 한 항상 생각나게 하겠고, 내가 세상을 떠난 후에도 두고두고 생각나게 하리 라"라고 했던 것이다. 이 말을 잘 생각해 보면 성경의 중요성, 특히 베드 로가 바로 앞에서 했던 말의 중요성을 알 수 있다.

하나님의 기록된 말씀에서 떠나지 말자. 말씀은 썩지 않고 영원하며, 바꾸거나 고칠 수 없다. 말씀은 우리가 견고히 설 반석이요, 우리 삶의 기 초다.

이미 인용한 말이지만 흥미롭게도 베드로가 초대 그리스도인들에게 계 속 생각나게 하겠다고 한 구체적인 내용이 바로 이 말씀이다.

> 하나님을 기쁘시게 하는 삶을 사는 데 필요한 모든 것이 우리에게 있 다. 이 모두를 하나님 자신의 능력으로 우리에게 주셨다. … 내가 너희 에게 또 생각나게 한다. … 사실 이 몸을 떠날 때까지 너희에게 계속 생각나게 해야겠다. … 내가 떠난 후에도 너희가 각자 이 모두를 기억 하도록 내 혼신을 다하려 한다(벧후 1:3, 12-13, 15, CEV).

명심하고 굳게 믿어야 할 중요한 말씀이다. 이 진리를 잃어버리면 그리스도 안의 우리 삶에 균열이 생긴다. 이 부분이 확실해야 앞으로 나아갈 수 있다. 다시 말하지만, 하나님을 기쁘시게 하는 삶을 사는 데 필요한 모든 것이 이미 당신에게 있다. 하나님이 그분의 능력으로 당신에게 그것을 주셨고, 그 능력은 다름 아닌 하나님의 놀라운 은혜다!

가장 큰 차이

예수께서 이 땅에 오셔서 십자가를 지기 전까지는 율법을 통해서만 하나님과 올바른 관계를 맺을 수 있었다. 하나님이 모세를 통해 주신 율법의 주목적은 인간의 힘으로는 절대 그분을 기쁘시게 할 수 없음을 깨우쳐 주는 것이었다. 율법은 인류의 연약함과 부족함을 드러내 주는 몽학선생의 역할을 했다.

율법은 우리에게 하나님을 기쁘시게 할 능력을 주지 못했지만 이제는 은혜로 말미암아 그것이 가능해졌다. 성경의 이 구체적인 말씀을 잊지 말라. "그의 안에 산다고 하는 자는 그가 행하시는 대로 자기도 행할지니라"(요일 2:6). 이것은 제안이나 강한 권고가 아니라 명령이다! 그리고 그 명령은 은혜를 통해서만 이룰 수 있다. 요한은 복음서에 이렇게 썼다.

> 우리가 다 그의 충만한 데서 받으니 은혜 위에 은혜러라 율법은 모세로 말미암아 주어진 것이요 은혜와 진리는 예수 그리스도로 말미암아 온 것이라(1:16-17).

이 두 구절은 내용이 워낙 풍부해서 자세히 살펴볼 필요가 있다. 여기서 얻게 될 풍성한 깨달음은 그만한 가치가 있다. 첫 소절은 이렇다.

우리가 다 그의 충만한 데서 받으니(1:16).

잠시 이 말의 의미를 생각해 보라. "그의 충만한 데서"라는 말에 집중하라. 예수님의 온전함이 우리에게 주어졌다! 수상이나 대통령, 명사나 록 스타, 유명한 운동선수나 학자의 충만함이 아니라 예수 그리스도 자신의 충만함이다. 이 말씀만 제대로 들어도 다시는 남들이 부럽지 않을 것이다. 예수 그리스도의 충만한 성품이 당신 안에 있다!

베드로의 말을 다시 보자.

하나님을 기쁘시게 하는 삶을 사는 데 필요한 모든 것이 우리에게 있다. 이 모두를 하나님 자신의 능력[은혜]으로 우리에게 주셨다. … 하나님이 크고 신기한 약속을 하셨으니 곧 그분의 성품을 우리에게 주시려는 것이다(벧후 1:3-4, CEV).

그분의 성품이다! NKJV에는 "신성한 성품에 참여하는 자가 되게 하려 하셨느니라"라고 상술되어 있다. 그분의 "신성한 성품"이라니 이 얼마나 놀랍고 이해하기 힘든 선물인가. 성품이라는 단어의 뜻은 "인간의 고유하거나 본질적인 성질 내지 특성"이다. 그 점을 염두에 두고 베드로의 다른 말을 들어 보라.

너희가 거듭난 것은 썩어질 씨로 된 것이 아니요 썩지 아니할 씨로 된 것이니 살아 있고 항상 있는 하나님의 말씀으로 되었느니라(벧전 1:23).

씨에는 해당 식물의 고유한 성질이 다 들어 있다. 식물 자체를 작은 알갱이 속에 담아 놓은 것처럼 식물의 형상이 그대로 담겨 있다. 베드로에 따르면 당신 안에 심겨진 씨는 하나님의 말씀이다.

예수 그리스도가 하나님의 살아 있는 말씀임을 명심하라. 그분의 이름은 "말씀"이다. 요한은 그분에 대해 "태초에 말씀이 계시니라 이 말씀이 하나님과 함께 계셨으니 이 말씀은 곧 하나님이시니라 … 말씀이 육신이 되어 우리 가운데 거하시매"(요 1:1, 14)라고 썼다. 요한일서 1장 1절에는 그분을 "생명의 말씀"이라 했다.

아울러 히브리서 기자도 이렇게 썼다.

> 하나님의 말씀은 살아 있고 활력이 있어 좌우에 날선 어떤 검보다도 예리하여 혼과 영과 및 관절과 골수를 찔러 쪼개기까지 하며 또 마음의 생각과 뜻을 판단하나니 지으신 것이 하나도 그[분] 앞에 나타나지 않음이 없고 우리의 결산을 받으실 이의 눈앞에 만물이 벌거벗은 것 같이 드러나느니라(4:12-13).

당신이 만약 작문 시간에 이 글을 썼다면 교사가 틀렸다고 표시했을 것이다. 제대로 쓰려면 "하나님의 말씀은 … 그것[그분이 아니라]의 눈앞에 만물이 벌거벗은 것 같이 드러나느니라"가 돼야 한다. 하지만 본문의 기록은 "그분의 눈앞"이라고 분명히 말한다. 예수님은 하나님의 살아 있는 말씀이시다.

당신 안에 심겨진 씨는 다름 아닌 그리스도 자신이다. 당신은 그 씨를 통해 재창조되었다. 이 씨는 과연 썩지 않는다. 우리는 그리스도 안에 있고 그분은 우리 안에 계신다. 그분의 충만한 성품이 우리에게 있다. 거듭

날 때 우리 안에 심겨진 씨는 그리스도를 그리스도 되게 하는 모든 것이다! 얼마나 황송한가. 그분의 온전한 성품이 이미 이 세상에서 우리의 것이 된 셈이다! 이 실체가 가슴에 와 닿는가?

요한은 그것을 "주께서 그러하심과 같이 우리도 이 세상에서 그러하니라"(요일 4:17)라고 표현했다. 수많은 신자들은 우리가 언젠가는 천국에서 그분의 그러하심과 같이 되겠지만 지금 이 땅에서는 겨우 용서받고 고전하는 죄인인 줄로만 안다. 새빨간 거짓말이다. 이런 거짓말이 사람들을 굴레에 묶어 두고 삶 속에서 은혜의 능력을 앗아간다.

이 실체는 신기하지만 이치에 잘 맞는다. 성경은 우리가 하나님의 자녀라 했다. "사랑하는 자들아 우리가 지금은 하나님의 자녀라"(요일 3:2). 훗날이 아니라 지금 그렇다. 우리가 지금 하나님에게서 난 자요 지금 그분의 자녀라면, 그분의 본질적 특성이 지금 우리에게 있는 것은 지극히 당연한 일이다. 말이 벌레를 낳을 수 없고 사자가 족제비를 낳을 수 없듯이 우리도 하나님께로부터 난 자일진대 고유한 형질이 그분보다 못할 리 없다. 그분의 성품이 지금 우리 안에 있다!

그보다 더 좋은 것은 우리가 허락만 하면 그분이 우리를 통해 사신다! 곧 보겠지만 이것이 그분의 은혜의 능력이다. 어미 사자는 새끼의 삶을 통해 살 수 없지만 그리스도는 우리 안에 사신다. 바울은 "그런즉 이제는 내가 사는 것이 아니요 오직 내 안에 그리스도께서 사시는 것이라"(갈 2:20)라고 말했다. 또 "이는 너희가 죽었고 너희 생명이 그리스도와 함께 하나님 안에 감추어졌음이라"(골 3:3)라고도 했다. 하나님이 우리에게 주신 구원은 이 얼마나 완전한가!

다시 계속해서 사도 요한의 말을 자세히 살펴보자.

우리가 다 그의 충만한 데서 받으니 은혜 위에 은혜러라(요 1:16).

오늘날 수많은 사람들이 불완전한 가르침 때문에 이 점을 놓치고 있다. 요한은 지금 하나님의 충만한 성품을 받는 것을 은혜와 연결시킨다. 공로 없이 받는 하나님의 선물이라는 것이다. 우리를 영원한 저주에서 구원한 것도 선물이요 우리에게 그분의 성품을 준 것도 선물이다. 은혜의 이쪽 측면 못지않게 저쪽 측면도 실체다. 우리가 구원받는 순간 그 모두가 우리에게 주어졌다.

"은혜 위에 은혜"라는 요한의 표현을 보라. 내게는 아테네에 살고 있는 그리스인 친구가 있다. 사역자인 그는 모국어인 그리스어뿐 아니라 고대 그리스어도 공부했다. 그가 내게 그러는데, 실제로 사도의 말은 하나님이 우리에게 "가장 부요하고 풍성한 은혜"를 주셨다는 뜻이라고 한다. 확실하다!

'하나님이 우리를 천사처럼 되게 하셨거나 죄인으로(그분과 영원히 함께 살 용서받은 죄인으로) 두셨어도 족하고 놀라운데.' 내게 자주 들었던 생각이다. 둘 중 어느 쪽도 우리의 과거보다는 훨씬 낫다. 그러나 그분은 우리를 용서만 하신 게 아니라 당신의 자녀로 삼아 주셔서 자신의 신성하고 충만한 성품을 주셨다. 그야말로 과분하고 넘치는 호의다!

그래서 요한은 "가장 부요하고 풍성한 은혜"라는 말을 썼을 것이다. 그는 모세의 율법 아래 살았었기에 율법의 한계를 잘 알았다. 율법이 자신의 내면을 변화시킬 능력은 없고 연약함과 부족함만 드러낼 뿐임을 그는 알았다. 율법은 그의 속사람을 변화시킨 것이 아니라 그를 속박할 뿐이었다. 그래서 그는 예수님의 성품을 은혜로 받는다는 말 바로 뒤에, 율법은 모세를 통해 주어졌지만 은혜와 진리는 예수 그리스도를 통해 왔다는 사실을 밝혔다. 그의 말을 다시 보라.

우리가 다 그의 충만한 데서 받으니 은혜 위에 은혜러라 율법은 모세
로 말미암아 주어진 것이요 은혜와 진리는 예수 그리스도로 말미암아
온 것이라(요 1:16-17).

예수님의 비교

은혜의 차원을 충분히 이해하기 위해 마태복음 5장에 나오는 예수님의
비교로 가 보자. 거기에 보면 이런 말씀이 되풀이된다.

- 옛사람에게 말한 바 … 하였다는 것을 너희가 들었으나 나는 너희
  에게 이르노니(21-22절).
- 또 … 하였다는 것을 너희가 들었으나 나는 너희에게 이르노니(27-
  28절).
- 또 일렀으되 … 하였으나 나는 너희에게 이르노니(31-32절).
- 또 옛 사람에게 말한 바 … 하였다는 것을 너희가 들었으나 나는 너
  희에게 이르노니(33-34절).
- 또 … 하였다는 것을 너희가 들었으나 나는 너희에게 이르노니(38-
  39절).
- 또 … 하였다는 것을 너희가 들었으나 나는 너희에게 이르노니(43-
  44절).

예수님은 율법 아래 사는 삶(그분의 성품이 우리에게 주어지기 이전의 삶)과
은혜 아래 사는 삶을 대조하신다. 그분은 "…하였다는 것을 너희가 들었

으나"라는 말로 율법의 요구 사항을 인용하신 뒤, "나는 너희에게 이르노니"라는 말로 당신의 방식(진리)을 소개하신다. 그 방식이란 곧 은혜로 능력을 받아 사는 것이다.

예수 그리스도께서 소개하시는 은혜의 차원은 우리 안에 하나님의 능력을 넣어 주고, 율법의 무력한 공식에서 우리를 해방시켜 준다. 율법이 외적 속박이라면 은혜는 내적 변화를 나타낸다.

나는 사역자들과 신자들이 율법의 엄한 요구에 아찔해 하면서, 이제는 자신이 그런 엄격한 생활방식 대신 은혜 아래 있게 되어 얼마나 다행인지 모르겠다는 안도의 말을 자주

> **오**늘날 많은 교인들이 은혜가 '만능 덮개'인 줄 안다. 물론 은혜는 죄를 덮어 주지만 아울러 은혜는 우리 마음에 미치는 하나님의 영향력이며 그 능력은 우리 삶으로 나타난다.

듣는다. 나 역시 더 이상 율법 아래 있지 않아 무척 기쁘지만, 이는 나를 향한 하나님의 기대가 전보다 느슨해졌기 때문이 아니다. 오히려 정반대다. 능력을 주시는 그분의 은혜 아래서 기대는 전보다 높아졌다! 더 깊이 들어가 보자.

> 옛사람에게 말한 바 살인하지 말라 누구든지 살인하면 심판을 받게 되리라 하였다는 것을 너희가 들었으나 나는 너희에게 이르노니 형제에게 노하는 자마다 심판을 받게 되고 … 미련한 놈이라 하는 자는 지옥 불에 들어가게 되리라(마 5:21-22).

예수님은 형제를 미련한 놈이라 부르는 그 사람은 지옥 불에 들어가게 된다고 말씀하셨다. 미련한 놈이라는 말은 "신을 부정한다"는 뜻이다("[미

련한] 자는 그의 마음에 이르기를 하나님이 없다 하는도다"[시 14:1]). 형제를 미련한 놈이라 부르는 것은 심각한 비난이다. 분노가 미움으로 격해지지 않고는 누구도 그런 말을 하지 않을 것이다.

구약에서는 실제로 다른 사람의 생명을 끊어야 살인죄가 성립되었다. 그러나 능력을 주는 은혜 아래서는 이제 그분의 실제 기준이 계시된다. 이것은 인간의 연약한 마음 때문에 생겨난 법조항이 아니라 본래부터 있던 기준이다. 하나님의 계시에 따르면 그분은 형제를 미워하는 것을 살인과 동등하게 보신다! 요한일서 3장 15절에도 같은 개념이 나온다. "그 형제를 미워하는 자마다 살인하는 자니 살인하는 자마다 영생이 그 속에 거하지 아니하는 것을 너희가 아는 바라."

율법 아래서는 남을 칼로 찔러야만 살인자라고 분류되었다. 그러나 은혜의 시대에는 용서하지 않거나 분노 내지 다른 형태의 미움을 품는 것도 자신 안에 하나님의 영생이 없다는 증거가 된다. 당신은 살인자다! 그것이 진리다.

오늘날 많은 교인들이 은혜가 '만능 덮개'인 줄 안다. 당신은 혹시 이런 말을 들어 본 적이 있는가? "내 삶이 잘못된 줄이야 알지만 하나님의 은혜가 있어 다행이다!" 이것은 은혜에 대한 신약의 가르침에 정면 대치된다. 물론 은혜는 죄를 덮어 주지만 아울러 은혜는 우리 마음에 미치는 하나님의 영향력이며 그 능력은 우리 삶으로 나타난다. 은혜는 우리가 진리 안에서 살아갈 능력을 준다.

그래서 묻는다. 예수님이 계시하시는 은혜는 '만능 덮개'인가, 아니면 우리에게 아버지를 기쁘시게 하는 삶을 살아갈 힘을 주는 그분의 성품인가? 다른 말씀을 살펴보자.

또 간음하지 말라 하였다는 것을 너희가 들었으나 나는 너희에게 이르노니 음욕을 품고 여자를 보는 자마다 마음에 이미 간음하였느니라 (마 5:27-28).

옛 언약 아래서는 실제 몸으로 간음 행위를 해야만 유죄 판결을 받았다. 그러나 새 언약의 가르침 아래서는 여자를 보며 섹스를 원하기만 해도 간음한 사람이 된다. 간단히 말해서, 율법 아래서는 실제로 해야 했지만 은혜의 새 언약 아래서는 원하기만 해도 해당된다! 간음의 의미가 더 엄격해진 것이다. 우리가 가르치고 실천해 온 은혜는 이 개념에 부합되는가? 우리는 '만능 덮개'를 믿고 있는가, 아니면 예수님처럼 살도록 하나님이 주시는 능력으로 이해하고 있는가?

은혜와 진리

옛 언약과 새 언약의 또 다른 비교를 살펴보기에 앞서 요한복음 1장 16-17절을 다시 보자.

우리가 다 그의 충만한 데서 받으니 은혜 위에 은혜러라 율법은 모세로 말미암아 주어진 것이요 은혜와 진리는 예수 그리스도로 말미암아 온 것이라.

사실 진리는 은혜와 함께 왔다. 그렇다면 진리는 왜 율법 편이 아닐까? 그것을 알면 위 두 구절의 중요한 열쇠를 하나 더 찾을 수 있다.

예수님은 "또 일렀으되 누구든지 아내를 버리려거든 이혼 증서를 줄 것이라 하였으나 나는 너희에게 이르노니…"(마 5:31-32)라고 말씀하신다. 그

뒤의 답변은 마태복음의 다른 곳에 더 자세히 설명되어 있으니 거기로 가보자. 지도자들이 예수께 와서 남자가 아무 이유로나 아내와 이혼하는 것이 법적으로 옳으냐고 물었다. 예수님은 이렇게 대답하셨다.

> 사람을 지으신 이가 본래 그들을 남자와 여자로 지으시고 말씀하시기를 그러므로 사람이 그 부모를 떠나서 아내에게 합하여 그 둘이 한 몸이 될지니라 하신 것을 읽지 못하였느냐 그런즉 이제 둘이 아니요 한 몸이니 그러므로 하나님이 짝지어 주신 것을 사람이 나누지 못할지니라(마 19:4-6).

그러자 지도자들이 되물었다. "그러면 어찌하여 모세는 이혼 증서를 주어서 버리라 명하였나이까"(7절). 예수님의 답변을 들어 보라.

> 모세가 너희 마음의 완악함 때문에 아내 버림을 허락하였거니와 본래는 그렇지 아니하니라 내가 너희에게 말하노니 누구든지 음행한 이유 외에 아내를 버리고 다른 데 장가드는 자는 간음함이니라(8-9절).

"본래는 그렇지 아니하니라"는 말씀을 잘 보라. 예수님은 지금 진리를 진술하고 계신다. 진리는 변하지 않고 어제나 오늘이나 내일이나 동일하다. 그러나 율법의 속박 아래서는 그들의 마음에 하나님의 성품이 부어지지 않았기 때문에 다른 부분들과 마찬가지로 이 부분에서도 진리를 감당할 수 없었다. 그래서 하나님은 모세를 통해 그분이 정하신 '최선의 상태'가 아닌 내용도 일부 기록하도록 허용하셨다.

그러나 이제 은혜가 왔고, 하나님의 신성한 성품이 우리에게 값없이 주어졌으며, 우리의 완악한 마음이 하나님의 고유한 성품의 씨로 대체되었다. 그래서 이제는 하나님이 본래부터 인간에게 살도록 뜻하신 삶을 살아갈 능력을 가졌다. 이제 우리는 하나님의 형상과 모양으로 회복되었고 은혜로 말미암아 그분의 능력을 지녔으므로 그분의 아들딸로서 인생을 살아갈 수 있다!

요컨대 율법 아래서는 음행 외에 다른 이유로도 아내와 이혼할 수 있었으나 은혜 아래서는 하나님이 본래부터 원하신 것 즉 진리가 다시 실체가 된다. 이제 은혜와 진리가 함께 만났기에 우리는 어그러지고 거스르는 세대 가운데서 빛으로 행할 수 있다. 우리 안에 하나님의 성품이 있기에 그분을 기쁘시게 할 수 있다.

맹세하지 말고 진실하라

다음의 비교는 은혜와 진리의 결합을 한층 더 분명히 보여 준다. 예수님의 말씀을 들어 보자.

> 또 옛사람에게 말한 바 헛맹세를 하지 말고 네 맹세한 것을 주께 지키라 하였다는 것을 너희가 들었으나 나는 너희에게 이르노니 도무지 맹세하지 말지니 … 오직 너희 말은 옳다 옳다, 아니라 아니라 하라 이에서 지나는 것은 악으로부터 나느니라(마 5:33-34, 37).

율법 아래서는 자신이 말한 대로 하겠다는 의도를 맹세로 표현했다. 이번에도 하나님은 모세에게 그렇게 쓰도록 허락하셨다. 인간 안에 예수 그리스도의 성품이 아직 없고 인간의 마음이 완악했기 때문이다. 그래서 율법 조항을 만들었는데, 이 경우에는 진지한 약속과 말뿐인 약속을 구분하기 위해서였다.

그러나 은혜 아래서는 예수 그리스도의 성품이 우리 안에 있으므로 항상 진리 가운데서 살아갈 수 있다. 이제 진실성이 우리 존재의 고유한 단면이 되었다. 우리는 하나님을 닮은 사람, 말과 의도가 일치하는 사람, 모든 말에 진실성이 있는 사람이 될 수 있다. 하나님의 성품이라는 썩지 않는 씨로 말미암아 우리 마음이 깨끗하고 새로워졌기 때문이다. 그래서 성경은 우리에게 "사랑을 받는 자녀같이 너희는 하나님을 본받는 자가 되"(엡 5:1)라고 명한다.

이런 놀라운 은혜를 입은 사람이라면 어찌 그분의 성품에 어긋나게 살고 싶겠는가? 진실하게 살지 않는 사람은 내면에 계신 주님의 성품과 반대로 사는 것이다. 이렇듯 진실성이 결여된 사람은 정말 은혜로 구원받았는지 의심해 봐야 한다. 사실은 회의적이다. 그에게 그분의 성품이라는 열매가 없기 때문이다. 예수님이 분명히 그렇게 말씀하셨다. "이러므로 그들의 열매로 그들을 알리라"(마 7:20).

이제 마태복음 5장에 나오는 예수님의 마지막 비교로 간다. 메시지 성경에 이 진리가 멋있게 표현되어 있다.

너희는 옛 율법에 기록된 "친구를 사랑하라"는 말과, 기록에는 없지만 "원수를 미워하라"는 말을 잘 알고 있다. 나는 거기에 이의를 제기한다. 나는 너희에게 원수를 사랑하라고 말하겠다. 원수가 어떻게 하든지, 너희는 최선의 모습을 보여라. 누가 너희를 힘들게 하거든, 그 사람을 위하여 기도하여라. 그러면 너희는 너희의 참된 자아, 하나님이 만드신 자아를 찾게 될 것이다. 하나님도 그렇게 하신다. 그분은 착한 사람이든 악한 사람이든 친절한 사람이든 비열한 사람이든 상관없이,

은혜

모두에게 가장 좋은 것, 해의 온기와 비의 양분을 주신다(마 5:43-45).

이 비교의 핵심 문구는 "그러면 너희는 너희의 참된 자아, 하나님이 만드신 자아를 찾게 될 것이다"이다. 중생한 뒤로, 즉 은혜 위에 은혜를 받은 뒤로, 우리의 참 자아에는 하나님 자신의 성품과 본성이 자라나게 된다. 즉 우리는 용서만 받은 죄인이 아니라 하나님의 성품을 지닌 그분의 아들딸들이다. 하나님은 우리에게 그분을 본받으라 하신다. 사실 예수님은 여태까지 말씀하신 모든 비교와 교훈을 이렇게 마무리하신다.

그러므로 하늘에 계신 너희 아버지의 온전하심과 같이 너희도 온전하라(마 5:48).

하늘 아버지께서 온전하신 것처럼 우리도 온전해야 한다! 한때 나는 온전하다는 이 말을 대충 넘어갔다. 그냥 예수께서 제시하신 목표일 뿐 결코 도달할 수 없는 경지이며 최선을 다하기만 하면 된다는 게 내 생각이었다.

그러다 나중에는 이런 생각이 들었다. '이담에 우리가 천국에 가면 그렇게 된다는 말씀이겠지.' 그것이 더 맞아 보였다. 하나님처럼 온전해지는 경지를 어찌 꿈인들 꿀 수 있겠는가. 너무 무리한 일로 보였다.

하지만 예수님의 말씀을 정직하게 살펴보면 놀라운 사실을 발견하게 된다. 여기 온전하다는 말은 그리스어로 텔레이오스(teleios)다. 조셉 H. 세이어는 이 단어를 "완결되다, 끝마쳐지다, 완성에 필요한 것이 하나도 결핍되지 않다, 온전하다"라고 정의했다. AMP 역본에서는 그 정의를 다음과 같이 잘 살려 내고 있다. "그러므로 하늘 아버지께서 온전하신 것처럼 너희도 온전해야 한다[덕성과 인격이 일정한 경지에 도달하고 경건한 사고와 성품이 온전히 성숙해 가야 한다]."

"온전해야 한다"는 말을 잘 보라. "온전하기를 권한다"고 하지 않았다. 성경에는 권고의 말씀도 있고 명령의 말씀도 있다. 권고의 말씀을 알고 따르는 것은 지혜로운 일이다. 명령의 말씀을 가볍게 여기는 것은 정말 미련한 짓이다.

다른 역본들을 보아도 다르지 않다. 그분의 명령을 놓칠 수가 없다. 다시 말하지만 이것은 제안이나 권고나 도달 불가능한 목표가 아니다. 명령이다.

그래서 바울은 이렇게 썼다. "모든 사람에게 구원을 주시는 하나님의 은혜가 나타나 우리를 양육하시되 경건하지 않은 것과 이 세상 정욕을 다 버리고 신중함과 의로움과 경건함으로 이 세상에 살고"(딛 2:11-12). 은혜는 우리에게 인간의 잠재력을 초월하는 비범한 삶을 살도록 가르칠 뿐 아니라 그렇게 살 수 있는 능력도 준다. 우리는 거듭난 새사람이다. 전능하신 하나님의 아들딸들이다.

우리는 왜 과녁을 빗나가고 있는가?

한번은 어느 텔레비전 토크쇼에 게스트로 출연하려고 준비중이었다. 프로그램 전에 호텔 방에서 기도하면서 나는 지금의 교회에 도덕적 실패가 이렇게 많은 이유가 무엇이냐며 하나님께 부르짖었다. "하나님, 지도자들을 비롯하여 왜 이렇게 많은 사람들이 죄의 지독한 습성에 빠지는 것입니까?"

성령의 이런 음성이 들려왔다. "너희가 그렇게 가르쳤기 때문이다"(그분이 말씀하신 '너희'는 나를 비롯하여 교회 전반의 지도자들로 느껴졌다). 이어 그분은 내게 말은 씨며 씨는 항상 제 종자의 열매를 내는 법임을 보여 주셨다. 자명한 법칙이다. 사과 씨를 심었는데 참나무가 자랄 리 없고, 망고 씨를 심었는데 목화가 열릴 리 없다. 씨는 제 종자의 열매를 내는 법이다.

우리가 사람들에게 "우리는 죄인일 뿐이다. 용서받았을 뿐이다"와 같이 진리에 어긋나는 메시지를 가르치고 전하면, 그들은 주님의 성품에서 나오는 능력(은혜의 능력) 안에서 승리할 수가 없게 된다. 값없이 주어지는 은혜의 능력은 말을 통해 전달된다. 거꾸로도 그렇다. 무능력도 말(씨)을 통해 나온다. 우리의 강단, 책, CD, 사적인 대화에서 나오는 말들은 제 종자의 열매를 맺게 되어 있다. 말은 씨다! 그래서 이제 사람들은 하나님의 충만한 성품 가운데 행하지 않는다. 오히려 자신의 연약한 육체 가운데 살아가게 된다. 사실상 우리는 이 썩지 않는 씨에서 능력을 제해 버렸다.

이렇게 생각할지도 모르겠다. '그건 너무 심한 말이다! 인간의 가르침이 우리 삶 속에서 일하시는 하나님의 능력을 폐할 수 있다니 그게 가당키나 한 말인가?'

예수님의 말씀에 답이 나온다. 그분이 당대의 지도자들에게 하신 말씀은 그날 호텔 방에서 내게 주신 말씀과 아주 비슷하다.

> 너희가 전한 전통으로 하나님의 말씀[의 권위]을 폐하며 또 이 같은 일을 많이 행하느니라(막 7:13).

예수께서 말씀하시는 "하나님의 말씀의 권위"는 사람의 삶을 변화시키는 말씀의 능력을 나타낸다. 하지만 이 능력도 폐해질 수 있다! 생각해 보면 정말 놀랍다. 항해사들이 대대로 항로의 기준으로 삼았던 별들, 장구한 세월 동안 지구 대기에 빛과 온기를 발한 태양, 인간의 기억이 미치지 못할 만큼 오래오래 빛을 낸 별자리들은 다 죽어 소멸될 수 있어도 하나님의 말씀은 없어지지 않는다. 그 말씀이 어찌나 능한지 모든 피조물을 붙들고 있을 정도다! 또 어찌나 강한지 자신의 말씀을 자신의 이름보다 더 높이셨다(시 138:2 참조). 그렇게 능한 말씀인데도 그 능력을 폐할 수 있는 것이 하나 있으니 바로 인간의 마음속에 들어온, 진리에 어긋난 가르침이다!

말씀의 능력은 사람들의 사고에 심겨진 잘못된 가르침과 개념 때문에 그들의 삶 속에서 폐해졌다. 하늘 아버지께서 온전하신 것처럼 온전해야 할 그들에게 생명의 기운이 막혔다. 성경에 어긋나는 우리의 전통, 인간이 만들어 낸 가르침이 영적 진보를 방해한 것이다. 예수님은 비싼 대가를 치르시고 온전한 구원을 이루셨지만 소위 전통이라는 것이 충분히 그 능력을 폐할 수 있다.

당신도 하나님과의 동행에 무력감과 낙심과 맥 빠짐을 느끼고 있는가? 그분과의 관계가 단절된 느낌인가? "뭔가 이 이상이 있을 텐데" 하고 깊이 고심한 적이 있는가? 비록 자신이 용서받고 영원한 죽음에서 구원받았다는 것은 알지만 마음과 생각에 심겨진, 인간이 만들어 낸 썩어질 씨의 수확을 거두고 있지는 않는가?

그렇다면 기쁜 소식이 있다. 하나님의 은혜의 능력으로 당신의 삶은 완전히 바뀔 수 있다. 당신이 지금 인간의 전통이 아니라 하나님의 말씀을 먹고 있기 때문에 수확도 달라질 것이다. 성경이 말하는 경건한 삶은 바른 믿음에서 시작된다. 지금까지 기초가 잘못되어 있었다면 뭔가를 지을 기반이 없었던 셈이다. 이제부터 하나님의 말씀이 그것을 바꾸어 놓을 것이다. 비범한 삶을 살 마음의 준비를 하라!

08

은혜는 마음의 변화를 가져온다

Extraordinary: Life You're Meant to Live

당신은 더 이상 죄의 본성이 아닌 그분의 본성을 지녔다. 그래서 우리는 새로운 삶을 살아갈 수 있다. 죄는 우리 삶에 대한 지배력을 잃었다!

은혜 안에 하나님의 놀라운 용서와 천국의 약속뿐 아니라 그분의 능력도 포함된다는 것을 깨닫고 나서부터 내 삶은 극적으로 달라졌다. 그전까지만 해도 나는 죄로 힘들어 했고, 하나님의 많은 지시들이 무척이나 행하기 어려워 보였다. 나는 열등감 및 초라한 자아상과 싸웠으며, 내 삶에 성령의 열매가 왜 이렇게 적은지 의문이었다. 그러나 내게 이미 그분의 성품이 있음을 깨달은 후부터는 삶이 안정되면서 축복이 흘러 나갔고, 하나님 나라를 위하여 다른 사람들에게 미치는 영향력도 커졌다.

첫 노트북 컴퓨터의 경험이 내 변화에 대한 좋은 예가 되겠다. 나는 컴퓨터를 켜고 커서를 움직여 몇몇 프로그램을 실행해 보았지만 내가 할 수 있는 일은 극히 적었다.

얼마 후 어떤 컴퓨터 전문가가 내 옆에 앉아 여러 가지 기능을 보여 주었는데 나는 눈앞에서 펼쳐지는 광경에 취하여 그를 붙잡고 물었다. "그것도 할 수 있단 말입니까?"

"본래 할 수 있는 겁니다." 그가 대답했다.

그러더니 내 컴퓨터의 다른 프로그램으로 다른 멋진 기능을 실행했다. 나는 또 물었다. "그것도 가능합니까?"

"본래 할 수 있는 겁니다." 그는 웃으며 말했다.

어떻게 된 걸까? 그 사람은 내 컴퓨터의 여러 기능을 그냥 알려 주었을 뿐이다. 처음부터 있던 기능들인데 내 무지 때문에 가려져 있었던 것이다. 하나님은 "내 백성이 무지함으로 말미암아 사로잡힐 것이요"(사 5:13)라고 말씀하신다. 많은 사람들이 이생에 허락하신 은혜의 능력을 모르기 때문에 이전의 나처럼 포로로 잡혀 패배자의 삶을 살고 있다. 무인도에 있는 그 섬사람과 다를 바 없다. 남은 두 달 동안 제대로 살아가는 데 필요한 모든 것을 갖고도 그는 총의 주요 기능 하나를 몰랐다.

이처럼 하나님의 말씀에 무지하면 더 심각한 결과를 맞이할 수 있다. "내 백성이 지식이 없으므로 망하는도다"(호 4:6). 자신의 힘과 능력으로 하나님을 기쁘시게 하려다 신앙의 파멸을 맞은 신자들이 얼마나 많은가. 결론적으로, 하나님이 선포하신 기록된 말씀을 살피기보다 인간이 가르치는 전통과 변덕스런 기분과 지식의 기독교를 믿은 탓에 그리스도인들은 활짝 피어나지 못할 뿐 아니라 그 삶이 망하고 있다.

베뢰아의 초대 신자들은 "데살로니가에 있는 사람들보다 더 너그러워서 간절한 마음으로 말씀을 받고 이것이 그러한가 하여 날마다 성경을 상고"(행 17:11)했다. NIV에는 "베뢰아 사람들은 성품이 더 고결하여"라고 되어 있다. 바울은 하나님께 받은 계시를 전했으나 그들은 그것을 그냥 액면 그대로 받아들이지 않았다. 그들은 성경을 부지런히 공부하여 그의 가르침을 확인했고, 하나님은 그런 그들의 "성품이 더 고결"하다고 하셨다.

하나님을 힘써 구하는 천부적인 교사들에게 그분이 계시를 주심은 나도 안다. 그러나 아무리 흥미진진한 가르침일지라도 우리는 그 가르침이 성경과 일치하는지 직접 공부해서 확인해야 한다. 나는 유명한 대형 교회들의 예배에서 이런 엉뚱한 말을 듣곤 한다.

"여러분이 내린 인생의 선택들 때문에 너무 고민하지 마십시오. 잘못된 길을 택했어도 결국 우리 삶은 하나님의 뜻대로 되게 되어 있습니다. 그분이 늘 우리를 찾아오십니다."

"우리 그리스도인들은 은혜로 구원받았을 뿐 여전히 죄인입니다." 대다수 교인들은 웃으며 고개를 끄덕인다. 논리적으로 말이 되니까 그런 말을 당연하게 받아들인다. 그래놓고는 자신의 삶이 왜 그렇게 힘든지 의아해 한다. "네 명철을 의지하지 말라"

(잠 3:5)는 하나님의 권고를 읽어 보지 못했단 말인가?

그들의 마음속에 썩어질 씨가 심겨졌다. 그런 말은 하나님이 말씀

> 그리스도인은 죄를 이길 능력이 있다. 예수님의 본성을 지녔기 때문이다.

하신 성경에 어긋난다. 그런데도 그들은 그런 말을 복음으로 받아들인다. 신자는 쩔쩔매는 죄인이 아니며, 길을 잘못 들어도 결국 은혜로 제자리에 도달하는 존재가 아니다. 하지만 사람들이 하나님의 말씀 특히 신약을 살피지 않으니 그것을 알 턱이 없다. 그들은 "사람이 무엇으로 심든지 그대로 거두리라"(갈 6:7) 하신 하나님의 말씀을 잊어버렸다.

설교를 하든 설교를 듣든 우리도 베뢰아 신자들처럼 되자. 나는 설교단

에 서기 전에 반드시 하나님 말씀의 전체적 가르침에 비추어 내 메시지를 충분히 묵상한다. 대개 성경구절을 많이 인용하지만, 늘 적어도 두세 구절의 말씀으로 내 말을 일일이 확증한다. 괜히 하나님을 잘못 대변했다가 나중에 심판대에서 그분의 백성을 오도했거나 무능하게 만들었다고 평가받을 이유가 무엇이겠는가?

책을 읽거나 누구의 가르침을 들을 때는 그 배우는 내용을 잘 생각하라. 내용이 성경(산발적인 한두 구절이 아니라 하나님 말씀의 전체적 가르침)에 일치되는가? 목사의 말이라고 무조건 다 받아들이지 말라. 살피라! 그래서 진리가 확실하면 꼭 붙잡고, 그렇지 않으면 받아들이지 말라. 진리의 말씀에 당신의 삶을 바치라. 하나님은 이렇게 하는 사람들이 너그럽고 "성품이 더 고결"하다고 하신다.

죄의 지배는 끝났다

히브리서 기자의 말을 다시 들어 보라. "우리가 … 은혜를 받자 이로 말미암아 … 하나님을 기쁘시게 섬길지니"(히 12:28). 은혜는 우리에게 하나님을 섬기되 받으실 만하고 기쁘시게 섬길 수 있는 능력을 주는 값없는 선물이다. 은혜는 우리를 들어 올려 비범한 삶으로 들어가게 해준다.

이 능력은 제일 먼저 우리에게 예수님의 고유한 특성으로 나타난다. 성경은 하나님이 우리를 "그 아들의 형상을 본받게 하기 위하여"(롬 8:29), 즉 내적으로 그분을 닮도록 재창조하셨다고 선포한다. 다른 역본에는 "그 아들처럼 되게 하기 위함이니 이는 그 아들로 많은 자녀 중에서 맏이가 되게 하려 하심이라"(CEV)고 옮겼다. 우리의 속사람은 정확히 예수 그리스도의 형상과 모양으로 거듭났다. 그래서 그분을 많은 형제자매 중의 맏아들이라 한 것이다.

최근에 나는 콜로라도 산속에서 며칠간 금식 기도를 했다. 친구들이 내게 한적한 오두막을 빌려 주었다. 사방을 둘러봐도 보이는 것이라곤 야생 동물과 아름다운 경치뿐이었다.

금식중에 계속 내 속에 "로마서 6장을 보라"는 말씀이 들려왔다. 부끄럽게도, 똑같은 말이 마음속에서 여러 번 반복된 후에야 그 말씀을 읽었다. 말씀은 곧 내게로 튀어나왔다.

> 죄가 너희를 주장[지배]하지 못하리니 이는 너희가 법 아래에 있지 아니하고 은혜 아래에 있음이라(롬 6:14).

죄가 우리를 지배하지 못하는 이유는 무엇인가? 더 이상 우리에게 죄가 자리할 곳이 없기 때문이다. 이제 우리는 하나님의 능력에 들어섰고 예수님 자신의 본성을 지녔다.

우리는 죄의 세력에서 해방되었다! 위 말씀을 다시 한 번 읽어 보라. 놀라운 뉴스다! 메시지 성경에는 "이제 여러분은 죄가 시키는 대로 살 수 없습니다"라고 되어 있다. 하나님의 말씀 곧 진리는 험담, 중상, 거짓말이 더 이상 당신을 주장하지 못한다고 선포한다. 간음, 혼외 성관계, 동성애, 포르노, 기타 모든 부정함은 더 이상 당신을 지배하지 못한다. 미움, 원한, 용서하지 않는 마음, 편견, 시기는 더 이상 당신을 좌우하지 못한다. 무절제한 분노, 격분, 욱하는 성질은 당신의 삶에 대해 권위를 잃었다. 도둑질, 마약 복용, 알코올중독은 더 이상 당신의 주인이 아니다. 권위에 대한 불순종, 고집, 반항은 당신에 대한 지배력을 잃었다. 말하자면 한이 없다. 당신은 이제 은혜의 능력 아래 있으므로 더 이상 그런 죄에 패배할 필요가 없다!

이렇게 생각해 보라. 전에 당신은 자신의 본성 때문에 위에 말한 전부는 아니더라도 그중 일부의 옥에 갇혀, 경건한 삶을 살 수 없었다. 그런데 예수께서 오셔서 감옥 문을 여셨다. 그분이 죄의 강한 지배력에 열쇠를 꽂으셨고, 그래서 이제 당신은 옥에서 나올 수 있다. 당신은 더 이상 죄의 노예가 아니라 자유를 얻은 하나님의 자녀다!

왜 아직도 힘들어하는가?

그렇다면 아직도 많은 신자들이 그런 죄에 지배당하며 힘들어 하는 이유는 무엇인가? 그들은 왜 자유하지 못한가? 뒤에 차차 나오겠지만 이 중요한 질문에 답하기 위해 우선 로마서 6장에 계시된 내용을 살펴보자.

> 그런즉 우리가 무슨 말을 하리요 은혜를 더하게 하려고 죄에 거하겠느냐 그럴 수 없느니라 죄에 대하여 죽은 우리가 어찌 그 가운데 더 살리요 무릇 그리스도 예수와 합하여 세례를 받은 우리는 그의 죽으심과 합하여 세례를 받은 줄을 알지 못하느냐(1-3절).

'세례'라는 말을 읽을 때 꼭 물세례만 생각할 것은 아니다. 세례를 준다는 말은 그리스어 밥티조(baptizo)에서 왔는데, 이 단어에는 "푹 잠그다, 담그다, 가라앉히다"라는 뜻이 있다. 성경에서 세례는 대부분 물세례를 가리키는 말로 쓰였으나 뭔가 다른 것에 푹 잠긴다는 뜻으로 쓰인 적도 많다. 히브리서 기자가 말한 "세례들에 관한 교훈"(6:2)에서 그것을 분명히 볼 수 있다. 세례들이라고 했으니 하나가 아니라 분명히 여럿이다. 예를 들어, 성령의 세례도 있고(눅 3:16 참조), 그리스도의 몸이 되는 세례도 있고 (고전 12:13 참조), 고난의 세례도 있다. 예수님은 야고보와 요한에게 "내가 받는 세례를 너희가 받을 수 있느냐"(막 10:38)고 하셨다. 물세례라면 그분이 이미 받으셨으니 이것은 물세례에 관한 말씀이 아니다. 하나님 나라를 위하여 자신의 목숨을 버리시는 세례(푹 잠김)를 말씀하신 것이다.

세례에 여러 가지 의미가 있음을 알았으니 이번에는 "세례를 받은"이라는 말 대신 "푹 잠겨진"을 넣어 위 말씀을 다시 한 번 읽어 보라. 우리는 예수 그리스도 안에 푹 잠겨 그분과 하나가 되었다. 예수님은 이 연합을 "내가 그들 안에 있고 아버지께서 내 안에 계시어 그들로 온전함을 이루어 하나가 되게 하려 함"(요 17:23)이라 표현하셨다. 당신과 예수님은 더 이상 둘이 아니라 하나다. 포도나무와 가지를 서로 끊을 수 없는 것처럼 우리도 그리스도와의 연합에서 끊어질 수 없다. 이제 우리는 그리스도 안에서 그분의 본성을 지녔으므로 죄에 대하여 죽었다. 계속 읽어 보라.

> 그러므로 우리가 그의 죽으심과 합하여 세례를 받음으로 그와 함께 장사되었나니 이는 아버지의 영광[의 능력]으로 말미암아 그리스도를 죽은 자 가운데서 살리심과 같이 우리로 또한 새 생명 가운데서 행하게 하려 함이라(롬 6:4).

새로운 삶을 살아갈 능력이 우리에게 있다! AMP 성경에는 "우리로 또한 [일상적으로] 새로운 삶 가운데서 살고 행하게 하려 함이라"고 되어 있다. 이렇게 생각해 보라. 당신의 삶을 예수께 드리던 그때 당신은 영적으로 그분과 함께 죽고 그분과 함께 장사되었다. 또한 그분이 하나님의 능력으로 말미암아 죽은 자 가운데서 살아나셨듯이 그 동일한 능력이 부활하신 예수님의 본성을 당신 안에 넣어 주셨다.

이 모두가 하나님의 기적 같은 능력으로 된 일이다! 이것을 인간의 자연적 사고로 이해하려 하면 결혼한 남녀가 어떻게 실제로 한 몸이 되는지를 이해하려는 것만큼이나 어려운 일이다. 이것은 인간의 이해를 벗어나는 신비다. 그럼에도 불구하고 사실이다. 당신은 말 그대로 "그리스도 안에" 푹 잠겨 있다. 당신은 더 이상 죄의 본성이 아닌 그분의 본성을 지녔다. 그래서 우리는 새로운 삶을 살아갈 수 있다. 이 복된 말을 들어 보라.

> 우리의 옛 사람이 예수와 함께 십자가에 못 박힌 것은 죄의 몸이 죽어 다시는 우리가 죄에게 종노릇하지 아니하려 함이니 이는 죽은 자가 죄에서 벗어나 의롭다 하심을 얻었음이라(롬 6:6-7).

우리는 죄의 세력에서 해방되었다! 죄는 더 이상 우리를 장악하지 못한다. 우리에게 있는 것은 더 이상 죄의 본성이 아니라 신성한 본성이다(그저 관념 정도가 아니라 아예 당신의 마음속에 새겨지도록 일부러 이 말을 자꾸 되풀이하라)! 죄는 우리 삶에 대한 지배력을 잃었다!

> 이와 같이 너희도 너희 자신을 죄에 대하여는 죽은 자요 그리스도 예수 안에서 하나님께 대하여는 살아 있는 자로 여길지어다 그러므로 너희는 죄가 너희 죽을 몸을 지배하지 못하게 하여 몸의 사욕에 순종하지 말고 또한 너희 지체를 불의의 무기로 죄에게 내주지 말고 오직 너희 자신을 죽은 자 가운데서 다시 살아난 자같이 하나님께 드리며 너희 지체를 의의 무기로 하나님께 드리라 죄가 너희를 주장하지 못하리니(11-14절).

우리는 새 생명을 받았으므로 죄는 더 이상 우리의 주인이 아니다! 예수께서 감옥 문을 여셨다. 이제 우리는 자유의 몸으로 그분이 원하시는 비범한 삶을 살아갈 수 있다. 주님의 은혜가 우리에게 그분의 본성과 능력을 주었기 때문이다. 은혜의 잠재력이 보이는가?

선택은 여전히 우리 몫이다

그리스도 밖에 있었을 때 우리는 죄의 노예였고 죄를 이길 힘이 없었다. 그러나 이제는 그 힘이 우리에게 있다. 우리는 죄에 굴하는 쪽을 선택할 수도 있고, 죄에서 해방되어 은혜 안에서 행하는 쪽을 선택할 수도 있다. 그래서 예수 그리스도를 주님으로 모신 적이 없는 사람에게는 죄짓는 일이 정상이지만 그리스도인에게는 정상이 아니다. 그리스도인은 죄를 이길 능력이 있다. 예수님의 본성을 지녔기 때문이다. 구원받지 못한 사람은 겨우 자신의 죄의 본성으로 움직이고 있다. 그래서 하나님은 사도 바울을 통해 그리스도인들에게 이렇게 말씀하신다.

> 그런데, 그 옛 폭군에게서 벗어났다고 해서 우리가 옛날처럼 마음대로 살아도 좋다는 뜻입니까? 하나님의 자유 가운데 자유롭게 되었다고 해서, 이제 무엇이든 내키는 대로 해도 좋다는 것입니까? 그렇지 않습니다. 여러분은 경험을 통해 알 것입니다. 자유로운 행위라지만 실은 자유를 파괴하는 행위들이 있다는 것을 말입니다. 가령, 여러분 자신을 죄에 바쳐 보십시오. 그러면 그것으로 여러분의 자유의 행위는 끝이 납니다. 그러나 여러분 자신을 하나님의 길에 바쳐 보십시오. 그러면 그 자유는 결코 그치는 법이 없습니다(롬 6:15-16, 메시지).

하나님은 계속 죄짓고 용서받으라고 당신을 죄에서 해방시켜 주신 게 아니다. 천만부당한 말이다! 하나님이 당신을 죄에서 해방시켜 주신 것은 당신이 정말 죄에서 해방되어 예수님처럼 참된 거룩함 가운데 행하게 하기 위해서다.

참 신자의 목표는 죄를 짓지 않는 것이다. 그러나 만일 죄를 지으면("죄를 지을 때"라 하지 않고 "만일 죄를 지으면"이라 한 것에 주의하라) 그분이 베푸시는 은혜 안에 여전히 용서가 있다. 요한은 "나의 자녀들아, 내가 이것을 너희에게 씀은 너희로 죄를 범하지 않게 하려 함이라 [그러나] 만일 누가 죄를 범하여도 아버지 앞에서 우리에게 대언자가 있으니 곧 의로우신 예수 그리스도시라"(요일 2:1)고 썼다. "너희로 죄를 범하지 않게 하려 함이라"는 말을 보았는가? 이보다 얼마나 더 분명할 수 있겠는가?

> **신**약의 회개는 진리의 문제이며, 마음이나 생각의 온전한 변화를 가리킨다.

거듭나기 전에도 죄짓지 않는 삶을 목표로 정할 수야 있지만 그런 삶은 불가능하다. 그때는 죄짓는 일이 당신의 성품을 규정했기 때문이다. 이제 당신은 그분의 성품과 본성을 받았고, 그 능력으로 죄에서 해방된 삶을 살아갈 수 있다. 하지만 죄를 짓는 쪽을 선택하면 그 결과로 자유를 잃는다. 바울이 그리스도인들에게 하는 말을 다시 들어 보라.

> 너희 자신을 종으로 내주어 누구에게 순종하든지 그 순종함을 받는 자의 종이 되는 줄을 너희가 알지 못하느냐 혹은 죄의 종으로 사망에 이르고 혹은 순종의 종으로 의에 이르느니라 하나님께 감사하리로다 너희가 본래 죄의 종이더니 너희에게 전하여 준 바 교훈의 본을 마음으로 순종하여 죄로부터 해방되어 의에게(즉 하나님을 기쁘시게 하는)

종이 되었느니라(롬 6:16-18).

은혜는 우리에게 하나님을 기쁘시게 하는 비범한 삶을 살아갈 능력을 준다! 그러나 새로운 본성 가운데 행하지 않고 계속 죄에게 굴복한다면 우리는 다시 노예가 된다. 한마디로 그것은 하나님의 은혜를 헛되이 받는 것이다. 바울은 "우리가 하나님과 함께 일하는 자로서 너희를 권하노니 하나님의 은혜를 헛되이 받지 말라"(고후 6:1)고 당부했다. 뭔가를 헛되이 받는다는 것은 그 잠재력을 충분히 활용하지 않는 것이다. 은혜가 죄를 덮어주는 것에 그친다면 바울의 이 말은 전혀 이치에 맞지 않는다. 그러나 은혜를 제대로 – 진리의 요구대로 행할 수 있도록 하나님이 거저 주시는 능력으로 – 이해하면, 은혜를 헛되이 받을 때 왜 열매가 없는지 이해할 수 있게 된다.

다시 말하지만, 바울이 로마 교인들에게 한 말이 바로 그것이다. "너희 자신을 종으로 내주어 누구에게 순종하든지 그 순종함을 받는 자의 종이 되는 줄을 너희가 알지 못하느냐 혹은 죄의 종으로 사망에 이르고"(6:16). 그리스도인들에게 이것은 아주 강경한 말이다. 바울의 말에서 이 한마디만은 과장이 아닐까? 답은 절대 그렇지 않다. 같은 편지에서 그가 하는 말을 보라.

그러므로 형제들아 … 너희가 육신대로 살면 반드시 죽을 것이로되(롬 8:12-13).

역시 대상이 그리스도인이라는 데는 의심의 여지가 없다('형제들아'라는 말을 보라). 그렇다면 "너희가 … 반드시 죽을 것"이라는 바울의 말은 무슨 뜻인가? 나중에 자세히 설명하겠지만 지금은 이것만 알면 된다. 로마서 6 장의 내용에 비추어, 이 말은 우리가 다시 죄의 노예가 될 수 있다는 뜻이다. 누구라서 그것을 원하겠는가?

회개는 진리의 문제다

이쯤 되면 당신은 두려워서 이렇게 되뇌고 있을지 모른다. '아, 난 그렇게 살았는데! 반복해서 죄를 지었는데!' 그렇다면 내가 6장에서 말한 기쁜 소식을 떠올려 보라. "만일 우리가 우리 죄를 자백하면 그는 미쁘시고 의로우사 우리 죄를 사하시며 우리를 모든 불의에서 깨끗하게 하실 것이요" (요일 1:9). 죄를 자백한다는 것은 그냥 건성으로 "제가 죄를 지었습니다. 죄송합니다. 용서해 주십시오"라고 말한다는 뜻이 아니다. 성경을 공부해 보면 알겠지만 열쇠가 하나 더 있다. 회개다.

신약의 회개는 구약과 다르다. 구약 시대 사람들은 자신의 진심을 보이려고 베옷을 입고 재를 뒤집어썼다. 역시 마음의 완악함 때문에 그렇게 외형적으로 자신을 낮춘 것이다. 신약의 회개는 진리의 문제이며, 마음이나 생각의 온전한 변화를 가리킨다. 회개란 하나님의 마음을 아프시게 했음을 깊이 뉘우치며 이제 이 부분에서 그분의 뜻에 순종하기로 결단하는 것이다.

바울은 고린도 교인들의 잘못을 따끔히 지적할 일이 있었는데 그 과정에서 그들을 깊은 슬픔에 잠기게 했다. 이전의 편지에 썼던 내용과 관련하여 그는 이렇게 말한다.

내가 지금 기뻐함은 너희로 근심하게 한 까닭이 아니요 도리어 너희가 근심함으로 회개함에 이른 까닭이라(고후 7:9).

바울은 그들의 잘못을 어물쩍 넘어가지 않고 아주 강하게 다루었다. 그러자 보다시피 깊은 근심 때문에 그들의 삶이 바뀌었다. 진정한 회개였다. 더 이상 육신에 놀아나지 않고 예수 그리스도의 새로운 본성에 따르기로 마음을 바꾸고 결단한 것이다. 바울이 그 신자들에게 하는 말을 계속 들어 보라.

> 너희가 하나님의 뜻대로 근심하게 된 것은 … 하나님의 뜻대로 하는 근심은 후회할 것이 없는 구원에 이르게 하는 회개를 이루는 것이요 세상 근심은 사망을 이루는 것이니라(9-10절).

"세상 근심[회개 없는 근심]은 사망을 이루는 것"이라는 바울의 말을 잘 보라. 내면의 새로운 본성에 따르지 않고 육신에 굴복한 그리스도인들과 관련하여 그는 다시 사망이라는 말을 쓰고 있다.

바울의 지적처럼, 죄의 노예로 되돌아간 신자가 자유를 얻으려면 죄를 참으로 자백하고 나서도 핵심 요소가 하나 더 있다. 회개다. 마음의 참된 변화다.

당신은 바울이 그리스도인들을 대상으로 왜 "하나님의 뜻대로 하는 근심은 후회할 것이 없는 구원에 이르게 하는 회개를 이루는 것"이라 했는지 궁금할 수 있다. 여기 구원이라는 말은 "거듭난다"는 뜻이 아니다. 여기 쓰인 그리스어 단어는 소테리아(soteria)로, "구조, 해방, 안전, 건강"을 뜻한다. 해방이라는 정의에 초점을 맞추면, 바울이 지금 이 그리스도인들에게 그들이 천국 입장권을 새로 얻었다고 말하는 게 아님을 분명히 알 수 있다. 바울의 말은 그들이 깊고 경건한 슬픔 덕분에 진정한 회개(마음과 생각의 변화)에 이르렀고, 그리하여 죄의 종이던 상태에서 해방되었다는 것이다.

신자가 죄의 손아귀에서 벗어나려면 자백과 회개가 둘 다 필요하다.

자비 vs 은혜

잠언 기자는 확실히 말한다.

> 자기의 죄를 숨기는 자는 형통하지 못하나 죄를 자복하고 버리는 자
> 는 불쌍히 여김[자비]을 받으리라(잠 28:13).

여기서도 보듯이, 형통과 자유를 가져다주는 것은 자복만이 아니라 자복하고 버리는(참으로 회개하는) 것이다. 잘 보면 여기 나오는 단어는 은혜가 아니라 자비다. 둘의 의미 차이는 쉽게 설명할 수 있다.

> 은혜는 절대로 받지 못할 것을 받는 것이고
> 자비는 마땅히 받을 것을 받지 않는 것이다.

자비는 죄를 짓고도 응분의 대가를 받지 않을 때 나타난다. 반면 은혜는 받을 자격이 없는데도 주어지는 능력이다. 그 능력이 우리를 죄의 폭정에서 해방시킨다.

간음하다 현장에서 잡힌 한 여자가 좋은 예가 될 것이다. 종교 열성분자들은 여자를 예수님 앞으로 끌고 왔다. 그곳은 대중의 이목을 피할 수 없는 성전 뜰이었다. 그들은 그분을 공개적으로 궁지에 몰아넣을 속셈이었다. 율법대로라면 그 간음한 여자는 돌에 맞아 죽어야 했다. 예수께서 늘 용서를 가르친다는 것을 알았던 그들은 그분의 교리에서 허점을 찾아

내려 했다.

예수님은 "너희 중에 죄 없는 자가 먼저 돌로 치라"(요 8:7)라고 하셨다. 그때 그 지도자들이 연장자로부터 시작해 하나둘 슬그머니 내빼는 모습을 그 자리에서 볼 수 있었다면 얼마나 좋을까. 마침내 예수님과 그 여자 둘만 남았다.

"여자여, 너를 고발하던 그들이 어디 있느냐. 너를 정죄한 자가 없느냐." 예수께서 물으셨다.

"주여, 없나이다." 여자가 대답했다.

여자는 왜 그분을 "주"라 불렀을까? 내 개인적인 생각이지만, 그분이 앞에 서시자 그녀는 육체로 나타나신 창조주 하나님의 눈빛을 보았고, 그때 마음이 강하게 움직여 그분을 믿지 않았나 싶다.

"나도 너를 정죄하지 아니하노니"(10-11절). 예수께서 말씀하셨다.

예수님은 죄가 없으시므로 그녀를 정죄할 권한이 있었고 곧장 돌을 던져 공의를 시행하셔도 됐다. 그러나 자비가 이겼다. "나도 너를 정죄하지 아니하노니."

이어 예수님은 간음한 여자에게 "가서 다시는 죄를 범하지 말라"(11절)고 하셨다. 이 마지막 말씀에서 우리는 그분의 은혜가 담겨 있는 것을 느낄 수 있다. 그리고 이제 그녀는 능력을 받았다. 성경은 "대저 하나님의 모든 말씀은 능하지 못하심이 없느니라"(눅 1:37)고 했다. "가서 다시는 죄를 범하지 말라"는 그분의 말씀에는 그대로 행하는 데 필요한 능력이 들어 있다. 말씀이 그녀에게 지시대로 행할 능력을 주었다. 은혜는 그녀에게 절대로 받지 못할 것을 주었다.

이렇듯 은혜는 절대로 받지 못할 것을 받는 것이고, 자비는 마땅히 받을 것을 받지 않는 것이다. 많은 그리스도인들이 두 단어를 한데 뭉뚱그려

양쪽 다 같은 의미를 부여한다. 지금 나는 한낱 의미론상의 문제를 가지고 궤변을 늘어놓고 있는 것이 아니다. 이렇게 생각해 보라. 풋볼과 농구 경기에서 모두 풋볼의 규정을 적용한다고 생각해 보라. 풋볼은 잘되겠지만 농구는 농구만의 개성을 잃을 뿐 아니라 부상이 끊이지 않을 것이다. 은혜와 자비를 하나로 합친 사람들이 하도 많다 보니 우리는 은혜만의 위력을 잃어버렸다. 또한 은혜에까지 자비의 규정을 적용하다가 부상도 수없이 당했다.

그래서 신약 기자들은 서신을 이렇게 시작할 때가 많다. "하나님 아버지와 그리스도 예수 우리 주께로부터 은혜와 긍휼[자비]과 평강이 네게 있을지어다"(딤전 1:2, 딤후 1:2, 딛 1:4, 요이 1:3 참조).

둘 중 어느 쪽의 진리도 유실되지 않도록 성경 기자들은 은혜와 자비를 구분하고 있다. 우리가 정죄에서 해방되어 힘 있게 살아갈 수 있는 길이 바로 거기에 있다. 은혜는 우리에게 살아갈 능력을 주고, 자비는 우리를 다시 죄의 손아귀 속으로 끌어들이려 하는 죄책과 정죄와 수치에서 우리를 해방시켜 준다.

이것을 성경에서 확인해 보자. 자비와 관련하여 예수 그리스도는 "나는 자비를 원하고 제사를 원하지 아니하노라 하신 뜻을 너희가 알았더라면 무죄한 자를 정죄하지 아니하였으리라"(마 12:7)라고 말씀하신다. 보다시피 자비는 우리를 정죄에서 해방시켜 주고, 마땅히 받아야 할 심판으로부터 우리 양심을 지켜 준다. 성경에 보면 "그러므로 이제 그리스도 예수 안에 있는 자에게는 결코 정죄함이 없나니"(롬 8:1)라고 했다. 하나님은 우리에게 얼마나 놀라운 자비를 베풀어 주셨는가! 반면 은혜는 어떻게 말하고 있는지 보라.

그러므로 우리는 [실패한 일에] 긍휼하심[자비]을 받고 때를 따라 돕는 은혜를 얻기 위하여 은혜의 보좌 앞에 담대히 나아갈 것이니라(히 4:16).

자비는 우리가 실패한 일, 회개한 죄에 대해 주어진다. 그러나 은혜는 우리를 돕고 능하게 하려고 주어진다. 아버지께서 우리에게 주신 구원은 얼마나 놀라운가! 얼마나 온전한가!

09

은혜는 거룩한
삶을 가능하게 한다

Extraordinary: Life You're Meant to Live
참된 거룩함 가운데 행하면 최고 수준의 해방
과 자유를 누리게 된다. 그것은 건강한 삶이며
인생의 모든 영역에 긍정적인 영향을 미친다.

하나님의 은혜는 우리를 영원한 죽음에서 구원하며, 아울러 천국의 유업을 주고, 그리스도와 하나 되게 하며, 그분의 신성한 성품과 성령, 모든 신령한 복을 준다.

찬송하리로다 하나님 곧 우리 주 예수 그리스도의 아버지께서 그리스도 안에서 하늘에 속한 모든 신령한 복을 우리에게 주시되 … 이는 그가 사랑하시는 자 안에서 우리에게 거저 주시는 바 그의 은혜의 영광을 찬송하게 하려는 것이라(엡 1:3, 6).

모든 복이 그분의 과분한 호의의 결과요, 그분의 은혜에서 왔다. 우리의 구원은 백 퍼센트 온전하다! 그분은 미완성으로 두신 일이 하나도 없다.

분명 은혜는 하나님의 풍성한 사랑과 호의에서 비롯된 우리를 향한 과분한 선물이다. 여기에 대해서 할 말이 많지만, 이 책의 초점은 은혜가 주는 능력에 있다.

거룩함은 중요하다

은혜의 열매 가운데 하나는 거룩함이다. 그런데 요즘은 이 주제를 그다지 많이 다루지 않는다. 나는 그 이유를 두 가지로 본다. 먼저, 비열하거나 율법주의적인 설교자들이 하나님을 정말 기쁘시게 하기 원하는 많은 신자들을 악용해 온 탓이다. 이들 열성파들은 거룩함을 부정적 생활방식으로 전락시켜 삶의 기쁨을 말살시켜 버렸다. 물론 그것은 하나님의 마음과 거리가 멀다. 다행히 많은 사람들이 이 폭정에서 자유를 얻었지만 부정적 여파가 없지 않다. 가장 해로운 결과는 그들이 이제 거룩함이라는 말만 들어도 몸을 사리게 된 것이다.

"자라 보고 놀란 가슴 솥뚜껑 보고 놀란다"는 속담처럼, 사람들은 뭔가에 한번 데이면 비슷한 물건만 보아도 겁을 낸다. 얼마나 딱한 노릇인지. 율법주의적인 거룩함에 데인 수많은 사람들이 그렇게 되었다. 이제 그들은 참된 거룩함마저 두려워한다. 참된 거룩함의 유익이 무궁무진한데도 말이다.

두 번째는, 전혀 다른 방향인데, 참된 거룩함은 우리 쪽의 노력을 요하는데 노력할 의향이 없는 사람들이 많다. 거룩한 삶의 열매를 맺으려면 우리가 하나님의 은혜와 협력해야 하기 때문에 많은 사역자들은 복음의 매력을 잃지 않으려고 그런 설교를 무의식중에 또는 일부러 피한다. 많은 서

구인들은 참된 복음보다는 차라리 아무런 수고도 요하지 않는 쉬운 복음을 원한다. 현실을 직시하자. 가만히 있는데도 그리스도를 닮은 삶에 슈웅 ~ 들어서는 것은 아니다. 바울은 "우리가 하나님의 나라에 들어가려면 많은 환난을 겪어야 할 것이라"(행 14:22)라고 말했다.

참된 거룩함은 아주 매력 있고 중요한 주제다. 예수님은 오염되고 세속적인 교회가 아니라 "티나 주름 잡힌 것이나 이런 것들이 없"는 교회를 맞이하러 다시 오신다. "거룩하고 흠이 없"는 교회다(엡 5:27). 예수께서 재림하여 맞이하실 교회가 거룩한 교회라면 나는 거룩함의 모든 것을 정말 알고 싶다.

또 성경은 거룩함이 없이는 아무도 주를 보지 못하리라고 말한다(히 12:14 참조). 이렇듯 거룩함은 내세뿐 아니라 이생에서도 중요한 주제다. 내가 제일 좋아하는 성경의 약속 중에, 이기는 자들은 하나님의 얼굴을 본다는 말씀이 있다(계 22:4-5 참조). 얼마나 놀라운가! 모세에게도 거부되었던 일인데 우리는 보좌 앞에서 그분을 뵙는 특권을 누린다.

우리는 주를 보는 가운데 예수 그리스도의 형상으로 변화하여 영광에서 영광에 이른다(고후 3:18 참조). 지금 우리가 마음으로 그분을 보고 있지 않다면 그분의 형상으로 변화될 수 없으며, 사실상 지식이 더할수록 더 종교적으로 될 뿐이다. 변화 없이 받는 지식은 위험한 배합이다. 그런 것이라면 나는 절대 사양이다.

정결의 기준은 예나 지금이나 같다

바울의 강한 권고를 들어 보라.

그러므로 형제들아, 우리가 끝으로 주 예수 안에서 너희에게 구하고 권면하노니 너희가 마땅히 어떻게 행하며 하나님을 기쁘시게 할 수 있는지를 우리에게 배웠으니 곧 너희가 행하는 바라 더욱 많이 힘쓰라 우리가 주 예수로 말미암아 너희에게 무슨 명령으로 준 것을 너희가 아느니라 하나님의 뜻은 이것이니 너희의 거룩함이라 곧 음란[모든 성적인 죄]을 버리고(살전 4:1-3).

우리가 특히 성적인 부분에서 거룩하게 살면 그것이 하나님을 기쁘시게 한다. 대개 우리 속에 심각한 문제가 있으면 겉으로는 이 부분이 고장난다. 그리스도인이라고 하면서 음행, 간음, 동성애, 포르노, 기타 성적인 부정함에 노예가 되어 있는 경우, 그 속마음을 들여다보면 대개 더 깊은 문제가 있다. 교만, 반항심, 권력욕, 원한, 시기, 기타 악일 수 있는데, 무엇이 됐든 항상 그 뿌리는 주님을 경외하지 않는 데 있다.

성적인 정결함이 거룩함을 모두 정의해 주지는 않지만 성적인 부정함이 있다는 것은 거룩하지 못하다는 분명한 증거다. 그래서 바울은 우리가 성적인 정결함에 더욱 많이 힘

하나님의 선물인 은혜는 우리에게 자신을 깨끗하게 할 수 있는 능력을 준다.

써야 한다고 말한다. 우리는 모든 형태의 성적인 부정함을 피하고, 그 근처에도 얼씬거리지 말아야 한다.

사실 바울은 그런 부정함이 어찌나 심각한 문제인지 로마 교인들에게 이렇게 썼다.

"곧 모든 불의, 추악[성적인 부도덕] … [이] 가득한 자요 … 그들이 이같은 일을 행하는 자는 사형에 해당한다고 하나님께서 정하심을 알고

도 자기들만 행할 뿐 아니라 또한 그런 일을 행하는 자들을 옳다 하느니라"(롬 1:29, 32).

이 강력한 경고의 대상에는 부도덕한 행동을 하는 사람들만 아니라 그 것을 옳다 하는 사람들도 해당된다!

지도자들은 구성원들을 위해 결정을 내리거나 민법을 제정하거나 기타 지침을 정할 때 이 점을 기억해야 한다. 부도덕한 행동을 옳다 하거나 묵인하거나 모른 척하는 것은 하나님께 중죄다(삼상 3장, 고전 5장 참조). 반면 부도덕을 진심으로 회개하는 사람들에 대해서는 지도자가 즉시 용서하고 인내심을 가지고 회복을 도와야 한다.

신자가 그리스도께서 주신 본성을 거슬러 성적인 부도덕의 노예가 되는 것은 중죄다. 데살로니가 교인들에게 보낸 편지에서 이에 대한 바울의 말이 자세히 나온다. 여기에는 하나님이 성적인 부도덕을 행하는 그리스도인들을 다음과 같이 다루실 것이라 말한다.

하나님은 너희가 거룩하여 성적인 부도덕을 온전히 삼가기를 원하신다. … 우리가 너희에게 이미 말하고 강하게 경고했듯이 주님은 그런 일을 행하는 자들을 벌하실 것이다. 하나님은 우리를 부도덕하게 살라고 부르신 게 아니라 거룩하게 살라고 부르셨다. 그러므로 이 가르침을 저버리는 사람은 사람을 저버리는 게 아니라 하나님을 저버리는 것이다(살전 4:3, 6-8, TEV).

우리는 왜 강단에서 이 엄중한 경고를 강조하지 않는 것인가? 내 친구 하나는 전 세계에 250여 개의 교회를 세운 큰 교회의 목사다. 이 책을 쓰던 중에 나는 그와 함께 점심식사를 하면서 성적인 정결함에서 벗어난 현대 교회에 대해 대화를 나눌 기회가 있었다. 그는 지금까지 보았던 성적으로 부정한 사례를 많이 들려주었는데, 그중 유난히 기억나는 것이 하나 있다.

그 목사의 부인이 최근에 자기 교회에서 여성도들을 위한 집회를 열어 부부관계에 대해 가르쳤다. 집회가 끝난 후 한 외부 참석자가 다가와 진지하게 말했다. "제 남자친구가 요즘 저랑 성관계를 하지 않아요. 그와의 관계에서 제가 뭘 잘못하고 있는지 오늘 말씀을 듣고 알았습니다. 그 부분을 고치려고 해요. 그러면 틀림없이 그 사람도 다시 성관계를 원하겠지요. 오늘 말씀에 대해 하나님께 감사드립니다!"

이 '그리스도인'은 그 가르침이 자기 남자친구와의 부정한 관계에 적용되는 줄로 알았다. 그녀는 음행하며 살면서도 전혀 가책이 없었다. 자기한테는 그것이 정상적인 사회생활이었던 것이다.

사역을 통해 알게 된 다른 여성도도 똑같은 일을 겪었다. 그녀는 자기 주(州)의 어느 큰 복음주의 교회에 충실히 다니는 또 다른 여성도의 집을 방문했다. 안방에 들어서자 그녀는 내 친구에게 자기 옷장과 남자친구의 옷장을 보여 주었다. 동거생활의 현장이 낱낱이 드러나는 데도 그녀는 부끄러운 기색이 전혀 없었다. 더군다나 남자친구가 출장을 갈 때면 함께 잘 수 없어 못내 아쉽다는 말까지 했다. 결혼하지 않고 동거하는 것이 그 여자에게는 아무렇지도 않은 일이었다. 이 두 가지 사례에 등장하는 성도들은 모두 대형 복음주의 교회에 수년째 다니면서도 자신의 성적 부도덕에 대해 전혀 가책을 느끼지 않았다. 그 유명 교회는 도대체 무엇을 가르치고 있단 말인가?

사역자들이 성적으로 부도덕한 삶을 사는 예는 지금까지 수없이 봐 왔을 것이다. 그들의 부정한 삶은 대개 수많은 가정에 영향을 미치게 된다. 그들의 음행이나 간음, 동성애의 대상이 된 사람들은 그 결과로 하나님한 테서 떨어져 나갔거나 영적으로 냉랭해졌다. 그래서 바울은 같은 구절에서 이렇게 말한다. "너희는 주를 따르는 사람에게 섹스의 문제로 부정을 저질러서는 안 된다. 우리가 너희에게 경고했듯이 그분이 그런 일을 하는 사람을 모두 벌하심을 잊지 말라"(살전 4:6, CEV).

우리는 이 사회의 영향을 너무 많이 받은 나머지 하나님의 마음에서 멀리 빗나가고 말았다. 현 문화에 반하여 이를 극복해야 할 교회가 오히려 현 문화의 하부 문화가 되고 만 것이다. 용서 받고 천국에 간다는 불완전한 복음만 있고, 죄의 지배에서 해방된다는 온전한 복음은 전해지지 않고 있다. 그래서 우리는 쉽게 세상에 물든다. 세상에는 결혼하지 않은 남녀가 동거하고, 혼외로 또는 동성끼리 성관계를 하고, 외도가 아닌 다른 이유로 이혼하고 다시 재혼하는 일이 흔하다. 이런 행위들이 그리스도인들 사이에도 점점 흔한 일이 되고 있다. 예수님이 우리를 무엇으로부터 해방시켜 주셨는지 교회가 선포하지 않기 때문이다.

바울은 오늘날의 서구 교회와 여러 모로 비슷한 고린도 교회에 엄한 경고를 보냈다. 일부 교인들이 성적인 부도덕에 빠져 있어 거기에 따끔한 일침을 가한 것이다. 먼저 그는 모세를 따르던 이스라엘 백성과 신약 그리스도인들 사이의 유사성을 지적한다. 그리고 이렇게 경고한다.

그러나 하나님의 기적과 은혜를 경험한 것이 그들에게는 큰 의미가 없었던 것 같습니다. 광야에서 어려운 시기를 보내는 동안, 그들 대다수가 유혹에 무너지고 말았으니까요. 결국 하나님께서도 그들을 기뻐하지 않으셨습니다.

똑같은 일이 우리에게도 일어날 수 있습니다. 그러니 우리는 그들처럼 자기 마음대로 하려고 하다가 허를 찔리는 일이 없도록 조심하지 않으면 안 됩니다. "백성들이 먼저 파티를 벌이고, 그런 다음 춤을 추었다"고 했지만, 우리는 그들처럼 우리의 신앙을 떠들썩한 쇼로 변질시켜서는 안 됩니다. 성적으로 문란해서도 안 됩니다. 잊지 마십시오. 그들은 성적으로 문란하게 살다가 하루에 23,000명이나 죽었습니다! 우리가 그리스도를 섬겨야지, 그리스도께서 우리를 섬기게 해서는 안 됩니다. 그런데도 그들은 그렇게 했고, 결국 하나님께서는 독뱀을 풀어놓으셨습니다. 우리는 불평하지 않도록 조심해야 합니다. 그들은 불평하다가 멸망했습니다.

이 모든 것은 "위험!"을 알리는 경고 표지입니다. 이 모든 것이 우리의 역사책에 기록된 것은, 우리로 하여금 그들의 실수를 되풀이하지 않게 하려는 것입니다. 우리의 처지가 그들과 유사합니다. 그들이 처음이라면, 우리는 나중이라고 할 수 있습니다. 우리도 그들처럼 실패할 수 있습니다. 그러니 순진하게 속지도 말고 자만하지도 마십시오. 여러분도 예외가 아닙니다(고전 10:5-12, 메시지).

이 말씀에서 내가 강조하려는 점은 하나님이 그들의 성적인 부도덕을 싫어하셨다는 것이다. 하루에 2만 3천 명이 죽었다. 웬만한 작은 도시의 인구다. 이것은 우리에게 그들의 멸망을 답습하지 말라고 주시는 경종과 같다. 우리라고 그들의 실패를 면할 수 있는 게 아니다. 예수님의 말씀대로라면 사실 우리는 더 높은 기준으로 살아야 한다(마태복음 5장을 상기해 보라). 왜 우리는 이 따위 행동으로 되돌아가 참된 은혜의 능력을 폐한 것일까? 우리 마음과 생각과 몸이 부정해지지 않을 수 있는 능력을 받았는데도 그 진리를 내 것으로 삼지 않았기 때문이다. 사실 우리는 자신의 새로운 본성과 협력하기만 하면 된다.

유력한 사도들은 모든 신자들이 유의하여 금해야 할 것 네 가지를 만장일치로 기록했다. 넷 중 세 가지는 모세의 율법에서 금한 음식 문제에 관한 것이었다. 그런데 그들은 유대인과 이방인 사이에 별 차이가 없는 문제 하나를 덧붙였다. 사도들은 편지에 이렇게 썼다. "성령과 우리는 이 요긴한 것들 외에는 아무 짐도 너희에게 지우지 아니하는 것이 옳은 줄 알았노니 우상의 제물과 피와 목매어 죽인 것과 음행[성적인 부도덕]을 멀리할지니라 이에 스스로 삼가면 잘되리라"(행 15:28-29). 그들이 도둑질, 거짓말, 살인, 탐욕 등 율법에 나오는 다른 문제를 언급하지 않았다니 얼마나 놀라운가. 대신 그들이 강조한 것은 성적인 부도덕이었다.

하나님이 거룩하신 것처럼 거룩하라

이번에는 베드로의 말을 잘 읽어 보라. 대상이 모든 사람들이 아니라 그리스도인임을 염두에 두라.

> 그러므로 너희 마음의 허리를 동이고 근신하여 예수 그리스도께서 나타나실 때에 너희에게 가져다주실 은혜를 온전히 바랄지어다 너희가 순종하는 자식처럼 전에 알지 못할 때에 따르던 너희 사욕을 본받지 말고 오직 너희를 부르신 거룩한 이처럼 너희도 모든 행실에 거룩한 자가 되라 기록되었으되 내가 거룩하니 너희도 거룩할지어다 하셨느니라 외모로 보시지 않고 각 사람의 행위대로 심판하시는 이를 너희가 아버지라 부른즉 너희가 나그네로 있을 때를 두려움으로 지내라 (벧전 1:13-17).

잘 들으라. "너희를 부르신 거룩한 이처럼 너희도 모든 행실에 거룩한 자가 되라." 이 말씀 또한 권고가 아니라 명령이다. 하나님이 거룩하신 것처럼 우리도 거룩해야 한다. 다른 대안은 없다. 베드로에 따르면 이 명령과 관련하여 우리는 행위대로 심판을 받게 된다. 다시 한 번 예수님의 말씀대로, 아버지께서 온전하신 것처럼 우리도 온전해야 한다.

거룩함이라는 단어를 살펴보자. 이는 그리스어 하기오스(hagios)에서 온 말이다. 이 말을 정의해 주는 용어로는 "구별되다, 신성해지다, 성별되다"와 아울러 "정결하다, 도덕적으로 흠이 없다"가 있다. 거룩함의 기본 특성은 하나님의 정결함을 공유하고 세속적 더러움을 삼가는 가운데 하나님을 섬기기 위해 구별, 성별, 헌신하는 것이다.

구약에 보면 하나님의 백성은 한 나라의 백성으로 그야말로 구별되었다. 유대인은 삶의 모든 분야에서 이 방인과 어울리면 안 되었다. 그러나 신약 이후의 신자들은 불신자들 속에 살면서 악과 분리되어야 한다. 우리는 빛으로 세상 속에 들어가되 세상의 악으로 더럽혀져서는 안 된다. 세상의 방식을 본받지 말고 더 높은 기준을 따라야 한다. 그렇지 않으면 더 이상 빛이 아니다.

하나님은 "이는 내 생각이 너희의 생각과 다르며 내 길은 너희의 길과 다름이니라 여호와의 말씀이니라 이는 하늘이 땅보다 높음 같이 내 길은 너희의 길보다 높으며 내 생각은 너희의 생각보다 높음이니라"(사 55:8-9)고 말씀하신다. "내가 거룩하니 너희도 거룩할지어다"라는 그분의 말씀은 사실상 이런 거나 마찬가지다. "나는 생각하고 말하고 사는 게 너희랑 다르다. 그러니 너희가 내 삶의 수준에 맞추어라." 더 쉽게 표현하면 이런 것

> **비**록 은혜가 값없는 선물이긴 해도 우리가 그 능력과 협력하여 거룩한 삶의 열매를 맺어야 한다.

이다. "나는 너희를 독수리처럼 비상하라고 불렀거늘 너희는 왜 헛간 마당이나 뱅뱅 돌며 칠면조처럼 살려고 하느냐? 나는 너희를 비범한 삶으로 불렀다."

그러므로 그분의 거룩함은 분리와 정결함 이상이다. 거룩함이 정결함만의 문제라면 바리새인들도 거룩했을 것이다. 겉으로 흠 없는 삶을 살았으니 말이다. 그러나 예수님은 스스로 의롭게 여기는 그들의 모습을 정죄하셨다. 거룩함이 분리만의 문제라면 60년대의 히피족도 아주 거룩했을 것이다. 거룩함은 정결함만도 아니고 분리만도 아니며 정결함과 분리를 합한 것도 아니다. 거룩함은 초월적인 정결함과 분리다. "고결한 삶"으로의 부름이다. 비범한 삶으로의 부름이다! 거룩함은 그분이 사는 것처럼 사는 것, 사랑받는 자녀로서 하나님을 본받는 것이다.

우리가 하나님처럼 생각하고 예수님처럼 말하고(아버지가 말씀하시는 것을 말하고) 예수님의 생활방식을 본받는다면 세상 사람들처럼 살지 않게 된다. 육신의 욕심과 욕망이 우리를 지배하지 않는다. 우리는 창의적이고 혁신적인 사람, 도덕적으로 깨끗하며 생명을 살리는 사람, 영향력 있는 사람이 된다. 수준 높은 사고와 행동 덕에 세상이 우리를 종종 부러워하게 된다.

술 취함, 비뚤어진 성적 쾌락, 탐욕, 정욕, 지위, 시기심, 복수, 자존심 따위를 위해 사는 사람들은 낮고 추악한 수준에서 사는 것이다. 그것은 누구나 할 수 있는 일이며 하나님의 은혜로 사는 삶이 아니다. 그들의 죄는 잠시 낙을 가져다줄지 모르지만 머잖아 해로워져 곧 파멸을 불러오게 된다. 그 결과는 "쏘는 것", 곧 고통과 죽음이다.

참된 거룩함 가운데 행하면 최고 수준의 해방과 자유를 누리게 된다. 그것은 건강한 삶이며 인생의 모든 영역에 긍정적인 영향을 미친다.

바울은 고린도 교회에 이렇게 썼다.

> 그런즉 사랑하는 자들아 … 우리는 하나님을 두려워하는 가운데서 거
> 룩함을 온전히 이루어 육과 영의 온갖 더러운 것에서 자신을 깨끗하
> 게 하자(고후 7:1).

우리 자신을 '일부 더러운 것'에서 깨끗하게 하라고 했는가? 더러운 것의 95퍼센트라고 했는가? 아니다. 우리는 '모든' 더러운 것에서 자신을 깨끗하게 해야 하며, 그 더러움도 안과 밖을 통틀어 하나님의 기준에서 본 더러움이다. 안이라면 원한, 시기, 질투, 불화, 용서하지 않는 마음, 탐욕, 정욕 등의 태도가 될 것이다. 밖이라면 도둑질, 거짓말, 험담, 중상, 성적인 부도덕, 사기, 술 취함, 마약 중독, 기물 파괴, 물리적 폭력 등의 행위가 될 것이다. 그밖에도 많이 있다.

어느 날 이 구절을 읽고 있는데 성령께서 "자신을 깨끗하게 하라"는 말을 강조하여 일러 주셨다. "하나님이 우리를 깨끗하게 하시리라"고 되어 있지 않다는 사실에 나는 깜짝 놀랐다. "예수의 피가 우리를 깨끗하게 하시리라"고도 하지 않았다. 본문을 보면 우리가 자신을 깨끗하게 해야 한다고 되어 있다.

내 말을 오해하지는 말라. 예수 그리스도의 피는 과연 우리의 모든 죄를 깨끗하게 하신다. 그러나 칭의(영원한 죽음에서의 구원)와 성화(거룩함)는 크게 다르다. 우리는 예수 그리스도를 나의 구주와 주님으로 영접하는 순간 의롭다 하심을 얻었다. 그 순간 우리의 옛 자아는 죽었고 우리는 예수님의 본성을 지닌 새로운 피조물이 되었다. 하나님이 보시기에 우리는 즉

시 의롭게 되었고 심령에서 모든 불의가 뿌리 뽑혔다. 그것은 우리 쪽의 행위와 무관한 일이었다. 우리가 노력으로 얻어 낸 것도 아니고 우리가 "착해서" 당연히 받은 것도 아니다. 그것은 하나님이 은혜로 값없이 주신 것이다.

그러나 우리가 거듭나는 순간 성화(거룩함)의 작업이 시작되었다. 우리 내면 곧 심령에 이루어진 일이 그때부터 바깥 곧 행동으로 나타나기 시작하는 것이다. 바울은 그것을 이렇게 표현했다. "두렵고 떨림으로 너희 구원을 이루라"(빌 2:12). 성화(거룩함)도 하나님의 은혜의 선물임을 잊어서는 안 된다. 다만 이번에는 그 과정에 우리 몫도 있다. 은혜에 협력하여 우리도 일해야 한다. 하나님의 선물인 은혜는 우리에게 자신을 깨끗하게 할 수 있는 능력을 준다. 그래서 우리는 계속 문질러 닦아야 한다! 히브리서 기자의 말을 다시 들어 보라.

> 우리가 … 은혜를 받자 이로 말미암아 경건함과 두려움으로 하나님을 기쁘시게 섬길지니(히 12:28).

은혜는 우리를 의롭게 해줄 뿐 아니라 거룩한 두려움으로 하나님을 기쁘시게 섬길 수 있는 능력도 준다. 우리는 하나님을 두려워하는 가운데서 거룩함을 온전히 이루어 안팎의 모든 더러운 것에서 자신을 깨끗하게 한다. 그러므로 비록 은혜가 값없는 선물이긴 해도 우리가 그 능력과 협력하여 거룩한 삶의 열매를 맺어야 한다. 그런 의미에서, 바울이 "자신을 깨끗하게" 하라고 명하기 바로 전에 고린도 교인들에게 한 말을 다시 한 번 살펴보자.

우리가 하나님의 은혜를 받은 너희에게 당부하노니 그 은혜가 허비되지 않게 하라(고후 6:1, TEV).

앞서 말했듯이, 은혜를 '만능 덮개'로 보면 사도 바울의 이 말을 도무지 이해할 수 없다. 수많은 사람들이 가르쳐 온 대로 은혜가 죄 사함으로 끝난다면, 죄 사함뿐인 은혜가 어떻게 허비될 수 있겠는가? 하지만 은혜를 제대로 ─ 진리의 요구대로 행하여 거룩한 열매를 맺을 수 있도록 하나님이 거저 주시는 능력으로 ─ 이해하면, 은혜가 허비될 수 있다는 것이 이해가 된다.

무인도에 표류했던 그 섬사람 이야기를 다시 생각해 보라. 메신저는 총의 용도를 자세히 설명해 주었다. 총이 결국은 선장에게 신호를 보낼 수 있게 하여 그를 살려 줄 것을 말해 주었다. 총으로 짐승을 잡을 수도 있고 야자수의 코코넛도 떨어뜨릴 수 있음을 일러 주었다. 메신저는 섬사람에게 동굴도 보여 주었다. 사슴을 잡아 그 가죽으로 입구를 가리면 곰의 습격을 막을 수 있으며, 또한 곰 가죽은 추운 밤 푹신한 요와 따뜻한 이불이 될 거라고 말해 주었다.

메신저는 임무를 마친 후 자기 시대로 돌아갔다. 이튿날 그는 주인과 함께 타임머신을 통해 섬사람을 지켜보기로 했다. 뜻밖에도 섬사람이 사는 방식은 하나도 달라진 게 없다. 그는 사슴이나 멧돼지에게 총을 한 발도 쏘지 않았다. 먹을 것을 얻기 위해 아직도 덫을 놓거나 죽창이나 돌을 던지고 있다. 섬사람은 맥이 빠진 비참한 모습이다. 메신저는 황당해서 주인에게 묻는다. "왜 총을 사용하지 않을까요?"

둘은 타임머신을 앞으로 돌려, 메신저가 다녀간 지 열 하루째 되는 날 섬사람이 어떻게 하는지 본다. 안타깝게도 여전히 그는 곰을 피하려고 바위 위에 돌 몇 개를 포개 놓고 불편하게 잠을 청하고 있다. 그는 야위었다. 두 주 동안 먹지 못해 삐쩍 말랐다. 차가운 비가 내리자 부들부들 떨기까지 한다. 메신저와 주인은 섬사람이 저체온증으로 위험해질까 봐 걱정이다. 섬사람은 자신의 기구한 처지와 인생을 저주하고 있다.

타임머신은 다시 열 사흘째 날로 넘어간다. 메신저와 주인은 섬사람이 총을 들고 사슴을 쫓아가는 모습을 보고 안도한다. 주인이 말한다. "드디어 사용하려나 보다!" 그러나 둘은 기겁하여 움찔한다. 섬사람이 자기도 모르게 곰들이 사는 굴 앞으로 간 것이다. 굴 안에는 어미 곰과 새끼 곰들이 있다. 섬사람이 소리를 내자 어미 곰이 성이 나서 그에게 달려든다. 그 자리에 얼어붙은 섬사람은 총을 곰한테 쏘는 게 아니라 성난 곰을 겁주어 쫓아낼 생각으로 공중에 대고 몇 발 쏜다. 어미 곰이 총소리에 아랑곳하지 않고 계속 달려들자 섬사람은 돌을 들어 곰의 면상에 던진다. 곰도 물러서지 않고 계속 덤빈다. 겁에 질린 섬사람은 총을 버리고 달아난다. 곰은 성큼성큼 몇 걸음 만에 그를 잡아 찢어 죽인다.

메신저와 주인은 이것을 보고 어떻게 반응할까? 그들은 섬사람에게 많은 시간과 자원을 투자했다. 메신저는 그에게 바른 정보와 장비를 전달하려고 며칠씩 준비 작업을 했고, 타임머신을 쓰는 데도 거액의 돈을 들였다. 그런데 그가 어떻게 그 모든 것을 허비할 수 있단 말인가? 그런 큰 선물을 어떻게 저버릴 수 있단 말인가? 그들의 사랑과 희생의 수고는 물거품이 되고 말았다.

섬사람의 선택에 대한 그들의 반응은 우선 그가 목숨을 잃은 데 대한 깊은 슬픔에서 시작하여 굉장한 실망과 안타까움으로 이어진다. 그들은 속수무책으로 서로 바라보며 이렇게 통탄한다. "우리가 그렇게 많이 주었어도 다 부질없게 되었다. 자기 목숨을 구하라고 준 그것을 그는 사용하지 않았다. 우리의 선물을 허비했다."

결론적으로 섬사람은 값없이 주어진 귀한 선물을 온전히 받지 못했고 그 선물과 협력하지 못했다. 그는 목표에 이르지 못했다.

"목표에 이르지 못한 사람." 어느 누구에게나 해당될 수 있는, 얼마나 서글픈 묘비명인가. 하지만 성도의 생애는 하나님의 은혜로 인해 이런 음울한 말로 끝날 필요가 없다. 다음 장에서 그 이유를 살펴볼 것이다.

10

은혜는
믿음과 협력한다

Extraordinary: Life You're Meant to Live

우리는 은혜의 능력으로 자신의 사고와 육신을
지배할 수 있고, 하나님의 말씀으로 자신의 정
신 기능과 지각을 재훈련할 수 있다. 육신은 자
신이 먹는 양식에 반응하게 되어 있다.

엄청난 소식이 있다. 하나님은 우리가 거룩한 삶을 사는 데 필요한 모
든 자원을 우리에게 주셨다! 거기에 이르지 못할 이유가 전혀 없다. 히브
리서 기자의 말을 생각해 보라.

거룩함을 따르라 이것이 없이는 아무도 주를 보지 못하리라 너희는
하나님의 은혜에 이르지 못하는 자가 없도록 하고(12:14-15).

요점은 분명하다. 참된 거룩함 가운데 행하려면 하나님의 은혜가 필요
하다. 또 이런 질문도 가능하다. "우리가 배운 대로 은혜가 죄 사함만의

140

문제라면 이 구절의 '이르지 못한다'는 말은 무슨 뜻인가?" 이 말은 그리스어로 후스테레오(hustereo)다. 스트롱 성구 사전에는 이 단어가 "열등하다, 못 미치다(부족하다), 뒤처지다, 궁핍하다, 실패하다"로 정의되어 있다. 세 이어 사전의 말뜻은 좀 더 깊이 들어가 "경주에서 뒤처져 목적지에 도달하지 못하다, 목표에 이르지 못하다"로 나와 있다.

섬사람은 뒤처져 메신저의 주인한테서 거저 받은 자유의 목적지에 도달하지 못했다. 그는 목표를 쉽게 이룰 수 있었음에도 주어진 것을 허비하여 결승선에 이르지 못했다. 또한 우리가 경주를 잘 마치려면 반드시 거룩함이 있어야 한다. 선지자 이사야의 말을 들어 보라.

> 거기에 대로가 있어 그 길을 거룩한 길이라 일컫는바 되리니 깨끗하지 못한 자는 지나가지 못하겠고 오직 구속함을 입은 자들을 위하여 있게 될 것이라 우매한 행인은 그 길로 다니지 못할 것이며 거기에는 사자가 없고 사나운 짐승이 그리로 올라가지 아니하므로 그것을 만나지 못하겠고 오직 구속함을 받은 자만 그리로 행할 것이며 여호와의 속량함을 받은 자들이 돌아오되 노래하며 시온[천국]에 이르러 그들의 머리 위에 영영한 희락을 띠고 기쁨과 즐거움을 얻으리니 슬픔과 탄식이 사라지리로다(35:8-10).

여기서 잠깐 섬사람 비유의 허점을 하나 지적하고 싶다. 그런 상황이 정말 발생한다면, 설령 섬사람이 총을 사용한다 해도 곰이 그를 죽일 수 있는 가능성은 남아 있다. 가능한 시나리오는 많이 있다. 곰이 섬사람을 위협해서 그가 적시에 총을 쏘지 못할 수도 있다. 쏘아도 총알이 빗나갈 수도 있다. 총알이 곰을 죽이지는 못하고 부상만 입혀 오히려 곰이 크게 노하여 섬사람을 물어뜯을 수도 있다.

그러나 하나님은 우리가 하나님의 은혜의 능력 가운데 행하여 거룩함을 참된 열매로 맺으면, 그분 때문에 우리가 무적의 존재가 된다고 말씀하신다. 이사야의 말처럼, 곰이나 사자 같은 맹수가 우리를 해치고 죽일 수 없다(여기에는 우리의 가장 큰 적, 즉 "우는 사자 같이 두루 다니며 삼킬 자를 찾"는[벧전 5:8] 사탄도 포함된다)! 그러므로 하나님의 은혜의 능력으로 말미암아 거룩함을 열매로 맺고 있으면 우리는 섬사람과 달리 실패할 이유가 없다. 우리 때문이 아니라 그분 때문에 그렇다. 단, 이 약속은 참된 거룩함 가운데 행하지 않는 신자들에게는 해당되지 않는다. 이에 대한 베드로의 말을 들어보라.

> 이런 것[거룩함의 여러 덕]이 없는 자는 맹인이라 멀리 보지 못하고 그의 옛 죄가 깨끗하게 된 것을 잊었느니라 그러므로 형제들아 더욱 힘써 너희 부르심과 택하심을 굳게 하라 너희가 이것을 행한즉 언제든지 실족하지 아니하리라 이같이 하면 우리 주 곧 구주 예수 그리스도의 영원한 나라에 들어감을 넉넉히 너희에게 주시리라(벧후 1:9-11).

베드로는 우리가 언제든지 실족하지 아니하리라고 말한다. 우리는 무적의 존재다. 우리의 능력 때문이 아니라 은혜가 주는 능력 때문이다. 그러므로 요컨대 은혜는 우리에게 거룩한 대로로 걸을 수 있는 능력을 준다. 거룩한 대로로 행하면, 경주를 잘 마칠 수 있다는 약속이 확실히 우리 것이 된다. 그 덕에 우리는 신앙이 파선하여 은혜에 이르지 못하는 일이 없게 된다.

베드로는 그 반대쪽도 언급한다. 은혜의 능력 가운데 행하지 않는 사람들은 거룩함의 여러 덕을 기르지 못한다. 그 결과 그들은 맹인이 되고, 자기의 옛 죄의 삶을 하나님이 깨끗하게 해주신 것을 잊어버린다. 이렇게 눈이 멀면 거룩함의 좁은 길을 가는 것이 거의 불가능하리만치 어려워진다. 그들이 죄에 얽매인 옛 생활

> **우**리는 무적의 존재이다. 우리의 능력 때문이 아니라 은혜가 주는 능력 때문이다.

방식으로 되돌아가는 것은 시간문제다(그러면서도 대개는 하나님의 은혜가 여전히 자기를 덮어 주고 보호해 준다고 믿는다). 같은 편지 뒷부분에서 베드로는 그런 선택에 대해 이렇게 통탄하고 있다.

> 만일 그들이 우리 주 되신 구주 예수 그리스도를 앎으로 세상의 더러움을 피한 후에 다시 그중에 얽매이고 지면 그 나중 형편이 처음보다 더 심하리니 의의 도를 안 후에 받은 거룩한 명령을 저버리는 것보다 알지 못하는 것이 도리어 그들에게 나으니라 참된 속담에 이르기를 개가 그 토하였던 것에 돌아가고 돼지가 씻었다가 더러운 구덩이에 도로 누웠다 하는 말이 그들에게 응하였도다(2:20-22).

얼마나 섬뜩한 일인가. 사도 바울이 그리스인들에게 쓴 말이 또다시 생각난다. "너희 자신을 종으로 내주어 누구에게 순종하든지 그 순종함을 받는 자의 종이 되는 줄을 너희가 알지 못하느냐 혹은 죄의 종으로 사망에 이르고"(롬 6:16). 죄의 소욕을 의지적으로 반복해서 따르면 우리는 죄에 얽매여 다시 죄의 종이 된다. 섬사람이 망한 것처럼 신자도 그리될 수 있다. 그래서 바울은 "그러므로 형제들아 우리가 빚진 자로되 육신에게 져서 육신대로 살 것이 아니니라 너희가 육신대로 살면 반드시 죽을 것"(롬 8:12-

13)이라고 경고한다.

어떻게 사도 바울이 그리스도인들을 상대로 그들이 죽을 거라고 말할 수 있는지 의문이 들 수 있다. 사도 요한 역시 이렇게 가르친다. "누구든지 형제가 사망에 이르지 아니하는 죄 범하는 것을 보거든 구하라 그리하면 사망에 이르지 아니하는 범죄자들을 위하여 그에게 생명을 주시리라 [그러나] 사망에 이르는 죄가 있으니"(요일 5:16). 그가 말하는 사망, 그리스도인 형제자매에게 임할 수 있는 죽음은 무엇인가? 사도 바울이 말하는 죽음과 같은 것인가? 아담에게 경고하셨던 죽음과 같은 것인가? 이것은 비단 몸의 죽음만을 이르는 것인가?

사도 유다는 하나님의 은혜를 방탕한 것으로 바꾸는 사람들, 즉 은혜를 악용하여 자신의 부도덕한 생활방식을 덮는 사람들에 대해서 말하고 있다. 교회 예배에 꾸준히 참석하는 그들임에도 불구하고 유다는 그들이 "죽고 또 죽어 뿌리까지 뽑힌 열매 없는 가을 나무"(1:12)라고 경고한다. 몸으로는 살아 있어 교회 예배에 참석하지만 그냥 죽은 정도가 아니라 "죽고 또 죽은" 사람들이다. 유다가 말하는 죽음은 무엇인가?

이 구절의 의미를 두고 많은 신학적 변론이 있었다. 하지만 나는 왜 이런 문제로 논쟁하느냐고 묻고 싶다. 결론적으로, 어떤 죽음도 당신이 원할 것은 못 된다. 죽음의 결과는 전혀 좋지도 밝지도 않다. 한마디로, 죽음의 의미를 알아내는 것부터가 당신이 원하는 일이 못 된다. 죽음과는 최대한 멀리 떨어지는 것이 좋다. 비범한 삶을 살기 위해 하나님의 은혜 안에 거하는 것이 좋다.

하나님은 과연 우리에게 그분의 은혜를 주셨다. 우리는 예수 그리스도의 본성을 받았고 죄의 지배에서 해방되었다! 죄의 폭정에서 해방된 사람이 어찌 감히 그 굴레로 되돌아가 죽음과 장난을 치고 싶겠는가?

그러니 친구여, 습관적으로 죄 중에 살면서 여전히 천국에 갈 권리를 얻고자 싸우지 말라. 그것은 잘못된 인생관이다. 그보다 하나님이 당신에게 자유라는 놀라운 선물을 주셨음을 인식하라. 당신은 더 이상 죄를 지를 필요가 없다. 이전에는 당신 힘으로 죄에서 벗어날 수 없었지만 이제 그분의 놀라운 은혜의 능력으로 죄에서 해방될 수 있다!

은혜는 정말 효력이 있다

나는 1979년에 예수 그리스도를 주님으로 영접했고 예수님의 새로운 본성의 실체를 경험했다. 내 삶은 변했다. 술을 마시고 싶은 생각이 싹 가셨다. 전에는 술고래인 뱃사람처럼 입에 욕을 달고 살았지만 이제 말버릇도 깨끗해졌다. 하나님의 말씀을 읽고 묵상하고 내 삶에 선포하는 사이 다른 죄의 습관들도 차츰 사라졌다.

그러나 쉽게 떨어지지 않는 죄의 영역이 하나 있었다. 나는 정욕으로 힘들어 했고 포르노에 중독되어 있었다. 포르노를 보면 정신없이 빨려들어 갔다. 해방된 기간들도 있었지만 시간이 지나면 다시 그쪽으로 기울었다. 정욕이 내 영혼을 바짝 틀어쥐고 좀처럼 놓아 주지 않았다.

1985년, 일상에서 벗어나 장기간 기도할 수 있도록 어떤 사람이 자신의 별장을 내주었다. 나흘간의 금식이 끝나던 1985년 5월 6일, 기도의 사투 끝에 나는 포르노와 정욕의 아성에서 해방되었다. 감사하게도 그 해방은 하나님의 은혜로 지금까지 계속되고 있다.

그러나 포르노의 손아귀에서 벗어난 뒤로도 나는 여전히 욕심을 물리쳐야 했다. 5월 6일 전까지는 아무리 물리치려 해도 소용없는 것 같았다. 5월 6일 후로는 물리치는 게 가능해졌다. 그래도 내 쪽에서 은혜와 협력하여, 포르노를 보려는 충동을 격퇴해야 했다. 처절한 금식 기도 후로 포르노는 나에게 그 위력을 잃었지만 그래도 나는 단호히 유혹을 물리쳐야 했다.

그 뒤로 나는 계속 기도하며 하나님의 말씀이 내 사고에 흠뻑 배어들게 했다. 그러던 어느 날, 내 욕심에 변화가 찾아온 것을 알게 되었다. 나는 더 이상 억지로 포르노에서 눈을 돌릴 필요가 없었고 그냥 포르노가 싫어졌다. 어쩌다 성적인 이미지가 눈앞에 지나가면 화면 속의 여자를 누군가의 어린 딸로 보았다. 그 소중한 인생이 하나님의 형상과 모양대로 지음 받은 인격체에서 한낱 고깃덩이로 전락하고 있는 것이 슬펐다. 하나님의 은혜는 나를 속속들이, 철저히 바꾸어 놓았다. 사고의 영이 새롭게 되었고 나는 정말 자유를 얻었다. 내 감각들도 그분의 은혜의 능력으로 변화되었다. 히브리서 기자는 이런 복에 대해서 다음과 같이 말한다.

> **많은** 사람들이 은혜로 구원받았다고 철석같이 믿으면서도, 거룩한 삶을 가능하게 해줄 은혜의 능력은 거부한다.

이는 젖을 먹는 자마다 [아직 말도 할 줄 모르는!] 어린아이니 의의 말씀(목적과 사고와 행동을 하나님의 뜻에 맞추는 차원)을 경험하지 못한 자요 단단한 음식은 장성한 자의 것이니 그들은 지각을 사용함으로 연단을 받아 선악을 분별하는 자들이니라(5:13-14).

알고 보니 내가 늘 읽고 인용하고 묵상하고 공부하던 하나님의 말씀이 내 지각과 정신 기능을 그분의 뜻과 생각에 합치시켜 준 것이다. 거룩함은 하나님처럼 생각하고 말하고 살아가는 것임을 잊지 말라. 거룩함은 그분의 삶의 수준에 맞추는 것이다.

내 마음속에 이 책을 쓰려는 열정이 불타는 것도 그런 이유이다. 젖만 먹고 사는 하나님의 자녀들이 너무 많다. 그들은 하나님의 신성한 성품이 자기 안에 심겨져 있다는 말을 들어 볼 기회가 없었다. 그들은 일요일마다 자신이 용서받은 죄인이며 다 연약하지만 어떻게든 인생의 종착점에 도달할 거라는 말만 듣는다. 사회적으로 무난한 이런 복음은 그들의 삶에 능력을 주지 못한다. 그들의 삶을 지배하는 것은 믿음이 아니라 감각과 감정이다.

우리 육신은 연단될 수 있으나 굳어진 습성을 좋아한다. 그래서 변화를 싫어한다. 다행히 우리의 육신은 불의에 연단될 수 있는 것만큼이나 의에도 연단될 수 있다. 히브리서 기자도 그렇게 말한다. "그들은 지각을 사용함으로 연단을 받아 선악을 분별하는 자들이니라"(5:14). 우리는 은혜의 능력으로 자신의 사고와 육신을 지배할 수 있고, 하나님의 말씀으로 자신의 정신 기능과 지각을 재훈련할 수 있다. 육신은 자신이 먹는 양식에 반응하게 되어 있다.

나의 경우 하나님의 은혜가 나를 해방시켜 주었지만 다시 포르노로 돌아갈 수도 있다. 마음의 진정한 회개 없이 그게 장기간 반복되면 나는 다시 중독의 덫에 걸릴 것이다. 그러면 내 나중 형편이 처음보다 더 심해질 것이다. 하나님을 사랑하고 경외하기에 나는 그 길을 택하지 않는다. 그분의 은혜는 정말 놀랍고 족하다!

정신이 번쩍 났던 인터뷰

몇 년 전 남부의 어느 대도시에 있는 라디오 방송국에서 인터뷰 요청이 들어왔다. 나는 육신의 훈련과 의에 대해 말하며 신자의 삶에 참된 거룩함이 중요함을 강조하고 있었다. 내가 포르노에서 해방되었다는 얘기는 아직 나오기 전이었다.

30분쯤 지나 청취자들의 전화를 받게 되었는데 제일 먼저 전화를 건 사람은 격분하여 내게 퍼부었다. "그게 지금 말이 되는 소립니까? 그럼, 삶에 굴레나 중독이 있는 사람은 어떻게 됩니까? 죽음으로 향하고 있다는 말입니까?"

"선생님, 그건 제 말이 아니라 하나님의 말씀입니다." 나는 그렇게 답한 뒤에 물었다. "선생님의 말뜻에 대해 좀 질문을 드려도 괜찮겠습니까?"

"해보시오!" 여전히 잔뜩 화난 목소리였다.

나는 말했다. "제가 잘 알아들었는지 봅시다. 그러니까 선생님 말씀은 예수님의 피와 하나님의 은혜가 우리를 어떤 죄에서는 해방시켜 줄 수 있지만 다른 '특별한' 죄들은 너무 세고 강해서 하나님의 은혜로도 안 된다 그런 말입니까? 맞습니까?"

그 남자는 묵묵부답이었다. 갑자기 자기 논리의 맹점이 보였던 것이다.

마침내 내가 침묵을 깼다. "선생님, 저는 정욕에 매여 있었는데 1985년에 하나님의 은혜로 해방되었습니다. 하나님의 은혜로도 안 될 만큼 센 중독이나 굴레가 있다는 말을 저한테는 하실 수 없습니다. 완전히 노예였다가 지금은 자유를 얻었으니까요."

거룩한 삶은 말세의 빛이 될 수 있다

사도 바울은 디모데에게 쓴 편지에서 우리가 살고 있는 시대에 대해 이렇게 말했다. "그리스도인으로 살기가 아주 힘든 말세가 오리니"(딤후 3:1 TLB). 우리가 살고 있는 지금이 바로 그 말세다. 의문의 여지없이 성경의 모든 예언들은 예수님의 재림이 임박했음을 보여 주고 있다. 바울은 우리 시대가 그리스도인으로 살기가 가장 힘든 시대가 될 것을 내다보았다. 왜 그럴까?

당대에 바울은 큰 박해를 받았다. 등에 39대씩 무자비한 채찍질을 당한 것이 다섯 차례였고 곤장을 맞은 일도 세 번이나 있었다. 한번은 돌로 맞았다. 옥살이도 몇 년이나 했다. 어디를 가나 바울은 심한 핍박에 부딪쳤다. 그런데도 그는 우리 시대에 그리스도인으로 살기가 더 어려울 거라고 썼다! 그 이유는 이렇다.

> 사람들이 자기를 사랑하며 돈을 사랑하며 자랑하며 교만하며 비방하며 부모를 거역하며 감사하지 아니하며 거룩하지 아니하며 무정하며 원통함을 풀지 아니하며 모함하며 절제하지 못하며 사나우며 선한 것을 좋아하지 아니하며 배신하며 조급하며 자만하며 쾌락을 사랑하기를 하나님 사랑하는 것보다 더하며(딤후 3:2-4).

이 말을 읽고 나서도 당신은 바울이 왜 우리 시대가 자기 시대와 다르리라 생각했는지 의아할 수 있다. 그 사회의 사람들에게도 같은 특징들이 다 있었다. 그들도 자기를 사랑했고, 돈을 사랑했고, 거룩하지 않았고, 용서하지 않았다. 베드로는 오순절 날 "너희가 이 패역한(비뚤어지고 악하고 불의한) 세대에서 구원을 받으라"(행 2:4)고 말했다. 그렇다면 바울이 우리 시대를 역사상 그리스도인으로 살기가 더 어려운 시대로 지목한 이유는 무엇인가? 바로 뒤에 그 이유가 나온다.

> 경건의 모양은 있으나 경건의 능력은 부인하니(딤후 3:5).

바로 이것이다. 우리가 살고 있는 시대는 많은 사람들이 은혜로 구원받고 거듭났다고 고백은 하지만 삶 속에 그리스도를 닮은 모습을 이루고자 그 은혜와 협력하지는 않는 시대다(신약의 다른 많은 말씀으로도 확인된다). 그들은 자기가 은혜로 구원받았다고 철석같이 믿으면서도, 거룩한 삶을 가능하게 해줄 은혜의 능력은 거부한다. 그들은 주님 되신 그리스도께 순복하는 게 아니라 여전히 자기 삶의 주인으로서 자기 마음대로 살아간다. 이런 '신자들'은 자신의 생활방식을 통해 예수 그리스도의 복음이 아닌 사이비 복음을 전하기 때문에 위험하다. 그래서 바울은 "이 같은 자들에게서 네가 돌아서라"(딤후 3:5)고 했다.

개인적으로 생각할 때 초대교회 교부들의 가장 큰 싸움의 대상은 율법주의였던 것 같다. 당시에는 하나님의 구원의 은혜를 신뢰하기보다 새 신자들을 다시 율법 아래 두려 한 사람들이 아주 많았다. 반대로, 25년 이상 전임 사역에 몸담아 온 나로서 오늘날 우리의 가장 큰 싸움의 상대는 무법함이라고 단언할 수 있다. 교회 안의 사람들은 구원의 개념만 받아들일 뿐 실제 삶은 세상 사람들과 전혀 다르지 않다. 그들은 하나님의 권위에 순복하지 않는다.

예수님은 말세에 대해 말씀하시면서 이렇게 경고하신다.

> 불법이 성하므로 많은 사람의 사랑이 식어지리라 그러나 끝까지 견디는 자는 구원을 얻으리라(마 24:12-13).

불법은 예수님 시대에도 성했는데 우리 시대라고 유독 다를 게 무엇인가? 충격적인 사실은 예수께서 우리 시대를 언급하실 때 사회 전반이 아니라 자칭 그분을 따른다는 이들을 두고 말씀하셨다는 것이다. 그분은 우리 시대에 믿는다는 그리스도인들 사이에 불법이 성하리라고 말씀하셨다. 그렇지 않다면 "그러나 끝까지 견디는 자는 구원을 얻으리라"고 말씀을 맺으실 리가 있겠는가? 아직 출발도 하지 않은 비신자에게 "네가 경주를 마치면 구원을 얻으리라"고 말하지는 않는다. 그건 이미 경주를 시작한 사람, 이미 믿음 안에 있는 사람들에게 하는 말이다.

결론적으로, 지금은 참된 거룩함 가운데 행하는 것이 이전 어느 때보다도 중요한 때다. 예수께서 우리 시대에 성하리라고 말씀하신 죄의 기만성 때문이다. 그러나 가슴 뛰게 기쁜 소식은, 하나님이 우리에게 타락의 한가운데서 거룩한 삶을 살 수 있는 능력을 은혜로 주셨다는 것이다.

우리는 두 가지 이유에서 이 어두운 시대에 빛이 되어야 한다. 첫째는 우리 자신을 위해서이고, 둘째는 잃어버린 영혼들을 위해서다. 세상의 많은 사람들이 하나님을 보려고 부르짖고 있다. 우리는 그분의 뼈 중의 뼈요 살 중의 살이다. 그러므로 세상이 우리를 통해 하나님의 빛을 볼 수 있도록 사랑을 받는 자녀 같이 하나님을 본받는 자가 되자.

그렇게 되는 데 필요한 것이 우리에게 있다. 바로 은혜다. 은혜의 비범한 능력 가운데 행하자!

11

은혜는
하나님 나라를
진척시킨다

Extraordinary: Life You're Meant to Live

예수님을 보는 것이 곧 아버지를 보는 것이었
듯이 그리스도의 참 제자 하나를 보는 것이 곧
예수님을 보는 것이다. 이 얼마나 귀한 책임이
며 또한 기회인가!

은혜는 우리가 하나님을 기쁘게 섬길 수 있는 능력을 준다. 우리는 무
엇보다 먼저, 거룩하게 살 수 있는 능력을 받았다. 참된 거룩함에는 성적
인 정결이 당연히 포함되지만 그 기준은 그보다 훨씬 더 높다. 우리가 하
나님처럼 거룩해진다는 것은 예수님처럼 산다는 것이고, 그분이 지상에
서 행하신 것처럼 우리도 동일한 열매를 맺는다는 것이다. 분명 예수님이
그렇게 말씀하셨다.

너희가 나를 택한 것이 아니요 내가 너희를 택하여 세웠나니 이는 너
희로 가서 열매를 맺게 하고 또 너희 열매가 항상 있게 하여(요 15:16).

예수께서 말씀하신 '항상 있는 열매'란 무엇일까? 최후의 만찬에서 그분이 밝혀 주신 열매의 성질을 살펴보자.

> 내가 진실로 진실로 너희에게 이르노니 [누구든지] 나를 믿는 자는 내가 하는 일을 그도 할 것이요 또한 그보다 큰일도 하리니(요 14:12).

그보다 큰일이라니? 예수님은 "나를 믿는 너희 사도들은"이라고 하지 않으시고 "누구든지 나를 믿는 자는"이라고 구체적으로 명시하셨다. 만약 예수님 아닌 다른 사람이 이 말을 했다면 나는 여간해서는 믿지 못했을 것이다. 하지만 이 놀라운 말씀은 그분의 입에서 직접 나왔다. 그리고 주의 말씀은 무오하다! 그분과 연합하여 한식구가 되고 그분의 성품과 성령을 받은 우리는 그분이 행하신 기적 같은 일들을 행할 뿐 아니라 그것을 능가하는 일도 할 것이다! 이것이 어떻게 가능한가? 이제 당신도 그 답을 알고 있을 것이다. 그분의 은혜로 가능하다.

은혜의 능력으로 우리는 평범함을 초월하여 살 수 있다. 비범한 세계에 들어가는 것이다. 사도 바울의 말을 들어 보라.

> 하나님이 능히 모든 은혜를 너희에게 넘치게 하시나니 이는 너희로 모든 일에 항상 모든 것이 넉넉하여 모든 착한 일을 넘치게 하게 하려 하심이라(고후 9:8).

구체적으로 재정과 헌금에 관한 말씀이지만 그 원리는 삶의 모든 영역에 적용된다. 몇 가지 집중해서 살펴볼 핵심 문구가 있다. 우선, 바울은 "모든 은혜를 너희에게 넘치게 하시나니"라고 했다. 약간의 은혜가 아니라 모든 은혜다. 그리스도 예수 안에서 모든 신령한 복이 우리에게 임했다 (엡 1:3 참조). "그런즉 누구든지 사람을 자랑하지 말라 만물이 다 너희 것임이라 … 너희는 그리스도의 것이요 그리스도는 하나님의 것이니라"(고전 3:21, 23).

이어 바울은 너희에게 항상 - 어떤 때만이 아니라 항상 - 모든 것이 넉넉하여(완전히 충분하여) 모든 착한 일을 넘치게 하게 하신다고 했다. 예수님은 우리 각자가 더 큰 일을 이룰 것이라고 선포하셨다. 곧 능력을 주시는 넘치는 은혜가 우리에게 충분하고 넉넉하여, 각종 필요를 모두 채워 준다는 것이다. 천국 보급품의 지상 조달에 관한 한 불가능은 없다. 은혜가 이미 모든 것을 넘치게 주었다.

하나님 나라는 내면에 있다

예수님은 제자들에게 기도를 가르치시며 놀라운 말씀을 하셨다. "나라가 임하시오며 뜻이 하늘에서 이루어진 것 같이 땅에서도 이루어지이다" (눅 11:2, NKJV). 제자들에게는 이것이 미래에 이루어질 기도였지만 예수님과 우리에게는 아니다. 이 기도는 바로 지금에 해당된다. 왜 그런지 설명할 테니 다음 몇 페이지에 걸친 내용을 잘 읽기 바란다. 이 내용을 온전히 이해하면 당신의 삶이 완전히 달라질 것이다.

바리새인들이 예수님을 받아들이지 못한 것은 그분이 등장하신 방식이 자기네 기대와 달랐기 때문이다. 구약의 예언들 때문에 그들은 왕이신 메시아를 기다리고 있었다. 이사야는 이렇게 썼다.

이는 한 아기가 우리에게 났고 한 아들을 우리에게 주신 바 되었는데 그의 어깨에는 정사를 메었고 그의 이름은 기묘자라, 모사라, 전능하신 하나님이라, 영존하시는 아버지라, 평강의 왕이라 할 것임이라 그 정사와 평강의 더함이 무궁하며 또 다윗의 왕좌와 그의 나라에 군림하여 그 나라를 굳게 세우고 지금 이후로 영원히 정의와 공의로 그것을 보존하실 것이라 만군의 여호와의 열심이 이를 이루시리라(9:6-7).

이들 지도자들은 메시아가 오실 때가 되었음을 알았다. 동방에서 현자들이 왔을 때를 떠올려 보라. 헤롯이 왕의 출생지를 알려 달라고 했을 때 서기관들은 당황하지 않았다.

이사야의 말에 근거하여 바리새인들은 메시아가 로마의 통치와 압제에서 자신들을 구해 줄 정치적인 왕으로만 올 수 있다고 믿었다. 그래서 그분이 당장 예루살렘에 다윗의 왕좌를 세우고 영원히 통치하실 줄로 알았다.

그러다 막상 예수께서 나사렛 사람, 평민, 가난한 집 출신의 목수, 창녀와 마피아(세리는 당대의 마피아였다)의 친구로 오시자 그들은 그분을 메시아로 받아들이지 않았다. 많은 평민들이 예수님을 "오실 그분"으로 환호하는데도 그들은 거부했다. 예수님의 특성이 그들의 기대와 달랐던 것이다.

그래서 바리새인들은 예수께 따졌다. "좋다, 당신이 메시아라면 이사야의 말대로 당신이 다스린다던 나라는 어디 있나? 왜 우리는 아직도 로마의 압제 하에 있는 건가?"

예수께서 대답하셨다.

하나님의 나라는 볼 수 있게 임하는 것이 아니요 또 여기 있다 저기 있다고도 못하리니 하나님의 나라는 너희 안에 있느니라(눅 17:20-21).

하나님의 나라는 너희 안에 있느니라? 알다시피 여기 "너희"는 바리새인들을 가리키는 말이 아니다. 그분은 그들에게 "너희는 너희 아비 마귀에게서 났으니"(요 8:44)라고 하셨다. 예수께서 말씀하신 너희란 거듭나서 성령으로 충만해질 사람들이다. 일찍이 예수님은 그분을 사랑하는 사람들에게 "적은 무리여, 무서워 말라 너희 아버지께서 그 나라를 너희에게 주시기를 기뻐하시느니라"(눅 12:32)고 약속하셨다.

그리스도인들이 자신을 용서만 받은 못난 죄인이나 천한 버러지로 칭하는 말을 들으면 참 슬프다.

그렇다면 하나님 나라는 언제 시작되는가? 예수께서 부활하신 후에도 제자들은 이 사그라들지 않는 질문을 드렸다. 잠시 그들의 입장이 되어 보라. 드디어 분명해졌다. 예수님은 멀쩡히 살아서 이 신실한 제자들 앞에 서 계신다. 그분은 정말 이사야의 예언대로 다윗의 왕좌에서 다스리실 왕이다. 그런데 그 나라는 어디 있나? 제자들은 예수님의 승천 직전까지도 여전히 이 부분이 혼란스러웠다.

> 그[사도]들이 모였을 때에 예수께 여쭈어 이르되 주께서 이스라엘 나라를 회복하심이 이 때니이까 하니(행 1:6).

그들도 물리적인 나라가 임하기를 기다리고 있었다. 그 나라는 언젠가 예수께서 백마를 타시고 "수만의 거룩한 자와 함께" 이 땅에 다시 오실 때 임할 것이다(유 1:14-15, 계 19:11-16 참조). 이렇게 지상의 문자적인 왕좌를 고대하느라 그들은 "하나님의 나라는 너희 안에 있느니라" 하신 그분의 말씀을 망각했다. 그래서 주님은 바리새인들에게 하셨던 것처럼 제자들의 생각을 바로잡아 주셨다.

> [그분이 재림하여 물리적인 나라를 세우실] 때와 시기는 아버지께서 자기의 권한에 두셨으니 너희가 알 바 아니요 오직 성령이 너희에게 임하시면 너희가 권능[내면의 하나님 나라]을 받고(행 1:7-8).

무엇 때문에 성령의 권능을 받아야 하는가? 하나님 나라를 진척시키기 위해서다! 이것은 그들뿐 아니라 우리에게도 해당되는 말씀이다. 베드로는 무리에게 "[성령의 능력으로 충만해진다는] 이 약속은 너희와 너희 자녀와 모든 먼 데 사람 곧 주 우리 하나님이 얼마든지 부르시는 자들에게 하신 것이라"(행 2:39)고 선포했다. 당신과 나도 틀림없이 그 수에 들어간다. 그래서 바울은 우리 모두에게 "하나님의 나라는 말에 있지 아니하고 오직 능력에 있음이라"(고전 4:20)고 했다. 일단 성령께서 오셔서 인간 안에 거하시면, 하나님 나라와 그 모든 능력이 믿는 자 안에 있게 된다! 이제 다른 사람들의 마음과 삶 속에 하나님 나라를 진척시킬 능력이 우리에게 있다. 그래서 하나님의 말씀에 "하나님의 나라는 먹는 것과 마시는 것이 아니요 오직 성령 안에 있는 의와 평강과 희락이라"(롬 14:17)고 했다.

요컨대 예수께서 사도들의 질문에 주신 답은 하나님 나라의 외적 수립이 아니라 내적 수립에 관한 것이다. 물론 내적으로 수립된 하나님 나라는 사람들의 삶에 외적으로 영향을 미치게 마련이다. 놀라운 사실은 이제 우리가 하나님 나라의 진보를 위해 예수께서 하신 일과 그보다 큰일도 할 수 있다는 것이다. 그분의 말씀을 다시 보라. "나라가 임하시오며[이미 임하였다] 뜻이 하늘에서 이루어진 것 같이 땅에서도 이루어지이다."

예수께서 천국의 삶을 이 땅에 이루신 방식을 살펴보자. 하나님 나라를 계시하시는 그분의 사명을 한 단어로 표현하면 의다. 성경에 "하나님의 나라는 … 의"(롬 14:17)라고 했다. 예수님은 우리에게 "먼저 그의 나라와 그의 의를 구하라"(마 6:33)고 하신다. 또 그분은 제자들에게 당신이 떠난 후 성령께서 오시면 "의에 대하여 … 세상을 책망하시리라 … 내가 아버지께로 가니"(요 16:8, 10)라고 말씀하셨다.

신약에 의의 뜻으로 가장 자주 쓰인 그리스어 단어는 디카이오수네(dikaiosyne)다. 「성경용어 주해 사전」에 보면 이 단어의 뜻은 애매한 구석이 없다. "모든 면에서 하나님이 받으실 만한 상태를 가리킨다." 간단히 말해서, 의란 "하나님 보시기에 옳다"는 뜻이다.

성경에 아주 분명히 말했듯이 "의인은 없나니 하나도 없"다(롬 3:10). 썩지 않는 씨인 하나님의 말씀으로 거듭나지 않는 한, 사람은 의롭게 즉 하나님 보시기에 받으실 만하게 될 수 없다. 그러나 바울은 분명히 말하고 있다. "한 사람이 순종하지 아니함으로 많은 사람이 죄인 된 것 같이 한 사람이 순종하심으로 많은 사람이 의인이 되리라"(롬 5:19). 그렇다면 우리가 의인이 되는 때는 지금인가, 아니면 나중에 천국에 들어가서인가? 지금까지 이 책에서 살펴본 내용을 통해 우리는 이미 답을 안다. 하나님의 말씀은 이렇게 선포한다.

> 하나님이 죄를 알지도 못하신 이를 우리를 대신하여 죄로 삼으신 것은 우리로 하여금 그 안에서 하나님의 의가 되게 하려 하심이라(고후 5:21).

이런 말씀도 있다.

> 너희는 ⋯ 그리스도 예수 안에 있고 예수는 ⋯ 우리에게 ⋯ 의로움[이] ⋯ 되셨으니"(고전 1:30).

예수께서 해주신 일 덕분에 우리는 지금 모든 면에서 하나님이 받으실 만한 상태다. 다시 말하지만, 이것은 우리의 칭의(稱義)를 가리키는 것이지 거룩한 행실을 가리키는 게 아니다. 하나님 앞에서의 바른 신분은 우리의 노력과 무관하며 그리스도를 통한 하나님의 놀라운 일에 근거한 것이다. 그리스도인들이 자신을 용서만 받은 못난 죄인이나 천한 버러지로 칭하는 말을 들으면 나는 참 슬프다. 하나님이 우리를 위해 그토록 비싼 값을 치르신 것은 용서하고 구원하기 위해서만 아니라 우리를 예수 그리스도의 형상과 모양으로 재창조하기 위해서다. 따라서 그런 식의 말은 성도가 내뱉을 말이 아니다.

내면의 하나님 나라는 무엇보다 먼저 하나님의 성품을 말한다. 그 성품이 우리에게 현 세상에서 거룩한 삶, 열매 맺는 삶을 살아갈 능력을 준다. 이 능력을 가장 확연히 볼 수 있는 지점이 예수님의 삶에서다. 그분은 인간이 어떻게 살도록 지음 받았는지 보여 주셨다. 그것은 타락한 육신의 불타는 욕망에 놀아나는 삶이 아니라 의가 원동력이 되고 사랑과 기쁨과 평안 가운데 성령의 능력이 추진력이 되는 삶이다. 용서와 치유와 회복이 넘치고, 다른 사람들을 차원 높은 삶으로 끌어올려 주는 삶이다. 이것이 하나님 나라다. 거룩하게 살 뿐만 아니라 죽어 가는 세상에 천국의 생활방식을 가져오는 삶이다.

예수님의 삶을 한마디로 요약하면 그렇다. 그분은 항상 베푸셨고, 치유와 해방을 주셨다. 우리는 의미 있고 성공적인 삶의 지혜를 알려 주시려는 그분의 열정을 성경 곳곳에서 쉽게 찾아볼 수 있다. 복음서를 보면 알수 있듯이 그분은 어둠에 처한 자의 빛, 죽은 자의 생명, 지친 자의 위로, 자유의 문, 잃은 자의 길, 혼란에 빠진 자의 진리, 지친 영혼의 목자, 힘없는 자의 구주, 포로를 속량하시는 분이다. 그밖에도 많다. 그분은 이 땅에 천국을 가져오셨다. 그래서 "나를 보는 것은 곧 아버지를 보는 것이다"(요 14:9, 메시지)라고 하셨다. 그런 주님이 우리에게 이렇게 도전하신다.

> 아버지께서 나를 보내신 것 같이 나도 너희를 보내노라(20:21).

얼마나 놀라운 말인가! 예수님이 그러셨듯이 우리도 이 땅에 천국을 가져와야 한다. 그래서 예수님은 "너희는 이것을 바로 알고 있어야 한다. 내가 보내는 사람을 맞아들이면 나를 맞아들이는 것과 같고, 나를 맞아들이면 나를 보내신 분을 맞아들이는 것과 같다"(요 13:20, 메시지)고 거듭 말씀하신다. 사실 당연히 그래야 한다. 예수님을 보는 것이 곧 아버지를 보는 것이었듯이 그리스도의 참 제자 하나를 보는 것이 곧 예수님을 보는 것이다.

이것은 우리 각자에게 얼마나 귀한 책임이며 또한 기회인가!

'여기에' vs '가까이'

이 모습은 복음서의 제자들에게서 희미하게 보인다. 아직 하나님 나라가 내면에 임하기 전인데도 말이다. 예컨대 제자들이 사역한 방식을 생각해 보라. "예수께서 그의 열두 제자를 부르사 더러운 귀신을 쫓아내며 모든 병과 모든 약한 것을 고치는 권능을 주시니라"(마 10:1). 이 특별한 능력(은혜)을 주신 뒤에 예수님은 그들에게 이렇게 지시하셨다.

가면서 전파하여 말하되 천국이 가까이 왔다 하고 병든 자를 고치며 죽은 자를 살리며 나병환자를 깨끗하게 하며 귀신을 쫓아내되(7-8절).

그들은 하나님 나라를 선포해야 했다. 하나님의 뜻은 하늘에서 이루어진 것 같이 땅에서도 이루어져야 했다. 사람의 삶 속에 천국의 기준에 부합되지 않는 상태가 있다면 바뀌어야 했다. 천국 사람들은 귀신에게 시달리지 않는다. 천국 사람들은 나병이나 그밖에 다른 병이 없다. 아프지도 않다. 물론 배가 고프지도 않다. 사도들이 받은 능력은 천국과 상반되는 이 땅의 요소들을 바꾸어 놓아야 했다! 알겠는가? 그래서 그들은 나가서 귀신을 쫓아내고, 각종 병을 고치고, 가난한 자들에게 먹을 것과 입을 것을 주고, 죽은 자들을 살렸다!

예수님은 물리적 필요를 채우는 부분에서도 제자들이 이 능력으로 움직이게 하려 하셨으나 그들은 놀라운 기회를 놓쳤다. 그들은 읍내나 마을에서 떨어진 외딴곳에 있었는데 음식이 부족했다. 배고픈 사람이 남자만 5천 명인데 음식이라고는 빵 다섯 개와 물고기 두 마리뿐이었다. 제자들은 큰 무리를 인근 마을들로 보내 음식을 구하게 하라고 예수님께 청했다. 그러나 예수님의 대답은 이랬다.

너희가 먹을 것을 주라(막 6:37).

그분은 제자들이 은혜의 능력을 활용하여 사람들의 필요를 채워 주기를 바라셨다. 천국에 결핍이 없듯이 그들에게도 결핍이 없어야 했다. 하지만 제자들은 그 가능성을 믿지 못하고 "우리가 가서 이백 데나리온의 떡을 사다 먹이리이까"(37절)라고 대답했다. 그들은 비범한 능력(당장 누릴 수 있는 값없는 은혜의 선물)이 아니라 여전히 자신의 능력으로 움직이고 있었다. 하는 수 없이 예수께서 직접 그 능력으로 무리를 먹이셔야 했다.

사람들을 각종 질병과 귀신의 억압에서 해방시키는 부분에서는 제자들도 큰 승리를 거두었다. 언젠가 그들은 현장 사역에서 돌아와 이렇게 말했다. "주여, 주의 이름이면 귀신들도 우리에게 항복하더이다"(눅 10:17). 병자들이 낫고 포로들이 해방되었다. 예수께서 말씀하신 대로 되었다.

그러나 여기 눈여겨볼 중요한 대목이 있다. 제자들은 천국이 가까이 왔다고만 선포해야 했다(마 10:7 참조). 반면 오순절이 되면서부터 천국은 더 이상 가까운 정도가 아니라 여기에 임했다!

지금 하나님 나라는 거듭나 성령으로 충만해진 사람들의 마음속에 있다. 그 나라가 이 땅에 사시던 예수님 안에 있었고 그분을 통해 나타나신 것과 같다. 최후의 만찬 때 이것이 더없이 분명해졌다. 예수님은 성령에 대하여 "그는 너희와 함께 거하심이요 또 너희 속에 계시겠음이라"(요 14:17)라고 말씀하셨다. 복음서에서는 성령께서 그들과 함께만 계셨고 천국은 가까이에 있었다. 그런데 예수님은 하나님 나라가 임하고 나면 성령께서 우리 안에, 내면에 계실 거라고 가르치셨다. 그래서 그분은 승천하시기 직전에 우리 모두에게 "아버지께서 나를 보내신 것 같이 나도 너희를 보내노라"(20:21)라고 말씀하셨다. 예수께서 하신 것처럼 사람들의 마음과 삶 속에 하나님 나라를 진척시킬 능력이 우리 내면에 있다. 모두가 그분의 놀라운 은혜 때문이다!

큰 은혜가 임하다

하나님 나라가 믿는 자들의 마음속에 임한 뒤로 벌어진 일을 간략히 살펴보자. 오순절 날 "그들이 다 성령의 충만함을 받"았다(행 2:4). 충만함을 받은 사람들은 예수님을 신실하게 따르던 120명이었다. 남녀 어른들은 물론 필시 아이들도 그날 하나님 나라를 받았다. 그중에는 사도, 선지자, 전도자, 목사, 교사도 있었지만 대부분은 그냥 예수님의 제자들이었다.

그날 120명 전원이 배워 본 적이 없는 외국어로 말했다. 그들은 하나님의 놀라운 일을 선포했다. 그 능력이 무리의 걸음을 멈추게 했다. 들어 보니 그 평민들이 하나님의 말씀을 자신들의 모국어로 풀어내고 있었다. 구경꾼들은 마침내 "이 어찌 된 일이냐"(12절)고 소리쳤다. 새 언약의 은혜 덕분에 3천 명이 하나님 나라에 들어왔다.

계속 읽어 보면 "사도들의 손을 통하여 민간에 표적과 기사가 많이 일어"났다고 했다(5:12). 특히 감동적인 기적이 하나 있었다. 베드로와 요한이 성전으로 향하고 있었는데 입구에 다다르자 지체장애인이 보였다. 늘 같은 자리에서 적선을 구하는 사람이었다. 돈을 달라는 그에게 베드

> **예**수께서 하신 것처럼 사람들의 마음과 삶 속에 하나님 나라를 진척시킬 능력이 우리 내면에 있다.

로는 이렇게 말했다. "은과 금은 내게 없거니와 내게 있는 이것을 네게 주노니 나사렛 예수 그리스도의 이름으로 일어나 걸으라"(3:6). 베드로에게 있는 이것은 무엇이었던가? 간단히 말하자면 하나님 나라다. 베드로는 천국의 일상적 생활 조건을 이 땅에 가져올 능력을 받았던 것이다.

날 때부터 지체장애인이던 사람이 자리에서 일어나 걷고 뛰며 하나님을 찬송했다. 이 사람에게 나타난 천국의 위력을 보고 많은 사람들이 베드로와 요한 주변에 모여들었다. 5천 명이나 되는 이들이 예수 그리스도를 영접하였고 하나님 나라는 이들에게도 전해졌다.

그러다 베드로와 요한이 체포되었다. 예수께서 십자가를 지기 전 하녀

앞에서 겁을 먹고 세 번이나 그분을 부인했던 베드로가 이제는 대제사장들 앞에 서서 당당히 예수님의 주님 되심을 선포했다. 지도자들은 베드로의 당당함에 당황하면서도 그의 말을 반박할 수 없었다. 평생을 걷지 못하던 사람이 자기들 앞에 멀쩡히 서 있었기 때문이다. 베드로와 요한은 결국 풀려났다.

그 뒤에 신자들이 기도하자 하나님의 능력으로 건물이 진동했다. 이어 성경은 이렇게 말한다.

> 사도들이 큰 권능으로 주 예수의 부활을 증언하니 무리가 큰 은혜를 받아(행 4:33).

큰 권능과 큰 은혜가 서로 연결되어 있는 것이 보이는가? 여기서도 은혜는 하나님 나라의 진보를 위해 주시는 능력이다.

은혜는 용서의 선물, 우리에게 주신 그분의 성품, 거룩한 삶을 사는 능력만이 아니다. 은혜는 하나님 나라의 진보를 위해 주시는 능력이기도 하다! 예수께서 하신 일과 그보다 더 큰일도 하는 능력이다.

처음에는 하나님이 이 능력을 각 신자에게가 아니라 사도들에게만 주신 줄로 알았다. 예수께서 최후의 만찬 때 그렇지 않다고 분명히 말씀하셨는데도 말이다. 다행히 이 오해는 풀렸다. 사도행전 5장에 보면 이제 베드로만 복음을 전하는 게 아니라 모든 신자들이 은혜의 능력을 통해 하나님 나라를 진척시키고 있다. "그들이 날마다 성전에 있든지 집에 있든지 예수는 그리스도라고 가르치기와 전도하기를 그치지 아니하니라"(42절). 베드로가 혼자서 예루살렘 모든 집에서 전도할 수는 없다. 그때는 텔레비전과 라디오도 없었다. 그러니 이 일이 어떻게 가능했을까?

답은 간단하다. 모든 신자들이 은혜로 움직인 것이다. 다음 구절에 보면 "그때에 제자의 수가 배가되고 있었는데"(6:1, NKJV)라고 되어 있다. 배가라는 단어가 처음 등장한다. 그전까지 사도들만 일할 때는 더한다는 말만 있었다. 몇 군데 예를 보자. "이 날에 신도의 수가 삼천이나 더하더라"(2:41). "주께서 구원 받는 사람을 날마다 더하게 하시니라"(2:47). "믿고 주께로 나아오는 자가 계속 더하니"(5:14, NKJV).

그런데 모든 신자들이 하나님의 은혜로 움직이기 시작하자 그냥 배가 정도가 아니라 심히 배가되었다는 말까지 등장한다. "하나님의 말씀이 점점 왕성하여 예루살렘에 있는 제자의 수가 더 심히 배가되고"(6:7, NKJV).

더하기(덧셈)와 배가(곱셈)는 크게 다르다. 오늘날 사도 베드로 같은 사역자 하나가 한 달에 만 명에게 전도하여 하나님 나라를 소개한다면 온 세상에 복음을 전하는 데 5만 년이 걸린다. 5만 년 동안 아무도 태어나거나 죽지 않을 경우에 그렇다. 물론 비현실적인 얘기다.

그렇다면 전도자 하나가 한 달에 5십만 명에게 전도한다면 어떨까? 온 세상에 복음을 전하는 데 천년이 걸린다. 이게 얼마나 긴 기간인지 느끼려면 천 년을 거슬러 올라가 보라. 그때는 미국이 없었다. 크리스토퍼 콜럼버스가 아직 태어나기도 전이니 그의 이름이 알려졌을 리 없고, 프랑스 왕 루이 14세나 영국의 사자 왕 리처드 1세도 마찬가지다. 이렇듯 천년은 아주 긴 시간이다. 그런데 온 세상에 복음을 전하는 데 꼭 그만큼의 시간이 걸리는 것이다. 천년 동안 아무도 태어나거나 죽지 않을 경우에 그렇다. 보다시피, 설령 한 달에 5십만 명에게 전도한다 해도 한 사람이 온 세상을 복음화하기란 불가능하다.

이에 비하여, 한 사람이 은혜의 능력으로 움직여 한 달에 한 명에게 전도하여 하나님 나라에 들어오게 한다고 하자. 다음 달에는 그 두 사람이 각각 두 명에게 전도하고, 다음 달에는 네 사람이 각각 두 명에게 전도하고, 다음 달에는 여덟 사람이 각각 두 명에게 전도한다. 그런 식으로 매달 계속한다. 이런 배가 과정을 거친다면 1년 10개월이면 모든 미국인에게 전도를 할 수 있다! 뿐만 아니라 2년 9개월이면 세상 모든 사람들에게 하나님 나라를 소개할 수 있다! 생각해 보라. 한 사람이 한 달에 두 명씩만 전도하면 텔레비전이나 라디오나 인터넷의 도움 없이도 전 세계가 복음을 듣는 데 3년도 채 걸리지 않는다!

초대교회에 벌어진 일이 바로 그것이다. 그래서 결국 이런 말씀이 나오게 된 것이다.

> 바울이 그들을 떠나 제자들을 따로 세우고 두란노 서원에서 날마다 강론하니라 두 해 동안 이같이 하니 아시아에 사는 자는 유대인이나 헬라인이나 다 주의 말씀을 듣더라(행 19:9-10).

아시아에 사는 모든 사람이 불과 2년 만에 하나님의 말씀을 들었다! 생각해 보면 놀라운 일이다. 모든 사람이다! 이 말을 잠깐 생각해 보자. 성경은 아무것도 과장할 수 없다. 뭔가를 실제보다 부풀려 말하면 과장이다. 내가 낚시를 다녀와서 "그 호수의 물고기를 싹 다 잡아 왔다"고 말한다면 그것은 그만큼 수확이 좋았다는 뜻이다. 실제로 호수의 물고기를 다 잡았을 리는 만무하다. 그것은 일종의 과장법이다. 솔직히 말하자면 거짓말이다. 그러나 성경은 거짓말이나 과장을 할 수 없다. 그러므로 모든 사람이 2년 만에 하나님의 말씀을 들었다고 했으면 정말 모든 사람이라는 뜻이다!

바울은 날마다 같은 학교에서 가르쳤으며, 따라서 아시아 전 지역의 모든 사람이 그 기간에 그 작은 학교를 거쳐 간다는 것은 불가능하다. 당시

소아시아 인구는 천백만 이상으로 추산된다! 바울의 가르침이 위성이나 유선 텔레비전으로 방송된 것도 아니고 라디오로 생중계된 것도 아니다. 그렇다면 실제로 그런 일이 어떻게 벌어졌을까? 답은 분명하다. 복음을 들은 신자들이 은혜를 깨닫고 하나님 나라를 전한 것이다.

평범한 신자들에게 임한 큰 은혜

사도행전 5장 이후에서 보면 알겠지만, 믿는 자들은 비범하게 행하여 하나님 나라의 방식을 이 땅에 드러냈다. 삶을 바꾸는 은혜가 그들에게 있었기 때문이다. 그것이 사람들을 구원하는 일이든, 환자들이나 귀신들린 자들을 치유하는 일이든, 타락한 문화에 천국의 고차원적 지혜를 풀어내는 일이든, 예수님을 따르는 그들은 그 일을 했다. 하나님 나라를 진척시켰다!

예루살렘 교회의 신실한 일원인 스데반은 사역과 관련하여 식당에서 일했다. 그는 식탁에서 시중을 들던 평범한 신자였다. 그런 그에 대해 성경이 뭐라고 말하는지 들어 보라.

> 스데반이 은혜와 권능이 충만하여 큰 기사와 표적을 민간에 행하니(행 6:8).

하나님 나라를 진척시키기 위한 큰 은혜는 사도들에게만 아니라 평범한 교인들에게도 임했다. 그때도 그것이 하나님의 뜻이었고, 지금도 하나님의 뜻이며, 앞으로도 하나님의 뜻이다! 스데반은 교회의 사도나 선지자나 전도자나 목사나 교사가 아니었다. 당신이나 나와 다를 바 없이 예수 그리스도의 평범한 제자였다. 그런 그가 큰 능력 즉 하나님의 은혜로 움직여 사람들 앞에서 큰 기적을 행했다.

스데반은 기적을 행했을 뿐 아니라 또한 지혜로웠다. 회당의 일부 열성 파들이 그와 변론을 벌였으나 그는 하나님의 은혜로 진리를 탁월하게 말했다. "스데반이 지혜와 성령으로 말함을 그들이 능히 당하지 못하여"(10절). 그는 "여러분, 나는 신학자나 사도가 아닙니다. 이 문제라면 우리 목사님께 말하세요"라고 하며 쉽게 물러설 수도 있었다. 그러나 그럴 필요가 없었다. 은혜 즉 그 순간의 필요에 부응할 수 있는 하나님의 능력이 그에게 있었기 때문이다.

이번 장 앞머리에서 보았던 바울의 말을 다시 상기해 보자. "하나님이 능히 모든 은혜를 너희에게 넘치게 하시나니 이는 너희로 모든 일에 항상 모든 것이 넉넉하여 모든 착한 일을 넘치게 하게 하려 하심이라"(고후 9:8). 겨우 달랑달랑한 은혜가 아니라 모든 상황에서 천국의 방식을 가져오는 데 필요한 은혜(하나님의 능력)가 우리에게 풍성히 있다는 말이다! 이 약속은 모든 신자들에게 유효하다.

스데반은 교회 지도자가 되지도 않았고 요즘 식의 전임 사역자도 아니었다. 하나님의 은혜로 경주를 탁월하게 끝낸 그냥 신자였다. 그가 이 땅을 떠나 천국으로 가기 전에 마지막으로 한 말은 이렇다.

> 그들이 큰 소리를 지르며 귀를 막고 일제히 그에게 달려들어 성 밖으로 내치고 돌로 칠새 ··· 그들이 돌로 스데반을 치니 스데반이 부르짖어 이르되 주 예수여 내 영혼을 받으시옵소서 하고 무릎을 꿇고 크게 불러 이르되 주여 이 죄를 그들에게 돌리지 마옵소서 이 말을 하고 자니라(행 7:57-60).

놀랍다. 그는 돌에 맞아 죽으면서도 자기를 죽이는 자들을 아낌없이 용서할 수 있는 은혜가 있었다. 예수께서 자기를 죽이는 자들을 용서하신 것처럼 말이다. 스데반이 그럴 수 있었던 것은 천국에는 용서하지 않는 마음이 없기 때문이다. 하나님 나라는 내면에 있다. 스데반은 가르쳤고, 큰 기적을 행했고, 예수 그리스도의 성품대로 살았고, 하나님 나라를 진척시켰다. 모두가 하나님의 놀라운 은혜로 된 일이다! 그는 그냥 예수 그리스도를 따르는 자였다.

아나니아라는 평범한 사람도 마찬가지였다. 성경에 보면 "그때에 다메섹에 아나니아라 하는 제자가 있더니"(행 9:10)라고만 되어 있다. 그가 교회의 사도나 선지자나 전도자나 목사나 교사였다는 기록이 없다. 아마 그는 사업가나 무역상이나 교사나 점원이나 이발사나 그 비슷한 무엇이었을 것이다. 그런 그에 대해 성경이 하는 말을 보라.

> 아나니아가 떠나 그 집에 들어가서 그에게 안수하여 이르되 형제 사울아 주 곧 네가 오는 길에서 나타나셨던 예수께서 나를 보내어 너로 다시 보게 하시고 성령으로 충만하게 하신다 하니 즉시 사울의 눈에서 비늘 같은 것이 벗어져 다시 보게 된지라(17-18절).

신약성경 전체에 다시는 등장하지 않는 이 평범한 신자가 말씀에 순종하여 바울의 눈에 안수하자 바울이 시력을 되찾았다. 얼마나 놀라운 일인가! 아나니아는 특별한 은사도 없었고 교회에서 기적을 행했다는 명성도 없었다. 그는 다만 필요한 은혜에 접속하여 하나님 나라의 진보에 자기 몫만 다하면 되었다. 그 은혜가 우리 모두에게 있다. 그리스도 예수 안에서 우리에게 값없이 주어진 은혜다.

예수께서 그것을 분명히 밝히신다. 일단 하나님 나라가 내면에 들어오면 우리는 그 나라를 진척시킬 수 있다. 사업가, 전업주부, 의사, 교사, 정비공, 학생, 정치가, 투자가, 부동산 중개사 등 우리의 직업이 무엇이든 상관없다. 그분은 하나님 나라의 진보를 우리 모두에게 위임하신다.

> 너희는 온 천하에 다니며 만민에게 복음을 전파하라 믿고 세례를 받는 사람은 구원을 얻을 것이요 믿지 않는 사람은 정죄를 받으리라 믿는 자들에게는 이런 표적이 따르리니 곧 그들이 내 이름으로 귀신을 쫓아내며 새 방언을 말하며 뱀을 집어 올리며 무슨 독을 마실지라도 해를 받지 아니하며 병든 사람에게 손을 얹은즉 나으리라(막 16:15-18).

보다시피 예수님은 믿는 자들 곧 신자들에게 능력을 주신다고 구체적으로 밝히셨다. 스데반도 바로 그 능력 곧 "은혜"로 움직여 하나님 나라의 진보를 위하여 "큰 기적"을 행했다. 이 말씀을 다음과 같이 옮긴 역본도 있다. "나를 믿는 모든 자는 놀라운 일을 할 수 있으리라"(17절, CEV). 예수님은 "사도들이나 전임 사역자들만"이라고 하지 않으셨다. 이 능력은 모든 믿는 자들의 것이다. 스데반, 아나니아, 빌립의 네 딸(행 21:9 참조), 예루살렘 신자들, 아시아 신자들이 그랬다. 그 목록은 계속되어 당신과 나에게까지 이른다. 예수 그리스도를 구주와 주님으로 믿고 성령으로 충만해진 모든 사람에게 이른다.

이제 아주 분명해졌기를 바란다. 은혜는 능력을 주시는 하나님의 임재이며, 우리가 이 땅에서 경건하게 살아갈 능력과 하나님 나라를 진척시킬 능력을 준다. 은혜는 우리 자신의 힘을 초월하는 능력이다. 하나님은 바울에게 "내 은혜가 네게 족하도다 이는 내 능력이 약한 데서 온전하여짐이라"고 말씀하셨다. 그것을 깨달은 바울은 이렇게 즐거이 고백했다. "도리어 크게 기뻐함으로 나의 여러 약한 것들에 대하여 자랑하리니 이는 그리스도의 능력[은혜]이 내게 머물게 하려 함이라"(고후 12:9).

은혜는 삶의 모든 영역에서 우리 자신의 힘을 초월하는 능력을 준다. 그리하여 하나님을 기쁘시게 하며 비범하게 살게 해준다. 하나님이 그렇게 정하신 이유는 간단하다. 모든 영광이 우리에게가 아니라 그분께 돌아가도록 하기 위함이다.

마게도냐 교인들을 보라. 그들은 헌금할 돈이 많지 않았지만 자신의 힘에 의존하지 않았다. 바울은 하나님의 은혜에 의지했던 그들에 대해 이렇게 자랑하고 있다.

> 형제들아 하나님께서 마게도냐 교회들에게 주신 은혜를 우리가 너희에게 알리노니 환난의 많은 시련 가운데서 그들의 넘치는 기쁨과 극심한 가난이 그들의 풍성한 연보를 넘치도록 하게 하였느니라 내가 증언하노니 그들이 힘대로 할 뿐 아니라 힘에 지나도록 자원하여(고후 8:1-3).

마게도냐 신자들은 최대한 힘껏 드렸다. 그러나 거기서 그치지 않고 하나님의 능력에 힘입어 넘치도록 많은 헌금을 드렸다. 하나님이 모든 영광을 받으셨다!

은혜는 우리 힘을 뛰어넘는 능력을 준다. 그래서 비범한 것이다! 나는 나 자신의 삶과 다른 수많은 사람들의 삶 속에서 그것을 보았다. 나의 경우를 말하자면 나는 20년 동안 전임으로 국내외를 돌아다니며 사역해 왔고, 어떤 때는 한 달의 27일을 집을 떠나 생활할 때도 있다. 십대와 이십대인 우리 자녀들도 모두 전심으로 하나님을 사랑하고 섬긴다. 아내와 나는 지금처럼 깊이 사랑했던 적이 없고 결혼생활 역시 이렇게 좋았던 적이 없다. 사람들은 종종 나를 보며 묻는다. "어떻게 그렇게 합니까? 어떻게 1년에 3십만 킬로미터 이상을 돌아다니고, 계속 책을 쓰고, 늘 활기차고, 건강한 가정생활을 유지합니까?" 나는 그냥 씩 웃으며 대답한다. "하나님의 은혜입니다!"

나는 내 연약함을 안다. 그분의 은혜를 떠나서는 내가 아무런 쓸모도 없는 존재라는 것도 안다. 내가 기술자 일을 그만두고 사역에 들어섰을 때 나의 어머니가 그랬었다. "존, 일시적인 변덕이겠지. 넌 항상 일을 하다가 중간에 그만두곤 하잖니. 이번 일도 아마 몇 년 안에 그만두게 될 거야." 뜨끔했다! 맞는 말이었다. 하나님의 놀라운 은혜를 알기 전에는 나는 하는 일마다 중간에서 관두었다. 이런 지구력 부족은 내 인간관계에도 고질적으로 되풀이되었다. 그래서 결혼을 할 때도 혹시 아내에게 싫증이 나지는 않을까 걱정이었다. 하지만 사실은 정반대다. 나는 아내를 30여 년 전 결혼할 때보다 지금 더 사랑한다. 사역에 대해서도 25년 전 처음 시작할 때보다 지금이 더 뜨겁다. 어떻게 이럴 수 있을까? 나는 하나님의 은혜를 알기 이전의 내 연약함을 절대로 잊지 않는 법을 마음속 깊이 배웠다. 내게 은혜가 주어졌고 그래서 이제는 불가능한 일도 할 수 있다. 그분의 은혜 덕분에 내 인간적 힘을 초월하여 비범한 일을 이룰 수 있다. 영광은 모두 그분의 몫이다!

참 서글프게도, 이 놀라운 하나님의 은혜가 수많은 기독교 진영에서 한낱 화재보험으로 전락해 버렸다. 정말 그것은 아니다! 은혜는 우리를 용서하고, 구원하고, 재창조하며, 거룩한 삶을 살 능력을 주는 하나님의 선물이다. 힘에 지나도록 내면의 하나님 나라를 진척시킬 수 있는 능력도 은혜에서 온다. 은혜는 우리를 영원한 죽음에서 구할 뿐 아니라 삶의 모든 영역에서 비범하게 살아갈 능력을 준다.

　그래서 이제 우리는 이 책의 가장 중요한 질문에 도달한다. 하나님의 자녀라면 누구나 다 이 놀라운 은혜의 능력 가운데 살아야 하는데 실제로 그렇지 못한 이유는 무엇인가? 답을 들을 준비를 하라. 이 대목에서 정말 좋은 메시지가 기다리고 있다!

part 3

믿음으로
은혜에
접속하라

12

은혜의 선물은
믿음을 통해 얻는다

Extraordinary: Life You're Meant to Live

모든 은혜는 그분의 말씀 안에 들어 있다. 은혜
라는 선물을 유효하게 하려면, 반드시 그분의
말씀을 믿어야 한다.

은혜는 우리 각자에게 주시는 하나님의 선물이며 노력이나 공로로 얻
어 낼 수 없는 것이다. 무엇보다도, 지금까지 말한 은혜는 어느 특정인들
에게만이 아니라 만인에게 주어진 것이다.

그 점을 염두에 두고 우리가 던져야 할 질문이 있다. "그렇다면 이 은
혜가 어디서 단절되었는가? 수많은 그리스도인들이 하나님의 은혜와 상
관없이 살아가는 이유는 무엇인가? 은혜의 증거가 왜 이리 적은 것일까?"
사도 바울은 이렇게 분명히 답한다.

우리 주 예수 그리스도로 말미암아 하나님과 화평을 누리자 또한 그

로 말미암아 우리가 믿음으로 서 있는 이 은혜에 들어감을 얻었으며 (롬 5:1-2).

이 구절의 핵심 단어는 들어감이다. 그리스어 단어로는 프로사고게 (prosagoge)인데, 여러 그리스어 사전에 따르면 "접근"이라는 의미를 가지고 있다. 웹스터 사전에는 "접근하거나 들어가거나 대화하거나 이용할 수 있는 능력 및 권리나 허가"로 정의되어 있다. 이와 비슷한말은 "입장"이다.

이 단어의 다양한 쓰임새를 생각해 보라. 컴퓨터에서 정보를 얻으려 하는데 암호를 몰라 접근이 거부된다. 백악관에 들어가 대통령을 만나고 싶은데 신원 조회를 거치지 않아 입장이 거부된다. 고등학교 야구부 주장에게 연습 장비가 필요한데 장비를 둔 창고의 문이 잠겨 있어 들어갈 수 없다. 어떻게 해야 할까? 코치를 찾아 창고에 들어갈 열쇠를 받아야 한다.

> 우리가 은혜에 참여하느냐 그렇지 못하느냐의 여부를 결정짓는 요인은 믿음이다.

이 단어의 뜻을 보여 주는 예가 또 있다. 당신 집의 우물이 말라 식수가 절실히 필요하다고 하자. 길 저쪽에 있는 시의 대형 물탱크에 수백만 갤런의 식수가 들어 있다. 당신은 시민이므로 물탱크의 물을 마음껏 쓸 권리가 있지만 접근로가 없다. 물을 무제한 공급하는 물탱크의 주 송수관이 당신 집 옆으로 지나간다. 어떻게 해야 할까? 시에 가서 송수관의 물을 집 안으로 끌어들일 허가를 받으면 된다. 그 다음에는 근처 철물점에 가서 PVC 파이프를 산다. 마당을 파서 PVC 파이프를 통해 송수관을 집으로 연결시킨다. 이제 물이 집 안으로 들어온다. 접근로가 생겼기 때문이다.

간단히 말해서, 믿음은 은혜의 송수관이다. 바울의 말을 다시 들어 보

라. "우리가 믿음으로 서 있는 이 은혜에 들어감을 얻었으며." 의미를 확실히 부각시키기 위해 물 예화에 쓰인 표현을 대입해 보자. "믿음의 송수관을 통해 우리가 필요한 모든 은혜의 물에 접근로를 얻었으며."

우리가 은혜에 참여하느냐 그렇지 못하느냐의 여부를 결정짓는 요인은 믿음이다. 믿음이 아닌 다른 방식으로는 여태까지 이 책에서 신중히 살펴본 그 은혜에 들어갈 수 없다! 이 점을 염두에 두고 다음의 중요한 사실을 되풀이해 말한다. 은혜는 하나님을 기쁘시게 하는 데 필요한 능력이다. 그래서 성경은 이렇게 말한다.

믿음이 없이는 하나님을 기쁘시게 하지 못하나니(히 11:6).

AMP에는 "믿음이 없이는 하나님을 기쁘시게 하고 만족시켜 드릴 수 없다"고 되어 있다. 왜 그럴까? 믿음이 없이는 우리에게 송수관이 없고, 따라서 은혜에 접속되지 못하기 때문이다. 우리 힘으로는 하나님을 기쁘시게 할 수 없다. 그것은 오직 은혜로만 가능함을 잊지 말라.

믿음의 파이프를 연결하라

우리가 이 세상을 살아가는 데 필요한 모든 것이 하나님의 말씀 안에 들어 있다. 베드로의 마지막 서신을 보라.

그의 신기한 능력[은혜]으로 생명과 경건에 속한 모든 것을 우리에게 주셨으니 … 이로써 그 보배롭고 지극히 큰 약속을 우리에게 주사 이 약속으로 말미암아 너희가 … 신성한 성품에 참여하는 자가 되게 하려 하셨느니라(벧후 1:3-4).

여기서 두 가지 중요한 진리를 볼 수 있다. 첫째, 생명(비범한 삶)에 속한 모든 것이 그분의 말씀이라는 보배로운 약속 안에 있다. 둘째, 경건한 삶에 필요한 모든 것은 은혜라는 한 단어로 압축된다. 그러니까 사실상 하나님의 은혜가 그분의 말씀 안에 들어 있다고 해도 된다. 성경에 보면 신자들이 "오래 있어 주를 힘입어 담대히 말하니 주께서… 자기 은혜의 말씀을 증언하시니"(행 14:3)라고 했다. 기자는 일부러 "[그분의] 은혜의 말씀"이라는 표현을 썼다. 사도행전 뒷부분에 가면 바울이 참으로 사랑하는 사람들에게 준 마지막 권고가 나온다.

> 지금 내가 여러분을 주와 및 그 은혜의 말씀에 부탁하노니 그 말씀이 여러분을 능히 든든히 세우사 거룩하게 하심을 입은 모든 자 가운데 기업이 있게 하시리라(20:32).

"그[분의] 은혜의 말씀"이라는 표현이 또 나온다. 다시 말해서, 모든 은혜(모든 신령한 복을 받을 수 있도록 하나님이 주시는 능력)는 그분의 말씀 안에 간직되어 있다. 그래서 성경은 예수께서 "그의 능력의 말씀으로 만물을 붙드시며"(히 1:3)라고 했다. "그의 말씀의 능력"이 아니라 분명히 "그의 능력의 말씀"이다. 전자라면 그분의 말씀에 능력이 있다는 뜻밖에 없을 것이다. 그러나 성령의 기록 방식을 보면, 그분의 모든 능력과 모든 은혜가 말씀 속에 들어 있음을 분명히 알 수 있다!

우리에게 은혜를 주시는 이유는 우리가 착하거나, 하나님을 사랑하거나, 성실하거나, 사역을 열심히 하거나, 진정으로 하나님을 기쁘시게 하려는 마음이 있거나, 좋은 사람들과 어울리거나, 기타 무엇 때문도 아니다. 모든 은혜는 그분의 말씀 안에 들어 있다. 은혜라는 선물을 유효하게 하려면, 즉 그 선물에 접속되려면, 반드시 그분의 말씀을 믿어야 한다.

> 그들과 같이 우리도 복음 전함을 받은 자이나 들은 바 그 말씀이 그들에게 유익하지 못한 것은 듣는 자가 믿음과 결부시키지 아니함이라(히 4:2).

이 구절은 이스라엘 자손에 관한 말씀이다. 비유적으로, 하늘의 모든 복이 그들의 집 바로 옆으로 지나갔으나 그들은 믿음의 PVC 파이프를 연결하지 않았다. 그래서 하나님이 비범한 삶을 살라고 공급해 주시는 놀라운 복을 받지 못했다. 단순히 그들이 믿지 않았기 때문이다.

성경 기자는 우리를 이스라엘에 빗댄다. 우리 집 옆에도 은혜의 복이 흐르고 있다. 이스라엘 백성의 경우보다 더 큰 언약의 약속들이다. 그러나 믿음의 파이프로 연결하지 않으면 은혜의 유익을 누릴 수 없다. 접속되어 있지 않기 때문이다.

믿음과 결부된 말씀만이 효력이 있다

앞에서 살펴본 은혜의 몇 가지 측면을 그런 각도에서 살펴보자. 성경은 "하나님이 세상을 이처럼 사랑하사 독생자를 주셨으니 이는 그를 믿는 자마다 멸망하지 않고 영생을 얻게 하려 하심이라"(요 3:16)라고 말한다. 예수님은 온 세상 모든 사람의 속량물이 되셨다. 베드로가 더 자세히 설명한다. "오직 주께서는 너희를 대하여 오래 참으사 아무도 멸망하지 아니하고 다 회개하기에 이르기를 원하시느니라"(벧후 3:9). 하나님은 예수 그리스도로 말미암는 구원을 주셨을 뿐 아니라 또한 모든 사람이 그 구원을 받기를 원하신다. 한 사람도 예외 없이 영원한 죽음에서 구원받는 것이 그분의 마음이요 뜻이다.

그러나 모두가 다 구원받지 못하는 것이 현실이기도 하다. 사실 예수님에 따르면 인류의 다수가 구원받지 못한다. 예수님은 말씀하신다. "좁은 문으로 들어가라 멸망으로 인도하는 문은 크고 그 길이 넓어 그리로 들어가는 자가 많고 생명으로 인도하는 문은 좁고 길이 협착하여 찾는 자가 적음이라"(마 7:13-14).

왜 인류의 소수만 천국에 들어가고 다수는 영원히 지옥에 가는 것일까? 예수 그리스도께서 온 인류를 하나님 나라에 들어가게 하시려고 그토록 큰 고통과 고뇌와 희생을 치르셨거늘 왜 그것을 찾는 자는 그토록 적은 것일까? 말씀이 그들에게 유익하지 못한 것은 말씀을 믿음과 결부시키지 않기 때문이다.

요한복음 3장 16절 말씀을 다시 보라. "이는 그를 믿는 자마다 멸망하지 않고." 믿어야 한다. 믿음이다. 바울의 말을 들어 보라.

> 너희는 그 은혜에 의하여 믿음으로 말미암아 구원을 받았으니 이것은 너희에게서 난 것이 아니요 하나님의 선물이라(엡 2:8).

은혜는 하나님의 선물이다. 은혜만이 우리가 용서받고 새롭게 되어 천국에 들어갈 수 있는 유일한 길이다. 그러나 분명히 은혜는 믿음의 송수관을 통해서만 받을 수 있다. "그러므로 사람이 의롭다 하심을 얻는 것은 … 믿음으로 되는 줄 우리가 인정하노라"(롬 3:28). 믿음의 송수관이 없이는 은혜도 없다. 아무리 풍성히 공급해 주셔도 나의 것이 되지 못한다.

바울은 "그런즉 그들이 믿지 아니하는 이를 어찌 부르리요 듣지도 못한 이를 어찌 믿으리요 전파하는 자가 없이 어찌 들으리요"(롬 10:14)라고 했다. 믿고 구원을 받으려면 "그분의 은혜의 말씀"을 들어야 한다.

그러나 물리적인 귀로 듣는 것은 시작일 뿐이다. 바울은 계속해서 "그러나 그들이 다 복음을 순종하지 아니하였도다"(16절)라고 말한다. 왜 복음을 들어도 모두가 다 믿는 것은 아닐까? 많은 이유가 있지만 바울은 다음 절에 주된 이유를 밝힌다.

그러므로 믿음은 들음에서 나며 들음은 그리스도의 말씀으로 말미암았느니라(17절).

잘 보면 바울은 두 가지 들음을 지적하고 있다. 하나는 물리적인 귀로 듣는 것이고, 또 하나는 마음으로 듣는 것이다. 예수님이 항시 반복하신 말씀이 있다. "귀 있는 자는 들을지어다"(마 11:15, 13:9, 43, 막 4:9, 23, 7:16, 눅 8:8, 14:35). 예수님을 따르던 청중들은 물리적으로는 그분의 말씀을 들었는지 몰라도 마음으로는 듣지 못했던 것 같다. 마음이 곧 믿음의 자리라서 그렇다.

우리 마음은 고귀하고, 갈급하고, 반응할 의향이 있는 상태에서 듣게 된다(눅 8:15 참조). 그런 상태일 때 은혜의 말씀이 들려오면 받는다. 그리고 오직 말씀만이 우리 존재의 핵을 꿰뚫을 수 있다. "하나님의 말씀은 살아 있고 활력이 있어 좌우에 날선 어떤 검보다도 예리하여 혼과 영[을]… 찔러 쪼개기까지 하며"(히 4:12). 찌른다는 말은 뚫고 지나가 뜻하는 목적지에 들어가는 것이다. 하나님의 말씀만이 우리의 의식적 사고나 지성이나 감정을 뚫고 지나가, 참 믿음이 싹트는 곳인 우리 존재의 핵에 들어갈 수 있다. 그것을 알기에 우리는 하나님의 말씀 – 전통, 리더십 원리, 철학적 관념, 하나님 개념 등이 아니라 – 이 얼마나 중요한지 다시금 인식한다. 말씀만이 뚫고 들어가 참 믿음을 낳을 수 있다.

믿음에 수반되는 말

마음으로 듣는 것은 굉장히 중요하다. 정신적 의식이나 뜨거운 감정이나 지적 동의로 구원을 받는 것이 아니기 때문이다. 구원은 사람이 마음으로 믿어 의에 이를 때 가능하다(롬 10:10). 이것은 우리 존재의 핵에서 생겨나는 참 믿음이다. 많은 사람들이 이것을 복잡하게 만들었지만 사실은 아주 간단하다. 믿음이란 하나님이 자신의 말씀대로 하실 분임을 깊이 받아들이는 것이며, 거기서 말의 시인과 순종의 행위가 따라온다. 수반되는 말과 행동은 우리가 이미 마음으로 하나님의 말씀을 붙잡고 있다는 증거일 뿐이다. 아주 간단하다. 그런데 이것을 통 깨닫지 못하는 사람들이 아주 많다.

믿음에 수반되는 말과 행동에 대해 간략히 살펴보자. 그 둘은 사람이 은혜에 들어감을 얻었다는 증거다.

우선, 믿음은 고유의 언어가 있다. 바울은 "믿음으로 말미암는 의는 이같이 말하되"(롬 10:6)라고 썼다. 또 "기록된바 내가 믿었으므로 말하였다 한 것 같이 우리가 같은 믿음의 마음을 가졌으니 우리도 믿었으므로 또한 말하노라"(고후 4:13)라고 했다. 이렇듯 참 믿음은 말하는 특정한 방식이 있다.

예수님이 말씀하신다.

하나님을 믿으라 내가 진실로 너희에게 이르노니 누구든지 이 산더러 들리어 바다에 던져지라 [말]하며 그 말하는 것이 이루어질 줄 믿고 마음에 의심하지 아니하면 [말한] 그대로 되리라(막 11:22-23).

예수님의 강조점을 잘 보면, 하나님을 믿는 참 믿음은 그 믿는 바대로 말한다. 이것이 믿음의 언어다. 사실 23절 한 절에만 말한다는 말이 세 번이나 반복되는데 믿는다는 말은 딱 한 번만 나온다. 진정한 믿음은 믿는 대로 말한다. 그래서 예수님은 "마음에 가득한 것을 입으로 말함이라"(마 12:34)라고 하셨다. 빤히 정답임을 알고 하는 말은 믿음의 증거랄 것도 없다.

사람들은 평소에 믿는 대로 말을 하게 된다. 시편 기자도 "내가 믿었으므로 말하였다"(116:10, NKJV)라고 했다. 믿음이 먼저이고 말은 그 증거로 따라오는 것이다. 다급해지거나 의식적으로 사고하지 않을 때 우리 입에서 나오는 바가 실제로 우리가 믿는 바다. 그것이 우리의 믿음이나 믿음 없음의 증거다.

제자들이 경험했던 한 사건에서 이 진리를 생생히 볼 수 있다. 예수님은 온종일 하나님 말씀과 믿음의 원리를 가르치셨다. 그러고 나서 제자들에게 물으셨다. "이 모든 것을 깨달았느냐."

그들의 대답은 "그러하오이다"(마 13:51)였다. 그들이 그날의 가르침을 정말 깨달았는지의 여부가 곧 시험대에 오른다. 성령께서 예수님의 마음속에 갈릴리 바다를 건너갈 생각을 주셨다. 건너편의 한 귀신들린 사람을 해방시켜 주기 원하셨던 것이다. 예수님은 "우리가 저편으로 건너가자"(막 4:35)라고 하셨다.

제자들이 배에 오르자 여정이 시작되었다. 그들 중에는 이 바다에 수없이 나가 본 노련한 어부도 몇 있었다. 예수님은 바쁜 하루 일과에 지쳐서 배 뒤쪽에서 잠드셨다.

강풍을 동반한 큰 풍랑이 일었다. 배에 물이 차기 시작했고 해안은 보이지 않았다. 노련한 뱃사람들은 이러다 죽겠다는 결론에 도달했다.

그들의 반응을 보라. "제자들이 깨우며 이르되 선생님이여 우리가 죽게 된 것을 돌보지 아니하시나이까 하니"(막 4:38). 그들은 마음에 가득한 것을 입으로 부르짖었다. 믿음의 언어가 아니라 오감의 언어로 말했다. 믿음이 없었기 때문이다. "우리가 저편으로 건너가자" 하신 예수님의 말씀을 듣고도 그랬으니 더 비극이다. 그분은 "자, 다들 배 타고 반쯤 가다 물에 빠지자"라고 하지 않으셨다.

그분의 말씀을 그들은 마음의 귀로 듣지 않고 물리적인 귀로 들었다. 결국 그분이 일어나 거센 풍랑에게 "잠잠하라 고요하라"(39절)라고 명하신 후에야 마음을 진정시킬 수 있었다. 주님은 그들을 보시며 말씀하셨다. "어찌하여 이렇게 무서워하느냐 너희가 어찌 믿음이 없느냐"(40절). 다급해진 그들의 입에서는 믿음의 언어가 나오지 않았다. 그들은 마음에 가득한 것을 말했고, 믿음이 없으니 바다를 건너는 데 필요한 은

> **참** 믿음은 믿음대로 말할 뿐 아니라 그에 맞게 행동하며 결국 은혜의 능력을 드러낸다.

혜에 접속할 수 없었다. 따라서 그들은 감당 못할 역경에 떠밀려 인간의 힘으로 움직여야 했다.

제자들은 그날 예수께서 가르치신 내용을 다 깨닫고 믿노라고 말했다. 하지만 상황이 다급해지자 실제 그들의 마음속에 있는 것이 불쑥 튀어나왔다. 풍랑 속에서 그들이 한 말은 비범한 세계의 언어가 아니라 보통 사람들이 으레 할 만한 말이었다.

믿음에 수반되는 행동

믿음에 수반되는 행동에 관해서는 사도 야고보가 분명히 말한다. "내가 행함이 없는 믿음을 보여 줄 수 없듯이, 여러분도 믿음 없는 행함을 보여

줄 수 없습니다"(약 2:18, 메시지). 물탱크 예화로 다시 돌아가 이 말씀을 더 설명해 보자. 수도관을 설치하여 연결시킨 증거는 수도꼭지에서 흘러나오는 물이다. 주 송수관을 집으로 끌어들였다고 부엌 싱크대 앞에 서서 당당히 소리칠 수야 있지만, 수도꼭지를 틀어도 물이 나오지 않는다면 사실은 수원과 단절된 것이다.

은혜와 믿음도 마찬가지다. 당신은 "나는 은혜로 구원받았다"고 연신 소리치고, 하나님의 선하심을 자랑하고, 사랑을 말하고, 기타 기독교 어휘를 구사할 수 있다. 하지만 수반되는 행동(하나님을 기쁘시게 하는 생활방식 같은)이 없는 한 당신의 믿음은 속빈 재잘거림이다. 그래서 예수님은 "이러므로 그들의 열매[생활방식]로 그들을 알리라"(마 7:20)라고 말씀하셨다. 사도 야고보도 그분의 말씀에 힘을 싣는다.

> 내 형제들아, 만일 사람이 믿음이 있노라 하고 행함이 없으면 무슨 유익이 있으리요 그 믿음이 능히 자기를 구원하겠느냐 … 어떤 사람은 말하기를 너는 믿음이 있고 나는 행함이 있으니 행함이 없는 네 믿음을 내게 보이라 나는 행함으로 내 믿음을 네게 보이리라 하리라 네가 하나님은 한 분이신 줄을 믿느냐 잘하는도다 귀신들도 믿고 떠느니라 아아 허탄한 사람아, 행함이 없는 믿음이 헛것인 줄을 알고자 하느냐 우리 조상 아브라함이 그 아들 이삭을 제단에 바칠 때에 행함으로 의롭다 하심을 받은 것이 아니냐 네가 보거니와 믿음이 그의 행함과 함께 일하고 행함으로 믿음이 온전하게 되었느니라 … 이로 보건대 사람이 행함으로 의롭다 하심을 받고 믿음으로만은 아니니라 … 영혼 없는 몸이 죽은 것 같이 행함이 없는 믿음은 죽은 것이니라(약 2:14, 18-22, 24, 26).

강경한 말이지만 우리가 귀담아 들어야 할 말씀이다. 야고보서는 갈라디아서나 로마서, 기타 어느 서신서나 다른 복음서와 마찬가지로 하나님의 감동으로 기록된 신약의 한 책이다. 야고보는 그리스도인의 능력 없는 삶을 초래한 지적인 동의에서, 그리고 무엇보다도, 기만에서 우리를 보호하고 있다. 머리로는 동의하면서 주 동력원(은혜)에는 접속하지 않는 우리의 오류를 지적하고 있다. 영혼 없는 인간의 몸이 죽은 것처럼 삶에 거룩함과 의로움의 열매가 없으면 믿음도 죽었거나 진짜가 아니다.

야고보는 "우리 모든 사람의 조상"(롬 4:16)이요 믿음의 조상이라 일컫는 아브라함 이야기를 꺼낸다. 아브라함은 아들을 약속 받았지만 그것을 굳게 믿기까지 오랜 세월이 걸렸다. 그는 본명이 아브람이었으나 하나님이 말씀하신 바를 이루실 분임을 굳게 믿으면서부터 그분의 지시에 따라 아브라함으로 개명했다. "여러 민족의 아버지"라는 뜻이다.

사람들이 아브라함을 어떻게 생각했을까? 99세의 그가 말한다. "이보게들, 내 이름은 더 이상 아브람이 아니라 아브라함(여러 민족의 아버지)일세." 사람들은 그가 노망이 들었다며 웃었을 것이다. "아브람이 늙더니 실성을 했네. 현실까지 부정하는구먼." 하지만 다른 사람들이 뭐라고 말하거나 생각하든 상관없었다. 아브라함은 마음으로 믿었기 때문이다. 그래서 그의 말과 행동이 따라 나왔다.

약속된 아이가 태어나기 전에 아브라함은 믿은 대로 말했고 말한 대로 되었다. 그의 삶에 은혜의 능력을 굳혀 준 것은 믿음의 말과 짝을 이룬 믿음의 행동이었다. 성경이 아브라함에 대해 뭐라고 말하는지 보라.

성경에서 우리가 늘 읽는 말씀, 하나님께서 아브라함에게 하신 말씀이 바로 이것 아닙니까? "내가 너를 많은 민족의 조상으로 세운다."

아브라함은 먼저 "조상"이라 불렸고, 그런 다음에 조상이 된 것입니다. 그것은 오직 하나님만이 하실 수 있는 일을, 하나님께서 하실 것으로 그가 담대히 신뢰했기 때문입니다. 하나님께서는 죽은 사람들을 살리시고, 말씀으로 무에서 유를 만들어 내시는 분이십니다. 아무 희망이 없었음에도 불구하고, 아브라함은 믿었습니다. 아브라함은 자신의 눈에 보이는 불가능한 것을 근거로 살지 않고, 하나님께서 하시겠다고 말씀하신 약속을 근거로 살기로 결단한 것입니다. 그러므로 그는 허다한 민족의 조상이 되었습니다. 하나님께서 친히 그에게 말씀하셨습니다. "아브라함아, 너는 장차 큰 민족을 이룰 것이다!"

아브라함은 자신의 무력함에 집중하지 않았습니다. 그는 "소망이 사라졌다. 백 살이나 먹은 이 늙은 몸으로 어떻게 아이를 볼 수 있겠는가" 하고 말하지 않았습니다. 또 사라가 아기를 낳지 못한 수십 년을 헤아리며 체념하지도 않았습니다. 그는 하나님의 약속 주위를 서성거리며 조심스레 의심 어린 질문을 던지지도 않았습니다. 그는 그 약속 안으로 성큼 뛰어들었습니다. 그러고는 굳센 자, 하나님을 위해 준비된 자, 말씀하신 바를 이루실 하나님을 확신하는 자가 되어 나왔습니다(롬 4:17-21, 메시지).

보다시피 아브라함의 믿음은 행동으로 입증되었다. 그는 믿음이 있어 보이려고 특정한 행동을 한 것이 아니다. 거꾸로, 믿음이 먼저 있었고, 확신에 찬 말과 그에 상응하는 행동이 믿음에 뒤따라왔다.

세월이 지나 아브라함은 믿음의 증거를 또 한 번 보이게 된다. 하나님은 그에게 모리아 땅으로 가서 이삭을 제물로 바치라고 하셨다. 이 요구가 얼마나 어려웠을지 상상이 가는가? 25년을 기다려서 받은 죽도록 사랑하는 약속의 아들인데 이제 하나님이 아브라함에게 그 아들을 죽이라 명하신 것이다. 그런데도 성경에 뭐라고 기록했는지 보라. "아브라함이 아침에 일찍이 일어나 나귀에 안장을 지우고 … 그의 아들 이삭을 데리고 번제에 쓸 나무를 쪼개어 가지고 떠나 하나님이 자기에게 일러 주신 곳으로 가더니"(창 22:3). 얼마나 놀라운 믿음인가! 아브라함은 흔들리거나 망설이지 않았다. 이튿날 아침에 떠났다. 그토록 소중한 아들을 죽이는 일에 어찌 그리 신속할 수 있단 말인가? 포기하고 길을 떠날 때는 떠나더라도 왜 그 전에 몇 주 동안 감정과 싸우지도 않은 것인가? 아브라함 자신의 말에 분명한 답이 나온다.

> 제삼 일에 아브라함이 눈을 들어 그곳을 멀리 바라본지라 이에 아브라함이 종들에게 이르되 너희는 나귀와 함께 여기서 기다리라 내가 아이와 함께 저기 가서 예배하고 우리가 너희에게로 돌아오리라 하고 (창 22:4-5).

아브라함은 왜 이삭을 제물로 바칠 것이면서 "우리가 너희에게로 돌아오리라"고 말하는가? 이것은 그가 믿음이 있었기에 가능한 말이었다. 이삭을 통해 큰 나라를 이루시겠다는 하나님의 약속과 선포를 그는 믿음으로 꼭 붙들었다. 그래서 하나님이 어떻게든 제물의 잿더미에서 이삭을 다시 살리시리라고 결론지었다. "아브라함은 … 약속들을 받은 자로되 그 외아들을 드렸느니라 그에게 이미 말씀하시기를 네 자손이라 칭할 자는 이삭으로 말미암으리라 하셨으니 그가 하나님이 능히 이삭을 죽은 자 가운데서 다시 살리실 줄로 생각한지라"(히 11:17-19).

아브라함은 제단을 쌓고 이삭을 묶어 제단에 올린 뒤 칼을 들었다. 정말 그를 죽이려는 찰나였다. 그때 하나님이 하늘에서 그를 부르셨다. "그 아이에게 네 손을 대지 말라 그에게 아무 일도 하지 말라 네가 네 아들 네 독자까지도 내게 아끼지 아니하였으니 내가 이제야 네가 하나님을 경외하는 줄을 아노라"(창 22:12). 아브라함에게 수반된 순종의 행위는 그가 참으로 하나님을 경외했고 세상 무엇보다도 그분의 말씀을 믿었다는 증거다. 그의 행동은 믿음의 증거였을 뿐이다.

그래서 야고보는 아브라함에 대해 이렇게 말한다.

> 네가 보거니와 믿음이 그의 행함과 함께 일하고 행함으로 믿음이 온전하게 되었느니라 이에 성경에 이른 바 아브라함이 하나님을 믿으니 이것을 의로 여기셨다는 말씀이 이루어졌고 그는 하나님의 벗이라 칭함을 받았나니 이로 보건대 사람이 행함으로 의롭다 하심을 받고 믿음으로만은 아니니라(2:22-24).

하나님은 우리에게 신약의 믿음을 가르치시려고 아브라함의 이야기를 고르셨다. 그래서 사도 바울은 "그러나 이것은 아브라함에게만 해당되는 이야기가 아닙니다. 이것은 우리 이야기이기도 합니다!"(롬 4:23-24, 메시지)라고 썼다.

이 동일한 원리들이 우리에게도 적용된다. 참 믿음은 믿음대로 말할 뿐아니라 그에 맞게 행동하며 결국 은혜의 능력을 드러낸다.

아브라함의 본을 따라

한 번 더 송수관의 비유로 돌아가 보자. 우리가 궁극적으로 구해야 할 것은 믿음의 송수관이 아니라 수도꼭지에서 흘러나오는 은혜의 물이다.

송수관은 그것을 전달해 주는 도관일 뿐이다. 그러므로 최종 목표는 믿음이 아니라 믿음의 결과 즉 은혜다. 우리는 은혜로 용서함을 받고 그분의 형상으로 변화된다. 의롭게 살아가며 이 땅에 천국을 이루는 능력(한마디로, 하나님을 기쁘시게 하는 원동력)도 은혜로 받는다.

바울은 율법으로 살아가는 사람들의 잘못을 늘 지적했는데, 그런 사람들은 의를 인간의 행위로 얻어 내는 것이라고 가르쳤다. 선행을 하고 모세의 계명을 지키고 하나님의 규례를 범하지 않으면 천국에 들어가게 해주신다는 것이다. 하지만 이것은 예수님 외에 누구도 할 수 없는 일이다. 이런 가르침은 사람들에게서 자유와 능력을 앗아간다.

똑같은 사고방식이 그리스도인의 삶에도 스며들 수 있다. 사람들은 하나님의 은혜로 지옥에서 건짐받았다는 것을 믿으면서도, 한편으로 하나님의 복은 내 힘으로 계명을 다 지켜야만 받을 수 있다고 잘못 믿고 있다. 물론 이런 입장을 취하면 다시 인간이 조종석에 앉게 된다. 하나님의 복을 내 노력과 선함과 공로로 얻어 내야 하기 때문이다.

이것은 율법주의적인 사고이며 은혜의 능력과 참 믿음을 가로막는다. 방금 살펴본 아브라함의 예와는 방향이 거꾸로다. 그는 먼저 믿었다. 그러자 능력이 뒤따라왔다. 율법주의의 덫에 갇힌 사람들에게 바울은 이렇게 썼다. "너희가 이같이 어리석으냐 [영적으로 새로운 삶을] 성령으로 시작하였다가 이제는 육체[에 의존함으]로 마치겠느냐"(갈 3:3).

은혜에 접속되는 유일한 길은 하나님의 말씀(계시된 성경)을 믿는 것이다. 믿으면 그 결과로 능력을 입는다. 육체로 살지 않고 은혜의 자리인 성령 안에 머물기로 선택하는 한, 우리 삶은 하나님을 기쁘시게 할 수 있다. 그러므로 만족은 우리의 노력에 있지 않고 오직 하나님께 있다.

청소년기에 아버지가 찰톤 헤스톤 주연의 영화 〈십계〉를 보여 주셨다. 영화를 보는 동안 나는 마음이 심히 찔렸다. 그때 나는 불경한 삶을 살던 반항아였는데, 그 영화가 내 죄를 들추어냈다. 나는 땅이 갈라져 다단과 그의 반역자 친구들을 삼키는 장면을 보며 무서움을 느꼈다.

나는 내 수많은 죄를 미친 듯이 회개하며 극장을 나왔다. 그리고 그날부터 경건한 삶을 살기로 굳게 결심했다. 그 결과 내 삶은 변했다. 한 일주일 정도 갔다. 하지만 다시 이전의 행동 습성으로 돌아갔다. 나는 왜 경건한 삶을 원하면서도 그렇게 살 수 없었을까? 답은 간단하다. 은혜로 능력을 입지 못했던 것이다. 회개는 있었지만 은혜가 없었다. 믿음으로 내 삶을 예수 그리스도께 드리지 않았기 때문이다. 그래서 동일한 죄의 본성이 여전히 나를 지배했던 것이다.

몇 년 후에 나는 예수 그리스도를 주님으로 영접했다. 진심으로 믿었고 내 삶을 그분께 넘겨드렸다. 내 삶과 행동 습성에 꽤 변화가 나타났다. 하지만 많은 면에서 나는 여전히 능력 없는 그리스도인의 삶을 살고 있었다. 내 안에 무엇이 있는지 몰랐기 때문이다. 내 새로운 본성도 몰랐고, 그리스도 안에서 내가 하나님의 의가 되었다는 사실도 몰랐다. 내가 용서받았고 더 이상 지옥이나 연옥에 가지 않는다는 것만 알았다.

얼마 후에 나는 경건하고 거룩한 삶의 중요성을 배웠다. 그래서 하나님을 기쁘시게 하려는 일념으로 나 자신에게는 물론 다른 사람들에게도 거룩한 생활방식을 요구했다. 결과는 혼란과 상처였다. 나는 가장 가까운 사람들을 불편하게 만들었고, 그래서 나를 피하는 사람들도 있었다. 나는 인정사정없는 율법주의자였고 내 안에는 긍휼이라곤 없었다. 성령으로 시작한 내가 이제 내 힘으로 마치려 하고 있었다.

시간이 가면서 하나님은 이 책에 쓴 내용을 내게 말씀을 통해 계시해 주셨다. 나는 능력과 만족이 내게 있지 않고 그분께 있음을 깨달았다. 영화 〈십계〉만 보고서 경건한 삶을 살 수 없었던 것처럼, 신자가 되어서도 나는 믿음으로 은혜에 접속하지 않고는 하나님을 기쁘시게 섬길 수 없었다. 한마디로 나는 은혜의 능력 없이 경건한 삶을 살려고 했던 것이다. 그건 불가능한 일이다.

말씀에 보면 하나님은 그분의 백성이 "지식이 없으므로" 망하거나 포로로 사로잡힌다고 하셨다(호 4:6, 사 5:13 참조). 나는 은혜의 능력에 대한 지식이 없었다. 내 마음속에 그것은 실체가 아니었다. 그러니 내가 그토록 원했던 능력에 접속되지 않은 것은 당연했다. 믿음이 없었으니 하나님을 기쁘시게 하는 삶을 살 수 없었다. 나는 예수님의 피가 내 모든 죄를 깨끗하게 한 것과 내가 천국에 가게 된 것만 믿었을 뿐이다. 오늘날 수많은 사람들이 그렇듯이 내 삶은 극히 평범했고 어떤 부분에서는 패배의 삶이었다.

사실을 직시해야 한다. 우리의 능력으로는 경건한 삶을 살 수 없고, 하나님을 기쁘시게 할 수도 없다. 아브라함의 예를 잊어서는 안 된다. 그는 주변 환경에 떠밀려 불가능한 것을 근거로 살지 않고, 하나님께서 하시겠다고 말씀하신 약속을 근거로 살기로 결단했다. 아브라함은 믿었다. 그가 할 수 있는 일은 그것뿐이었고, 그것으로도 충분했다. 사라와 아브라함이 약속된 자녀를 낳을 수 없었듯이 우리도 내 힘으로는 내 삶을 향한 하나님의 계획을 이룰 수 없다. 유일한 해답은 그냥 겸손하게 믿는 것이다. 그렇게 할 때 우리는 그리스도의 초월적 능력에 접속된다. 단순히 믿음으로 그리된다. 승리하는 사람과 패배하는 사람이 여기서 갈라진다. 전자는 믿음이 있으나 후자는 없다. 믿음이 없이는 하나님을 기쁘시게 할 수 없다.

13

은혜 안에서
자신의 실체를
발견하라

Extraordinary: Life You're Meant to Live

하나님의 말씀을 통해 자신을 보는 눈이 바뀌
고 또 그것을 마음으로 정말 믿으면, 신성한 성
품의 능력에 접속되어 하늘 아버지께 영광을
돌릴 수 있다. 우리 자신에 관한 진리를 믿는
게 관건이다.

값없이 주어지는 은혜일지라도 우리는 오직 믿음으로 그 은혜에 들어
갈 수 있다. 믿음으로만 풍성한 은혜에 접속되는 것이다. 이 진리를 머리
와 마음속에 새길 수 있다면 부정확한 감정, 불리한 상황, 원수의 거짓말
에 잘못 이끌리는 일을 면하게 된다. 중요한 것은 우리가 얼마나 착하거나
진실하거나 적극적이냐가 아니다. 하나님의 말씀을 믿는 것이 전부다.

하나님이 어떻게 우리를 그분 보시기에 의롭게 하시는지를 이 기쁜
소식이 말해 준다. 이 일은 처음부터 끝까지 믿음으로 이루어진다(롬
1:17, NLT).

처음 하나님의 가족이 된 날부터 그분을 대면하여 뵙는 날까지 그리스도인의 전체 여정에서 가장 중요한 것은 우리의 시각과 청각과 경험보다 하나님의 말씀을 믿는 것이다. 아니 믿음이 전부다. 보다시피 "그것이 전부다"라는 말이 자꾸 나오는데 이것은 과장이 아니다. 정말 믿음이 전부다. 그래서 성경은 "나의 의인은 믿음으로 말미암아 살리라"(히 10:38)라고 말한다.

하나님은 겸손한 자들에게 은혜를 주신다

당신은 이렇게 물을 수 있다. "하지만 겸손은 어떤가? 성경에 '하나님이… 겸손한 자에게 은혜를 주신다'(약 4:6)고 하지 않았는가?" 물론 그렇다. 하지만 겸손한 자라는 것도 자신의 느낌이나 생각이나 소원보다 하나님의 뜻을 믿고 순종하는 자가 아니겠는가? 성경은 이렇게 말한다.

> 보라 그의 마음은 교만하며 그 속에서 정직하지 못하나 의인은 그의 믿음으로 말미암아 살리라(합 2:4).

성경에서 교만은 믿음의 반대 개념이다. 이 구절은 이렇게 바꿔 써도 된다. "보라 그의 마음은 겸손하지 못하며 그 속에서 정직하지 못하나 의인은 그의 믿음으로 말미암아 살리라." 분명히 겸손과 믿음은 함께 다닌다. 교만과 불신도 마찬가지다. 하나님을 믿지 않는다는 것은 내가 그분보다 더 잘 안다는 것이며, 그분의 판단보다 내 판단을 더 믿는 것이다. 불신은 다름 아닌 위장된 교만이다.

예를 들어 보자. 이스라엘 백성이 광야에 있을 때, 그들은 정탐꾼을 보내 약속의 땅을 정탐하게 했다. 하나님은 모세에게 "사람을 보내어 내가 이스라엘 자손에게 주는 가나안 땅을 정탐하게 하"라(민 13:2)고 명하셨다.

지도자 열두 명(지파별로 대표 한 명씩)이 보냄을 받았다. 그런데 그중 열은 아주 겸손했고 둘은 아주 교만했다(장난으로 그렇다 치자). 일행은 40일 동안 정찰을 마치고 약속의 땅에서 돌아왔다. 겸손한 열 사람이 먼저 일어나 말했다. "우리가 그 땅을 정탐해 보니 과연 젖과 꿀이 흐르는 땅이더이다. 우리가 가져온 이 열매를 보시오! 하지만 거인들과 강한 군대들이 진치고 있습니다. 그들은 백전노장들인데다 무기도 우리보다 훨씬 나아요. 현실을 직시합시다. 우리는 갓 해방된 노예의 무리에 지나지 않고 게다가 처자식도 생각해야 되오. 사랑하는 그들을 어찌 전투와 고문과 강간과 죽음으로 내몰 수 있겠는가? 우리는 좋은 아버지와 남편이 되어야 합니다. 그래서 상황의 실체를 보고하건대 그 땅을 차지하는 일은 불가능하다고 할 수 있소"(민 13-14장 참조).

무리는 그들의 겸손과 '지혜'를 칭찬하며 박수를 보냈다. 보고를 들은 대다수 부모들은 분명히 그 열 사람의 온유한 품행에 감사했을 것이다. 이스라엘 백성은 이런 말로 스스로를 위로했다. "이 사람들이 미리 가 본 것이 얼마나 다행인가. 자기네 자존심 때문에 우리를 위험에 빠뜨릴 수도 있는데 그렇지 않으니 얼마나 훌륭한 지도자들인가. 이들의 상식이 아니었다면 우리는 어찌 되었겠는가?"

'교만한' 지도자 갈렙과 여호수아가 불쑥 말을 막으며 외친다. "잠깐! 지금 다들 뭐하고 있는 거요? 당장 가서 그 땅을 차지해야 하오. 우리는 할 수 있어요! 그 땅을 우리에게 주시겠다고 약속하신 하나님의 말씀이 있지 않소. 그 땅을 정복하러 갑시다!"

다른 지도자 열이 갈렙과 여호수아에게 어떻게 반응했을지 상상이 되는가? "무슨 소리냐? 입 닥쳐라, 이 이기주의자들아. 정신이 나갔느냐?

너희도 그 군대를 보았다. 그들은 백전노장들이다. 한낱 노예의 무리인 우리는 그들에게 상대가 안 된다. 너희는 처자식과 국익을 생각하지 않고 있다. 너희는 교만하고 무모한 이상주의자다!"

무리는 한숨을 짓는다. "휴, 저렇게 지혜로운 쪽에서 물러서지 않고 버티니 감사할 뿐이야. 열둘 중 대다수가 겸손하고 신중해서 참 다행이야. 그들까지 모두 갈렙과 여호수아처럼 이기주의자라면 우리는 어찌될 뻔했을까?"

갑자기 하나님이 끼어들어 말씀하신다. "이 백성이 어느 때까지 나를 멸시하겠느냐 … 어느 때까지 나를 믿지 않겠느냐"(민 14:11). 분명히 그분은 그들을 기뻐하지 않으셨다. 겸손처럼 들린 말이 전혀 겸손이 아니었기 때문이다. 사실 그들의 불신은 교만이었다. 그들은 모든 계산의 근거를 자기들의 힘에 두었다. 하나님은 선지자 예레미야를 통해 이렇게 말씀하셨다. "무릇 사람을 믿[는] … 그 사람은 저주를 받을 것이라 … 그러나 무릇 여호와를 의지하며 여호와를 의뢰하는 그 사람은 복을 받을 것이라"(렘 17:5, 7).

정탐꾼 열 명은 거인들이 얼마나 큰지를 보았고 전투에 대한 전망의 근거를 인간의 힘에 두었다. 그러나 갈렙과 여호수아는 적에 비해 하나님이 얼마나 크신지를 보았고 판단의 근거를 전적으로 하나님의 힘에 두었다. 이들 둘은 결국 복을 받았고 다른 열 명은 저주를 받았다. 진짜 겸손한 지도자들과 교만한 지도자들은 누구였던가? 하나님이 보시기에 열 명은 교만했고 단 두 명만이 겸손했다.

하나님을 믿으려면 진정한 겸손이 필요하다. 나 자신의 능력이 아니라 그분의 능력에 의지해야 하기 때문이다. 그래서 하나님은 "보라, 그의 마음은 교만하며 그 속에서 정직하지 못하나 의인은 그의 믿음으로 말미암아 살리라"라고 말씀하신다.

자신에 관한 진리를 믿어야 한다

무엇보다도 우리 각자가 "믿음에 굳게 서"는(골 2:7) 것이 중요하다. 믿음에 굳게 서면 하나님의 마음과 목적에서 쉽게 멀어지지 않는다. 바울의 사명은 보냄 받은 사람들의 "믿음이 부족한 것을 보충"하는(살전 3:10) 것이었고, 물론 거기에는 우리도 포함된다. 다른 역본에는 바울의 이 말이 "무엇이든 너희 믿음이 부족하고 모자란 것을 보충하고 메우려" 한다고 되어 있다(AMP). 내가 이 책을 쓰지 않을 수 없었던 것도 동일한 목적 때문이다. 지금 나는 신약의 계시를 조심스레 훑으면서 우리의 정체가 무엇이고 그리스도 안에서 우리에게 주어진 것이 무엇인지 살펴보고 있다. 이 계시된 은혜를 읽으면서 당신 역시 자신의 정체를 발견하고 있으리라 믿는다.

그것을 분명히 이해하는 데 도움이 될 만한 예화가 있다. 당신이 왕의 아들로 태어났다고 가정해 보자. 당신은 장차 나라의 왕위를 계승하여 통치할 후계자이다. 그런데 어떤 나쁜 사람들이 당신이 태어나자마자 당신을 납치하여 왕궁에서 멀리 떨어진 시골 오지로 데려간다. 이 악당들은 당신을 키우면서, 당신이 가난하게 태어났고 바보이고 낙오자이며 무엇보다도 노예라고 계속 주입시킨다. 결과는 어떻게 될까? 비록 당신이 왕족의 후손일지라도 자라면서 노예처럼 말하고 생각하고 행동하고 살아갈 것이다.

당신의 아버지인 왕은 오랜 세월 동안 여러 구조대를 보내 당신을 찾는다. 광대한 나라를 20년 가까이 샅샅이 뒤진 어느 날, 구조대가 당신을 찾아내어 왕궁으로 구해 온다. 왕위를 이을 자가 제자리로 돌아오자 왕궁에서는 성대한 잔치가 벌어진다.

하지만 제자리로 돌아왔어도 당신의 행동 습성이 바뀌려면 고도의 훈련과 재학습이 필요할 것이다. 왕궁에서 맞이하는 당신의 첫날이 상상이 되는가? 당신은 자리에서 일어나 왕궁 텃밭과 외양간으로 나가 아침식사 거리를 챙길 것이다. 과일과 채소와 갓 짠 우유를 들고 궁으로 돌아오는 당신에게 수행원들이 물을 것이다. "왕자님, 뭐하시는 겁니까?"

"아침식사를 차리려는 겁니다." 당신은 대답한다.

그들이 말한다. "그건 하인들이 알아서 합니다. 최고의 요리를 만드는 왕궁의 요리사도 있고요." 얼마 후 당신은 방으로 돌아가 이불을 개고, 방을 치우고, 욕조에서 빨래를 한다. 수행원들이 다시 묻는다. "왕자님, 뭐하시는 겁니까?"

"방을 치우고 옷을 빠는 겁니다."

"청소와 빨래는 하녀들이 합니다." 그들이 말한다.

당신이 노예로 지낼 때는 이런 문제에 선택의 여지가 없었다. 당신에게 허용된 삶은 그것뿐이었다. 당신은 사나운 주인에게 식사를 대령하고, 남은 찌꺼기를 먹고, 자신의 옷은 물론 주인의 옷까지 빨아야 했다. 모든 면에서 밑바닥 노예의 삶이었다.

물론 당신이 첫날 왕궁에서 보인 행동은 좀 심하긴 해도 쉽게 바뀔 것이다. 청소와 요리를 하인들에게 맡기는 일은 그리 어렵지 않다. 그러나 오랜 세월 동안 당신 존재의 세포 하나하나 속에 주입된 것들을 털어 내는 일은 더 어려울 것이다. 깊은 차원에서 당신의 전반적인 사고 과정과도 씨름해야 할 것이다. 당신의 사고방식, 대인관계 방식, 결정 방식을 다 뜯어고쳐야 할 것이다. 당신의 노예근성을 양파 껍질 벗기듯 한 풀 한 풀 벗겨 왕자의 의식으로 대체해야 한다. 비록 왕위 계승자일지라도 당신은 여러 면에서 이전에 배운 대로 살아갈 것이다. 왕자처럼 사고하려면 당신의 잠재의식을 재학습시켜야 한다. 자신의 새로운 정체가 무엇이며 왕자의 자원을 지녔다는 것이 무슨 의미인지 배워야 한다. 그러려면 시간과 노력이 필요하다.

바울이 하는 말이 바로 그것이다. 우리 각자는 '평범한 삶'의 노예로 태어났다. 이제 우리는 해방되어 '비범하게' 생각하고 믿어야 한다. 바울의 소원은 "무엇이든 너희 믿음이 부족하고 모자란 것을 보충하고 메우려"는(살전 3:10, AMP) 것이었다. 나 자신이 해방되지 않은 사람들과 다를 바 없다고 생각하면, 우리도 그들처럼 평범하게 살게 된다. 세상 시스템의 노예가 되어 그간 배운 대로 사는 것이다. 그러나 하나님의 말씀을 통해 자신을 보는 눈이 바뀌고 또 그것을 마음으로 정말 믿으면, 우리는 하늘의 왕족답게 살게 된다. 비범한 세상이 펼쳐지는 것이다!

하나님은 우리 존재의 핵 깊숙이 자리한 자아상을 고쳐 주신다.

> **하**나님을 믿으려면 진정한 겸손이 필요하다. 나 자신의 능력이 아니라 그분의 능력에 의지해야 하기 때문이다.

그러나 너희는 택하신 족속이요 왕 같은 제사장들이요 거룩한 나라요 그의 소유가 된 백성이니 이는 너희를 어두운 데서 불러내어 그의 기이한 빛에 들어가게 하신 이의 아름다운 덕을 선포하게 하려 하심이라(벧전 2:9).

우리를 사랑하사 그의 피로 우리 죄에서 우리를 해방하시고… 우리를 [왕]으로 삼으신 그에게(계 1:5-6).

성령이 친히 우리의 영과 더불어 우리가 하나님의 자녀인 것을 증언하시나니 자녀이면 또한 상속자 곧 하나님의 상속자요 그리스도와 함께한 상속자니(롬 8:16-17).

당신은 온 우주의 왕이신 그분의 상속자다! 왕의 족속이다. 하나님의 아들딸이자 통치자로 구별되었다. 우리는 그것을 알아야 하고 마음으로 믿어야 한다. 그래야만 신성한 성품의 능력에 접속되어 하늘 아버지께 영광을 돌릴 수 있다.

우리 자신에 관한 진리를 믿는 게 관건이다. 믿지 않으면 하나님이 공급해 주시는 놀라운 은혜와 연결될 수 없다.

지극히 크신 능력이 우리 안에 거한다

우리의 새로운 본성에는 고유한 능력이 들어 있는데, 지금부터 믿음이 그 능력에 어떤 역할을 하며 어떻게 천국의 보급품을 이 땅에 가져오는지 더 깊이 살펴보자. 바울은 "내가 나 된 것은 하나님의 은혜로 된 것"(고전 15:10)이라고 담대히 말했다. 얼마나 귀한 고백인가! "내가 나"라고 말할 수 있다는 것은 자신이 누구인지 확실히 안다는 뜻이다. 그것은 믿음의 언어다. 의심도 없고 몸부림도 없고 의문도 없다. 그것이 진리임을 내면으로 알기에 당당히 말한다. 이 말에는 결론적 성격이 들어 있다. 사람들에게 이렇게 말하는 것이다. "나를 뭐라고 불러도 좋다. 내 천한 과거나 보잘것없는 집안을 비난해도 좋다. 패배할 운명이라 말해도 좋다. 그중 어느 것도 나를 바꾸지 못한다. 나는 내가 누구인지 안다. 내 신분의 기초는 내 행위나 자격이 아니다. 나는 그것을 믿음으로 받았다. 나는 예수님과 하나다. 모두가 하나님의 은혜다!"

바울은 그 동일한 실체가 자신만이 아니라 모든 그리스도인들의 마음 속에도 있기를 간절히 기도했다. 그는 우리를 위하여 이렇게 간구했다.

> 너희 마음의 눈을 밝히사 그의 부르심의 소망이 무엇이며 성도[그분의 구별된 자들] 안에서 그 기업의 영광의 풍성함이 무엇이며 그의 힘의 위력으로 역사하심을 따라 믿는 우리에게 베푸신 능력의 지극히 크심[과 측량할 수 없는 무한함]이 어떠한 것을 너희로 알게 하시기를 구하노라 그의 능력이 그리스도 안에서 역사하사 죽은 자들 가운데서 다시 살리시고(엡 1:18-20).

바울은 우리 믿는 자들 안에 측량할 수 없는 무한한 능력이 있다고 말한다. 믿는다는 단어가 핵심이다. 다시 말해서, 이 능력은 믿음이 있는 자들에게만 주어진다. 바울의 기도 내용은 한마디로 이런 것이다. "나는 하나님께 너희가 하나님의 은혜로 자신의 정체를 알 수 있게 해 달라고 기도한다. 왜냐하면 세상을 이기는 믿음이 너희에게 있게 하기 위해서다."
요한이 이 점을 더 밝혀 준다.

> 그[하나님]의 계명들은 무거운 것이 아니로다 무릇 하나님께로부터 난 자마다 세상을 이기느니라 세상을 이기는 승리는 이것이니 우리의 믿음이니라(요일 5:3-4).

하나님의 계명들이 짐스럽거나 너무 어렵지 않은 까닭은 그것을 지킬 능력까지 우리에게 주셨기 때문이다. 하나님의 율법은 구약 백성에게 그랬던 것처럼 더 이상 우리를 속박하지 않는다. 오히려 우리는 즐거이 그분의 길로 행할 능력을 받았다. 이 능력은 믿음으로만 접속이 가능하다. 그래서 요한은 모든 믿지 않는 자를 죄의 노예로 묶어 두는 세상의 지배를 이기는 것이 "믿음"이라고 선포한 것이다. 그래서 성경은 "우리가 믿음으로 행하고 보는 것으로 행하지 아니함"(고후 5:7)이라 했다. 다시 말해서, 우리는 보고 듣고 맛보고 만지고 냄새 맡는 것으로 사는 게 아니라 믿음으로 산다. 하나님의 말씀에 어긋나는 것은 모두 변하게 되어 있다. 그분의 말씀만이 영원하다. 그러므로 우리의 초점은 늘 변하는 환경이 아니라 하나님의 말씀에 있다.

또한 바울은 "그의 부르심의 소망이 무엇이며 성도[그분의 구별된 자들] 안에서 그 기업의 영광의 풍성함이 무엇[인지를] … 너희로 알게 하시기를" 간절히 구한다. 우리가 죄의 노예인 상태에서 건짐 받았을 뿐만 아니라 또한 천국 왕의 상속자가 되었음을 깨닫게 해 달라는 기도다. 그래서 그는 예수님을 죽은 자들 가운데서 다시 살리신 측량할 수 없는 무한한 능력이 우리에게도 동일하게 주어졌다고 덧붙여 말한다. 얼마나 놀라운 일인지 생각해 보라!

그리스어로 '능력'은 두나미스(dunamis)다. 힘, 능력, 권능으로 정의된다. 「세이어 그리스어-영어 사전」에 보면 "사물에 내재된 고유한 힘"으로 풀이되어 있다. 바울의 기도에 꼭 들어맞는 정의다. 지금 우리가 말하는 능력도 내재된 능력이다. 요한복음 말씀을 다시 떠올려 보라. "우리가 다 그의 충만한 데서 받으니 은혜 위에 은혜러라"(1:16). 하나님의 은혜는 우리에게 그분의 충만함에서 조금도 모자라지 않은 새로운 본성을 주었다. 거기 내재된 능력은 예수님을 죽은 자들 가운데서 다시 살리신 바로 그 능력이다. 너무 좋아서 이해를 초월할 정도다!

예수님을 죽은 자들 가운데서 다시 살리신 바로 그 능력이 우리 안에 거한다. 그래서 귀신들은 당신이 당신에게 주어진 은혜를 깨닫게 될까봐 두려워한다. 원수는 은혜를 '화재보험'이나 '만능 덮개'로 전락시키려고 늘 혈안이 되어 있다. 당신이 자신의 정체를 깨닫게 되면 원수에게는 큰 위협이 될 것이기 때문이다. 원수들은 당신이 비범하게 살며 하늘 아버지께 큰 기쁨이 될 것을 두려워한다.

예수께서 왜 "나를 믿는 자는 내가 하는 일을 그도 할 것이요 또한 그보다 큰일도 하리니"(요 14:12)라고 했는지 이제 알겠는가? 그분은 우리에게 "너희가 내 안에 거하고 내 말이 너희 안에 거하면[믿음] 무엇이든지 원하는 대로 구하라 그리하면 이루리라 너희가 열매를 많이 맺으면 내 아버지께서 영광을 받으실 것이요"(15:7-8)라고 말씀하신다. 하나님은 우리가 예수님처럼 살 때 영광을 받으신다. 예수께서 값비싼 대가를 치르시고 우리를 무능력한 삶에서 해방시키셨는데 우리가 무능력하게 쩔쩔맨다면 하나님께 영광이 되지 않는다. 우리는 생명 안에서 통치하도록 지음 받았다. 그렇다, 생명 안에서 왕 노릇하는 것이다. 바울의 말을 들어 보라.

> 더욱 은혜와 의의 선물을 넘치게 받는 자들은 한 분 예수 그리스도를 통하여 생명 안에서 왕 노릇 하리로다(롬 5:17).

이 말은 우리가 평범함을 뛰어넘어야 한다는 뜻이다. 우리의 삶은 더 이상 현상 유지가 아니다. 우리는 이제 추종자가 아니라 영향력을 미치는 자다. 당신이 교사라면 지식과 지혜를 전달하는 가장 창의적이고 혁신적인 방식들을 내놓아야 한다. 다른 교사들이 당신의 뛰어난 실력에 놀라야 한다. 당신이 디자이너라면 첨단을 걷는 참신하고 독창적인 아이디어가 나와야 한다. 그 분야의 선도자가 되어야 한다. 당신이 사업가라면 시대를 앞서가는 창의적인 아이디어와 예리한 마케팅 전략을 내놓아야 한다. 무엇이 수익성 있고 무엇이 그렇지 않은지 알아야 한다. 당신은 사야 할 때와 팔아야 할 때를 안다. 다른 사업가들이 당신의 성공 비결을 알아내려고 머리를 긁적일 것이다.

당신이 전업주부라면 살림에서 상상력과 궁휼과 지혜가 풍부해야 한다. 사람들이 당신을 찾아와 조언을 구할 것이다. 그들의 자녀가 아플 때 당신이 예수님처럼 손을 얹으면 나을 것이다. 요컨대, 생명의 통치자인 우리는 우리 안에 있는 지극히 크신 능력으로 사람들의 필요를 채워 준다. 이것이 세상을 이기는 승리, 곧 우리의 믿음이다! 그 믿음 때문에 우리는 생명 안에서 왕 노릇한다.

우리는 왜 그냥 믿지 않는 것일까? 우리의 믿음은 왜 이렇게 복잡할까? 왜 우리는 지상에서 가장 창의적이고 혁신적이고 매력 있고 현명한 사람들이 되어 사회 모든 분야에서 앞서가는 경건한 삶, 승리의 삶을 누리지 못하는 것일까? 왜 우리는 궁휼로 병자들을 낫게 하고 포로들을 풀어 주지 못하고 있는가?

바울이 위와 같이 기도한 이유는, 믿음만 있으면 누구나 누릴 수 있는 놀라운 능력을 우리로 하여금 깨닫게 하기 위해서다. 그래서 그는 뒤이어 이렇게 선포한다.

> 우리 가운데서 역사하시는 능력대로 우리가 구하거나 생각하는 모든 것에 더 넘치도록 능히 하실 이에게 교회 안에서와 그리스도 예수 안에서 영광이 대대로 영원무궁하기를 원하노라 아멘(엡 3:20-21).

알겠는가? 하나님은 "우리가 구하거나 생각하는 모든 것에 더 넘치도록 능히 하실" 분이다. 하나님이 우리를 통해 그리고 우리를 위해 하실 수 있는 일의 규모를 설명하려고 바울이 동원한 수식어가 보이는가? 그분의 능력은 보좌에서 주기적으로 또는 천사를 통해 어쩌다 한 번씩 주시는 것이 아니다. 예수께서 사도들을 파송하실 때만 주신 특별한 능력도 아니다. 아니, 그분의 능력은 우리 본성 안에 거하며 우리 가운데서 역사하신다. 이것을 마음에 깨달으면 생명 안에서 통치하며 세상을 이기게 된다. 패배하거나 정죄당하거나 열매 없는 자가 되지 않는다.

바울의 말이 AMP에는 더 강하게 표현되어 있다.

> 우리 가운데서 역사하시는 능력[의 역사]대로 우리가 [감히] 구하거나 생각하는 모든 것에 [한없이 훨씬] 더 넘치도록[우리의 가장 높은 기도나 소원이나 생각이나 희망이나 꿈에 무한히 지나도록] 능히 하실[자신의 목적을 이루실] 이에게 … 영광이… 무궁하기를 원하노라.

얼마나 놀라운 말인가! 그냥 우리가 구하거나 생각하는 것에 더 넘치는 정도가 아니라 한없이 훨씬 더 넘치도록 하신다. 그것도 모자라 바울은 "우리의 가장 높은 기도나 소원이나 생각이나 희망이나 꿈에 무한히 지나도록"이라고 말한다! 잠시 멈추어 이 모든 말을 생각해 보라. 무한히 지나도록 역사하시는 능력은 우리 인간의 이해를 초월한다. 비범한 차원이다! 그런데 이 능력이 그리스도인들을 통해 역사하는 것을 쉽게 볼 수 없는 이유는 무엇인가?

하나님은 능하신 분이다

바울이 강조한 "능히"라는 짧은 단어에 답이 있다. 예화를 통해 깊이 생각해 보자. 당신이 사는 도시에 태풍이 지나갔다고 하자. 온 사방이 폐허가 되었고 전기도 다 끊어졌다. 무엇보다 식수가 끊겼다.

군대에서 신속히 대형 탱크차들에 물을 가득 싣고 온다. 군 당국은 시민들이 받아갈 수 있는 만큼 능히 물을 줄 수 있다고 발표한다. 빈 통만 가져오면 물을 채워 준다는 것이다.

사람들의 반응을 보면 흥미로울 것이다. 어떤 사람은 태풍 전에 근처 편의점에서 받았던 큰 음료수 컵을 들고 탱크차에 온다. 받아간 물은 1리터다. 다른 사람은 빈 우유 통을 가져와 4리터의 물을 받아간다. 또 다른 사람은 40리터가 들어가는 양동이를 들고 온다. 마지막으로 어떤 남자가 픽업트럭에 욕조를 싣고 와 160리터의 식수를 받아간다.

욕조를 싣고 갔던 사람이 집에 돌아온다. 그런데 하필 그의 집 옆에는 음료수 컵에 물을 받아온 사람이 살고 있다. 컵을 들고 갔던 사내는 옆집에서 물을 160배나 더 받아온 것을 알고는 격노한다. 그래서 시와 군 당국에 항의한다. "왜 나한테는 물을 이것밖에 안 줍니까? 왜 우리 옆집은 그렇게 많이 받았습니까?"

식수 공급의 책임자인 장성이 간단히 답한다. "우리는 시민들이 받아갈 수 있는 만큼 능히 물을 줄 수 있다고 발표했습니다. 왜 더 큰 통을 가져오지 않았습니까?"

바울의 말이 그 말이다. 우리 안에 두신 능력을 통해 하나님은 우리가 구하거나 생각하는 모든 것에 한없이 훨씬 더 넘치도록 능히 하실 수 있다. 그러니까 우리가 얼마나 많이 구하거나 생각할 수 있느냐가 곧 우리의 통이 되는데, 물론 그것은 우리의 실제 믿음만큼일 것이다. 당신의 생각이 얼마나 크고 당신의 요청이 얼마나 방대하든 우리 안에 있는 그분의 능력은 그 이상도 능히 하실 수 있다. 그러므로 자신의 생각으로 우리 안에 거하는 하나님의 능력을 제한하지 말기 바란다.

우리는 그분의 능력에 턱없이 못 미치는 수준에 그냥 안주했다! 우리의 생각과 상상과 기도는 왜 더 크지 못했을까? 답은 간단하다. 우리의 믿음이 자라지 않았기 때문이다. 그분의 약속들을 찾아내 단순히 믿어야 하는데 그러지 못했다. 말씀에 감화를 받기보다 세상의 영향을 받아 자신의 감정과 논리와 경험에 더 이끌렸다.

> 예수님을 죽은 자들 가운데서 다시 살리신 측량할 수 없는 무한한 능력이 우리에게도 동일하게 주어졌다.

하나님은 믿음을 통해 우리에게 크나큰 은혜를 주시건만, 우리의 강단에서는 진부하고 심지어 패배주의적인 설교가 울려 퍼지는 이유는 무엇인가? 원수는 은혜의 진리를 막으려고 지칠 줄 모르고 싸운다. 어떻게든 사력을 다하여 설교자, 사역자, 저자, 목사, 일반 그리스도인을 두루 꾀어 인간의 지식과 경험을 전하게 하고, 하나님 자녀의 신분에 훨씬 못 미치게 살아온 사람들의 예를 늘어놓게 한다. 그래서 그들이 선포하고 가르치는 내용은 인간의 논리에 맞는 것들이고 과거에 이미 본 것들이다.

이것은 완전히 잘못된 일이다! 우리는 하나님의 형상으로 자라 영광에서 영광에 이르러야 한다. 하지만 사탄은 우리가 능력 있고 열매 맺는 사람들로 자라지 못하게 막는다. 게다가 성도들뿐만 아니라 교회에도 방해공작을 펼치고 있다.

오늘날 교회는 사도행전에 나오는 교회의 모습이라기보다 오히려 사교클럽처럼 보일 때가 너무 많다. 이런 상황에서는 설령 참으로 남을 돕고 싶어도 우리 자신의 힘으로 할 수밖에 없다. 그렇다면 그 열 명의 정탐꾼과 무엇이 다른가? 그들은 하나님의 뜻을 원했지만 그것을 자기네 힘으로 이루어야 하는 줄만 알았다. 그러니 당연히 불가능해 보였고, 백성들에게 불신앙의 보고서를 제출했다. 그들 안에 믿음이 없었던 탓에 자신들의 삶을 향한 하나님의 뜻에 끝내 들어가지 못했다. 하나님을 믿는 상태로 죽기는 했지만 하나님이 자기들을 위해 계획하신 운명에는 훨씬 못 미쳤다.

많은 경우 제자들은 예수께서 하시는 일(수천 명을 먹이시고, 마음이 상한 자를 도우시고, 병자를 고치시는 등)에 동참하기 원했다. 주께서 배 안에서 주무실 때 그들은 풍랑 속에 죽고 싶지 않았다. 그런데도 그들이 계속 실패한 것은 자기네 힘으로 거들 생각밖에 못했기 때문이다. 그들은 예수께서 자기들을 위하여 뜻하신 바에 못 미쳤다. 그러나 예수님과 함께 3년 반을 지낸 뒤로는 모든 것이 달라졌다.

능력 부족에 대한 핑계들

초대교회 교인들은 자신들에게 큰 능력이 있음을 어렵지 않게 믿었다. 우리는 이미 스데반 같은 평범한 신자들을 살펴보았다. 그는 하나님의 은혜 안에서 막힘없이 활약했다. 성경은 그에 대해 "스데반이 은혜와 권능이 충만하여 큰 기사와 표적을 민간에 행하니"(행 6:8)라고 했다. 스데반은 사도는 물론 목사도 아니었다. 그냥 식당 웨이터가 본업인 평범한 교인이었다.

그렇다면 왜 오늘의 우리는 고전을 면치 못하는가? 답은 복잡하지 않다. 그들에게는 예수님이라는 역할 모델이 있었다. 그분이 능히 하실 수 있는 일들을 그들은 똑똑히 보았다. 그래서 믿음을 대적하여 싸우는, 인간의 잘못된 개념이나 경험이 그들에게는 없었다. 그들은 단순히 믿었다.

오늘날 우리는 인간의 생각과 말이 진리를 대신하도록 방치했다. 그래서 으레 이런 말을 듣는 게 일상이 되었다.

"목사인 조(Joe) 할아버지가 어떤 사람의 병이 낫게 해 달라고 기도했는데 그 사람이 죽었어."

"루스 이모가 아기를 살려 달라고 간절히 기도했지만 아이는 유산되고 말았대."

"내 친구 샘이 허리가 아파서 하나님께 고쳐 달라고 기도했는데 20년이 지난 지금도 고생하고 있잖아."

이런 이야기를 들으며 우리는 성경에 없는 결론들을 지어내, 은혜의 능력이 모든 신자의 것이 아니거나 더 이상 유효하지 못한 이유를 설명한다. 이런 설명은 우리에게 값싼 위로는 될지 몰라도 거짓이다. 그래서 우리는 믿음으로 담대히 행동하기보다는 그냥 하나님께 별로 구하지 않는다. 실망을 자초하고 싶지 않아서다. 받으리라는 기대도 별로 없는데 굳이 구할 이유가 무엇이겠는가? 그러다 궁지에 몰리는 상황이 벌어지면 그제야 구하겠지만 그나마 믿음에서라기보다는 다급해서다.

첫 제자들에게는 이런 핑계가 허용되지 않았다. 그들이 믿음에 실패하면 예수께서 "믿음이 작은 자여"나 심하게는 "믿음이 없는 자여" 같은 말씀을 하곤 하셨다.

예수께서 승천하신 뒤로도 베드로 같은 제자는 생생히 기억나는 일이 많았다. 불과 1-2년 전에 그는 물 위를 걸으시는 예수님을 보고 "주여, 만일 주님이시거든 나를 명하사 물 위로 오라 하소서"(마 14:28)라고 부르짖었었다. 예수님은 오라 하셨고 베드로는 물 위를 걸었다. 그러다 예수님에게서 시선을 돌려 사나운 바람을 보는 순간 그는 무서워 물에 빠지기 시작했다. 그때 예수께서 그를 구해 주시며 말씀하셨다. "믿음이 작은 자여, 왜 의심하였느냐"(31절).

베드로가 완전히 실패했다고 말하는 사람들이 많지만 내 생각은 다르다. 오히려 다른 제자들이 절호의 기회를 놓쳤다. 그들은 믿음이 없어 배 안에 앉아 구경만 했다. 적어도 베드로는 그 "작은 믿음"으로 잠시나마 물 위를 걸을 배짱이라도 있었다. 그랬어도 그는 믿음이 부족하다고 주님께 꾸중을 들었다.

믿음에 대한 이 교훈은 베드로에게는 근년의 추억이었다. 우리가 1-2 년 전의 휴가를 회상하는 것과 같다. 오늘의 우리라면 어떨까? "주여, 남을 돕는 이 모험이 주님에게서 난 것이라면 저를 명하사 오라 하소서"라고 여쭙기가 두려워 아직도 배 안에 있는 사람들이 얼마나 많은가?

예수께서 제자들을 향해 믿음이 없다고 엄히 꾸짖으신 적은 그밖에도 여러 번 있었다. 한번은 그분이 산에서 내려오셨는데 한 아버지가 자기 아들을 데리고 와서 제자들이 아들의 간질을 고치지 못한 이유를 물었다. 제자들을 향한 예수님의 반응을 들어 보라. "믿음이 없고 패역한 세대여, 내가 얼마나 너희와 함께 있으며 얼마나 너희에게 참으리요 그를 이리로 데려오라"(마 17:17). 이 매서운 말씀을 예수님은 자신의 동역자인 제자들에게 하셨다. 당신을 보시며 "내가 너의 불신을 얼마나 참아야겠느냐?"고 하시는 예수님의 모습을 상상해 보라. 제자들을 꾸짖으신 예수님은 곧 그 아이를 치유하여 아버지에게 돌려주셨다.

제자들은 혼란스러웠다. 그래서 예수님께 나아가 자신들이 아이를 고치지 못한 이유를 물었다. 예수님은 단순히 "너희 믿음이 작은 까닭이니라"(20절)라고 대답하셨다. 예수께서 몸으로 그들 중에 계셨기 때문에, 제자들은 "글쎄, 하나님의 은혜가 이 상황에는 별로 적용되지 않는다. 하나님이 우리에게 뭔가 가르치시려고 그냥 품고 살게 하시는 병도 있으니까" 따위의 그럴듯한 영적 설명을 지어낼 수 없었다. 얼마나 터무니없는 소리인가! 하나님이 흉한 병을 통해 우리에게 뭔가 가르치려 하신다고 정말 그렇게 믿는다면, 계속 병원에 가거나 약을 먹는 이유는 무엇인가? 왜 하나님과 싸우는가? 그분이 우리에게 뭔가 가르치고 계시다면, 그분의 교훈을 대적해 가면서 의사를 통해 병을 고치려 해서는 안 된다. 그러니까 그런 생각이 얼마나 황당한지 알겠는가?

하나님은 분명히 이렇게 밝히셨다. "사랑하는 자여, 네 영혼이 잘됨 같이 네가 범사에 잘되고 강건하기를 내가 간구하노라"(요삼 1:2). 또 성경은 분명히 말한다. "내 영혼아, 여호와를 송축하며 그의 모든 은택을 잊지 말지어다 그가 네 모든 죄악을 사하시며 네 모든 병을 고치시며"(시 103:2-3). 하나님이 우리의 모든 죄악을 용서하신다고 한 그 문장에 그분이 우리의 모든(일부가 아니라) 병을 고치신다는 말도 나온다.

"글쎄, 하나님은 이 죄를 용서하지 않으심으로 내게 뭔가 가르치려 하신다. 그래서 나를 계속 그 죄에 묶어 두신다." 얼마나 해괴한 소리인가! 제자들의 경우처럼 예수께서 지금 우리 가운데 몸으로 계시다면, 그분은 하나님이 우리의 건강을 원치 않으신다고 믿는 것이 정말 터무니없는 일임을 일러주실 것이다.

제자들은 그 아이를 고칠 수 없었고 예수님은 그 일로 그들을 꾸짖으셨다. 그들은 이런 말을 할 수 없었다. "저, 우리 삼촌 프레드 목사가 생각납니다. 그가 그러는데 치유는 우리 몸에는 적용되지 않고 정서적으로만 적용된답니다." 설마! 예수님이 그런 말을 들으셨다면 그들을 보며 이렇게 탄식하셨을 것이다. "내가 얼마나 너희에게 참으리요."

그런 경험이 있기에 제자들은 은혜의 능력을 무효로 돌릴 수 없었다. 예수님은 수시로 그들에게 다음과 같이 상기시켜 주셨다.

- 너희 믿음이 어디 있느냐(눅 8:25).

- 너희가 어찌 믿음이 없느냐(막 4:40).
- 믿음이 작은 자들아(마 6:30).
- 어째서 너희는 이토록 용기 없는 겁쟁이란 말이냐?(마 8:26, 메시지).
- 믿음이 작은 자여, 왜 의심하였느냐(마 14:31).

또 다른 상황에서 그들의 믿음 없음이 드러났을 때도 예수님은 "믿음이 작은 자들아"(마 16:8)라고 말씀하셨다. 정말 그분은 요즘 우리가 만들어 내는 식의 조잡한 핑계들을 용납하지 않으셨다. 그분은 제자들을 무척 사랑하셨기에 믿음에 해가 될 만한 모든 잘못된 생각에서 그들을 지키려 하셨다.

우리가 받아들인 수많은 생각이나 이론이 우리의 믿음을 앗아갔음을 깨달아야 한다. 예수께서 지금 미국 교회들에 오신다면 뭐라고 하실까? 당신은 자신의 부족한 믿음을 그분이 애틋한 동정심으로 너그러이 보실 거라 생각할지 모르지만, 사실 "예수 그리스도는 어제나 오늘이나 영원토록 동일하시"다(히 13:8). 그분은 조금도 바뀌지 않으셨다. 이 땅에 사실 때만큼이나 지금도 부족한 믿음을 당당히 지적하실 것이다.

오늘날 우리는 인간의 생각과 말이 진리를 대신하도록 방치했다.

지금은 성령께서 우리와 함께 계시지만 성령의 음성은 쉽게 파묻힐 수 있다. 그분은 오셔서 스스로 말씀하시는 게 아니라 예수님의 말씀을 상기시켜 주신다. 힘든 부분은, 예수께서 우리 앞에 몸으로 계시지 않기 때문에, 성령을 통해 들려주시는 그분의 당당한 직언을 우리가 무시할 수 있다는 것이다. 얼마나 두려운 일인가. 우리 모두 솔직해지자. 우리는 그분께 귀를 열고 있는가? 초대교회처럼 우리도 정말 그분과 함께 사역하고 있는가? 어려운 질문이지만 피해서는 안 된다.

예수님의 이름을 믿을 때

초대교회는 자기 자신이나 다른 사람들의 믿음을 앗아갈 핑곗거리나 만들어 내고 있을 여유가 없었다. 다음 이야기는 앞에서 한번 보았지만 충분히 다시 살펴볼 가치가 있다. 성전 문에서 구걸하던 지체장애인이 기억나는가?

> 그가 베드로와 요한이 성전에 들어가려 함을 보고 구걸하거늘 베드로가 요한과 더불어 주목하여 이르되 우리를 보라 하니 그가 그들에게서 무엇을 얻을까 하여 바라보거늘 베드로가 이르되 은과 금은 내게 없거니와 내게 있는 이것을 네게 주노니(행 3:3-6).

베드로는 주머니에 돈은 없었지만 그보다 훨씬 좋은 게 있었다. 하나님의 은혜였다. 베드로가 그 다음에 하는 일을 보라.

> 나사렛 예수 그리스도의 이름으로 일어나 걸으라 하고 오른손을 잡아 일으키니 발과 발목이 곧 힘을 얻고 뛰어 서서 걸으며 그들과 함께 성전으로 들어가면서 걷기도 하고 뛰기도 하며 하나님을 찬송하니(6-8절).

예수님은 베드로와 나머지 제자들에게 하나님 나라가 임하면 그분의 뜻이 하늘에서와 같이 땅에서도 이루어질 것이라고 하셨다. 베드로는 천국에는 걷지 못하는 사람이 없음을 알았고, 그래서 내면에 하나님의 인도하심을 살핀 결과 그분이 그 사람을 일으키기 원하심을 느꼈다. 성령의 음성을 들은 것이다. 성령께서 어떤 어려운 사람을 섬기도록 감동을 주시는데 우리 쪽에서 듣지 않은 때가 얼마나 많았던가? 그 사람이 걷고 뛰자 무리가 모여들었다. 이에 베드로는 그가 어떻게 나았는지 설명한다.

> [예수의] 이름을 믿으므로 그 이름이 너희가 보고 아는 이 사람을 성하게 하였나니 예수로 말미암아 난 믿음이 너희 모든 사람 앞에서 이같이 완전히 낫게 하였느니라(16절).

하나님의 은혜는 예수님의 이름을 통해서 온다. 이렇게 생각해 보라. 우리가 구원받은 것도 그분의 이름을 통해서다. "다른 이로써는 구원[은혜]을 받을 수 없나니 천하 사람 중에 구원을 받을 만한 다른 이름을 우리에게 주신 일이 없음이라"(행 4:12). 하나님의 은혜는 그 이름의 권세를 통해 주어지며, 은혜의 다른 부분들도 마찬가지다. 하지만 그 사람을 낫게 한 것은 예수님의 이름만이 아니라 실제로 예수님의 이름을 믿는 믿음이었다. 은혜의 능력에 접속시켜 줄 믿음이 필요했다. 베드로의 말을 메시지 역으로 보자. "그렇습니다. 바로 믿음, 오직 믿음이 여러분 눈앞에서 이 사람을 완전히 낫게 한 것입니다"(3:16). 역시 믿음은 우리를 은혜와 연결시켜 주는 송수관이다.

근본적인 문제는 우리가 은혜의 흐름에서 스스로 끊어졌다는 것이다. 하나님의 은혜가 내 모든 죄를 사했고 영원한 지옥에서 나를 구했다는 믿음은 있을지 모르나 구원에는 다른 부분들도 있다. 우리의 새로운 본성의 능력, 거룩하게 살아갈 능력, 천국의 뜻을 이 땅에 이루어 인간의 필요를 채우는 능력 등이다.

예화를 통해 좀 더 분명히 알아보자. 각기 다른 농부가 관리하는 여러

밭으로 강물이 흐른다고 하자. 전체 농지의 주인은 그 지역의 통치자이기도 한데, 그가 여러 농부에게 땅을 나누어 주었다. 그 지역은 기후가 아주 건조하여 작물이 자라려면 강물이 필요하다. 아래 그림처럼 농부마다 재배하는 작물이 다르다.

보다시피 한 농부는 밀을 재배하고 다른 농부들은 각각 콩, 보리 등을 재배한다. 그런데 강물과 밭을 송수관으로 연결하고 스프링클러를 달아 작물에 물을 준 지혜로운 농부는 하나뿐이다. 다른 농부들은 강물을 끌어들이지 않는다. 결과는 어떨까? 시간이 가면서 밀밭에는 물이 잘 공급되어 수확을 내지만 다른 밭들은 물이 공급되지 않아 작물들이 시들시들하고 땅도 굳어져 결국 쩍쩍 갈라진다.

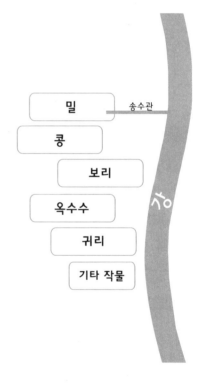

마침내 전체 지역의 통치자가 와서 모든 밭을 검사한다. 그는 밭을 강물과 연결시킨 농부는 칭찬하고, 자기가 맡긴 땅을 낭비한 다른 농부들은 책망한다. "왜 밭에 물길을 내지 않았는가? 왜 땅을 낭비했는가?"

이번에는 예화를 조금 바꾸어 보자. 이번에는 밀, 콩, 보리, 옥수수 등의 밭 대신 밭 이름을 바꾸어 보자. 죄 사함, 거룩한 삶, 병 고침, 인간의 필요를 채우는 자원, 생명 안에서 통치함 등의 밭이다. 다른 밭들도 있지만 그 정도면 무슨 말인지 알 것이다.

다음의 그림처럼 여러 농부의 농지가 이번에는 한 신자의 마음이다.

　이번 시나리오에서도 '죄 사함'이라는 농장 하나만 믿음의 송수관을 통해 은혜의 강과 연결된다. 따라서 이 신자의 마음에 물이 공급된 밭은 그것 하나뿐이다. 이번에도 이 밭만 잘되고 다른 밭들은 메말라 수확을 내지 못한다. 모든 밭 바로 옆으로 강물이 흐르는데도 왜 한 밭만 잘되고 나머지는 시들시들한 것일까? 답은 믿음의 송수관이다. 똑같은 강에서 흐르는 똑같은 은혜의 물로 모든 밭이 다 잘될 수도 있었지만, 접근로를 낸 밭은 하나뿐이었다.

　각 밭은 은혜의 영향으로 변화되는 우리 삶의 다른 부분들을 가리킨다. 이 신자는 은혜의 한 부분(죄 사함)에는 마음을 열었을지 모르지만 능력이 필요한 다른 부분들에는 물길을 닫았다. 불신 때문이다. 거룩함, 병 고침, 인간의 필요를 채우는 자원, 생명 안에서 통치함

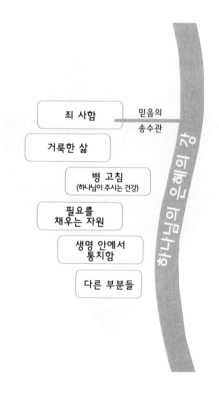

등에는 믿음을 통한 연결이 없다.

　심판 날 예수께서 오셔서 우리 삶의 밭들을 검사하실 때 어떻게 될까? 하나님의 말씀 대신 은혜의 능력을 무효화하는 핑계들을 믿기로 했다고

아뢸 것인가? 듣는 사람들이 더 충실해질 수 있도록 복음의 충만한 능력을 전했어야 하는데 그러지 않았다고 설명할 것인가? "믿음이 작은 자여 왜 의심하였느냐"(마 14:31)라고 물으시는 분께 우리는 뭐라고 대답할 것인가?

예수님은 분명히 말씀하신다. "사람이 내 말을 듣고 지키지 아니할지라도 내가 그를 심판하지 아니하노라 … 내가 한 그 말이 마지막 날에 그를 심판하리라"(요 12:47-48). 병을 고치는 일, 무리의 필요를 채우는 일, 풍랑을 잠잠케 하는 일 등 많은 상황과 관련해서, 예수께서 제자들의 믿음이 부족하다고 책망하신 예를 성령께서 성경에 이토록 많이 담으신 이유가 무엇이라고 보는가? 심판대에서 우리의 행위는 바로 그분의 말씀에 근거하여 평가될 것이다. 밀리 이모, 톰 삼촌, 친구 제이크, 나 자신의 경험이 했던 말은 심판대에서 들리지 않을 것이다. 오직 하나님의 영원한 말씀만이 심판대에서 우리의 믿음과 행동을 평가하는 기준이 될 것이다. 성경은 이렇게 말하고 있다.

> 어떤 자들이 믿지 아니하였으면 어찌하리요 그 믿지 아니함이 하나님의 미쁘심을 폐하겠느냐 그럴 수 없느니라 사람은 다 거짓되되 오직 하나님은 참되시다 할지어다(롬 3:3-4).

우리는 의심하는 사람, 하나님의 말씀을 믿지 않는 사람이 되지 말자. 믿음의 사람이 되자. 성경에 "믿음을 따라 하지 아니하는 것은 다 죄니라"(롬 14:23)고 했다. 게다가 하나님의 말씀은 믿기 어렵지 않다. 그분은 틀릴 수가 없는 분이 아닌가!

14

믿음이 은혜의
문을 여는 열쇠다

Extraordinary: Life You're Meant to Live

우리는 비범한 삶으로 부름 받았다. 그러나 당
찬 믿음이 없이는 그것을 얻을 수 없다! 우리는
신성한 성품을 지닌 빛의 아들딸들이며, 지극
히 크신 능력이 우리 안에 있다.

나는 내 삶을 바꾼 주님과의 만남을 지금도 잊지 못한다. 그때 나는 그
리스도인이 된 지 몇 년밖에 되지 않았고, 아직 독신으로 노스캐롤라이나
의 한 아파트에 살고 있었다. 하룻밤은 깊은 잠에서 문득 깨어 침대에서
이렇게 소리치고 있는 내 모습을 보았다. "나는 믿음 있는 사람을 찾고 있
다!"

자명종을 보니 새벽 4시였다. 여기가 어디이며 방금 무슨 일이 있었는
지 생각하는 데 몇 분의 시간이 걸렸다. 침대 밑에 있는 스탠드를 켜고 보
니 시트는 땀으로 흠뻑 젖어 있었다. 물론 열이 있거나 아픈 것은 아니었
다. 나는 충격과 함께 경외감을 느꼈다. 하나님이 방금 내 입을 통해 말씀

하셨음을 깨달은 것이다. 일단 그 결론에 이르자 문득 든 생각은 이것이었다. '더 심오한 메시지였으면 좋았을 텐데. 그분이 믿음 있는 사람들을 찾고 계신 거야 나도 알잖아.' 그리고는 불을 끄고 누워 다시 잠이 들었다.

그날 아침에 일어난 후로 그 말이 계속 내 존재 속에서 울려 퍼졌다. "나는 믿음 있는 사람을 찾고 있다 … 나는 믿음 있는 사람을 찾고 있다 … 나는 믿음 있는 사람을 찾고 있다 …." 반나절쯤 지나 빈 주차장을 걸어가던 중에 갑자기 내게 깨달음이 왔다. 나는 외쳤다. "와, 심오하다!"

그 순간부터 나는 예수님의 지상 생활에 대해 두 가지 질문을 곰곰이 생각했다. 예수님을 가장 슬프시게 한 것은 무엇인가? 그리고 예수님을 가장 기쁘시게 한 것은 무엇인가?

예수님은 사람들이 단순히 믿을 때 가장 기뻐하셨고, 그분이 말씀대로 하실 것을 믿지 않을 때 가장 슬퍼하셨다. 간단히 말해, 사람들의 믿음이 부족할 때 그분은 몹시 슬퍼하셨다! 믿음은 하나님이 하시는 말씀이 그대로 그분의 진심임을 믿는다. 하나님은 인간이 아니므로 거짓말을 하지 않으신다. 오히려 그분은 자신의 말에 자기 이름의 명예를 거신다. 더 높은 존재가 없기에 그분은 자기 자신으로 맹세하신다. 그러므로 그분을 의심하는 것은 곧 그분의 진실성을 모독하는 것이다.

주님은 오직 믿음에만 반응하신다

우리가 주님으로부터 받는 것은 모두 믿음을 통해서다. 내가 그동안 보아 온 바에 의하면 많은 그리스도인들이 모르고 있는 진리가 하나 있다. 하나님은 우리의 필요에 반응하지 않으시고 우리의 믿음에만 반응하신다! 그것을 보여 주는 예가 성경에 많이 있지만 몇 가지만 보자. 하루는 예수께서 제자들과 함께 여리고를 벗어나고 있는데 큰 무리가 그분을 둘러쌌다. 일행이 지나는 길가에 바디매오라는 맹인이 앉아 있었다. 그는 예수께서 지나가신다는 말을 듣고 큰소리로 주를 불렀다. 많은 구경꾼들이 스승에게 방해가 되지 않도록 바디매오를 꾸짖으며 조용히 하라고 했다. 그러나 바디매오는 더 크게 소리를 질렀다. 그 다음에 벌어진 일을 잘 보라.

예수께서 머물러 서서(막 10:49).

얼마나 놀라운 일인가! 예수님은 당신의 소명을 이루시고자 단호한 태도로 예루살렘을 향해 가시던 길이었다. 그분의 초점은 자신의 사명에 있었다. 그분을 에워싸고 있는 허다한 무리 중에서 대부분은 뭔가 필요한 게 있었을 것이다. 그런 그들의 사정에도 아랑곳없이 그분은 걸음을 멈추지 않으셨고 한시도 사명을 미루지 않으셨다. 그런데 이 맹인 하나가 큰소리로 예수님을 부르며 도무지 조용히 하려 들지 않았다. 누가 뭐라 해도 그의 입을 막을 수 없었다. 주님을 멈추어 서게 한 것은 다른 조용한 사람들이 아니라 그의 목소리였다.

이어 예수님은 이렇게 지시하셨다.

그를 부르라 하시니 그들이 그 맹인을 부르며 이르되 안심하고 일어나라 그가 너를 부르신다 하매(49절).

바디매오를 둘러싸고 있던 사람들은 분명히 그의 편이 아니었다. 사실 그의 등장이 불편했다. 하지만 믿음으로 포기하지 않았기 때문에 그는 치유자와 대면하는 영광을 얻게 된다. 거지의 옷을 내던지고 벌떡 일어난 그는 누군가의 도움을 받아 얼른 예수께로 달려갔다. 그러자 예수님은 이렇게 물으셨다.

　　네게 무엇을 하여 주기를 원하느냐(51절).

　　정말인가? 무슨 질문이 이런가? 앞을 못 보아 예수님 앞까지 오는 데도 도움을 받아야 했던 맹인에게 무엇이 필요하냐고 물으신 것이다. 빤한 것 아닌가. 그렇다면 예수님은 왜 그렇게 물으셔야 했을까? 그의 필요를 모르셔서인가? 아픈 데를 찔러 모욕을 주시려는 것인가? 물론 아니다. 예수님은 바디매오 안에 있는 믿음의 증거를 보기 원하셨다. 잊지 말라, 믿음은 그 믿는 바를 말한다.

　　만일 바디매오가 "앞을 보게 해 달라고 구하는 건 너무 과한 일이니 부디 제 손의 관절염이나 고쳐 주십시오"라고 했다면 그는 정확히 그대로 받았을 것이다. 바디매오가 눈을 뜬 뒤에 예수께서 하신 말씀을 보아 그 사실을 알 수 있다.

　　가라 네 믿음이 너를 구원[치유]하였느니라(52절).

　　바디매오를 하나님의 은혜에 접속시킨 것은 그의 믿음이었다. 다른 사람들도 필요한 게 있었지만 오직 그의 필요만 채워졌다. 그의 믿음은 말했고, 그 믿음으로 하나님께 받았다.

　　한번은 예배 시간에 여러 청년들을 위해 기도해 준 적이 있다. 금요일 밤 집회였는데 많은 사람들이 앞으로 나왔다. 왜 기도를 받으러 나왔느냐고 물었더니 답이 똑같았다. "하나님을 더 원합니다." 한동안 일일이 기도해 주었지만 하나님의 능력과 임재가 아주 적었다. 뭔가 잘못되었다는 생각에 나는 잠시 멈추었다. 그러자 성령께서 내 사역 방식을 고쳐 주시며, 기도 제목이 너무 두루뭉술함을 지적해 주라고 인도하시는 게 느껴졌다.

다음 사람이 다가와 똑같은 제목을 내놓았다. "하나님을 더 원합니다." 이 청년도 다른 사람들처럼 얼굴 표정이 간절했다. "필요하다면 철야 기도라도 하겠다"는 기색이었다. 그의 순수한 동기를 알아보는 건 어렵지 않았다. 하지만 우리는 마음이 진실해도 믿음 안에 있지 않을 수 있다.

나는 되물었다. "하나님을 더 구해서 구체적으로 원하는 게 뭐죠? 원하는 게 정확히 무엇인지 알아낼 때까지는 함께 기도하지 않겠어요."

그는 즉시 안색이 바뀌면서 약간 당황한 듯 말이 없었다. 하나님 앞에서 자신의 요청이 너무 두루뭉술함을 그 역시 서서히 깨달았던 것이다.

다시 바디매오 이야기로 돌아가 보자. 그날 예수님을 둘러싼 모든 사람은 하나님을 더 원했다. 그래서 그분을 찾아내어 따르고 있었다. 하지만 오직 그만이 시력을 얻었다.

나는 다시 그 청년에게 말했다. "여기서 잠깐 생각하고 있어요. 필요한 것이 무엇인지 정확히 알게 되거든 기도하도록 하죠." 다른 몇몇 청년에게도 똑같이 했다.

얼마 후 그 남녀 청년들이 구체적인 제목을 가지고 내게 다시 왔다. 갑자기 하나님의 임재와 능력이 아주 강하게 임했다. 이제 필요가 채워지고 있었고, 그들은 하나님의 길에 대해 더 깊은 통찰을 얻었다. "하나님을 더 원한다"는 실체가 실현된 것이다.

하나님을 기쁘시게 하려는 마음이 갈급한 참 귀한 영혼들임에도 불구하고 그들은 열매 없는 기도에 빠졌었다. 믿음이 구체적인 요청으로 이어지지 않기 때문이다. 그것을 고쳐 주자 이제 그들의 행동은, 자신의 필요를 정확히 알고 믿음대로 말했던 바디매오와 비슷해졌다. 바디매오처럼 이 청년들도 떠날 때는 무리 중의 다른 사람들보다 하나님의 세계를 더 많이 알게 되었다.

치유를 끌어낸 여인의 믿음

성경의 또 다른 예를 살펴보자. 예수님을 따르는 무리 중에 12년 동안 병을 앓고 있던 여자가 있었다. 그동안 많은 의사들이 치료해 보았으나 낫기는커녕 오히려 더 악화되었다.

> [그 여자가] 예수의 소문을 듣고 무리 가운데 끼어 뒤로 와서 그의 옷에 손을 대니 이는 내가 그의 옷에만 손을 대어도 구원을 받으리라 생각함일러라(막 5:27-28).

보다시피 여자는 예수님에 대해 들어 알고 있었다. "마음으로 들었다"고 하는 것이 더 맞는 말일 것이다. 마음이야말로 믿음이 싹트는 곳이다. 의사들의 도움이 수포로 돌아간 뒤로 그녀는 마음 깊이 들을 필요가 있었다. 그래서 그렇게 했고, 그러자 병이 나을 것이라는 믿음이 생겼다. 그녀는 믿음대로 말했다. "내가 그의 옷에만 손을 대어도 구원을 받으리라." 그날 밤 예배에 나온 청년들과 달리 그녀의 말은 아주 구체적이었다. 어떻게 되었는지 보라.

> 이에 그의 혈루 근원이 곧 마르매 병이 나은 줄을 몸에 깨달으니라(29절).

정확히 그녀가 말한 대로 되었다. 그 금요일 밤에 청년들이 갑자기 은혜를 받기 시작한 것도 그래서였다. 그들은 믿었고, 구체적이었고, 믿음을 말했고, 받았다. 이제 이 여자의 놀라운 이야기의 나머지를 들어 보라.

> 예수께서 그 능력이 자기에게서 나간 줄을 곧 스스로 아시고 무리 가운데서 돌이켜 말씀하시되 누가 내 옷에 손을 대었느냐 하시니 제자들이 여짜오되 무리가 에워싸 미는 것을 보시며 누가 내게 손을 대었느냐 물으시나이까 하되 예수께서 이 일 행한 여자를 보려고 둘러보시니(30-32절).

예수님은 여자가 고침 받으러 오고 있음을 모르셨다가 자기 속의 능력이 나간 뒤에야 아셨다. 여자를 찾아 치유한 것은 그분의 믿음, 그분의 주도권, 그분의 의지가 아니었다. 그분이 아시기도 전부터 전적으로 그녀가 주도하고 수행한 일이다! 그래서 그분은 돌아서서 여자를 찾으시고는 이렇게 말씀하셨다.

> 딸아 네 믿음이 너를 구원하였으니 평안히 가라 네 병에서 놓여 건강할지어다(34절).

기회를 놓쳐 버린 지도자들

우리는 복음서 전체를 통해 믿음에 응답하시는 하나님을 거듭 볼 수 있다. 또 한 번은 예수께서 어느 집에서 많은 지도자들을 가르치고 계셨다.

> 병을 고치는 주의 능력이 예수와 함께하더라(눅 5:17).

치유의 능력이 함께했다는 이 구체적인 표현이 나는 참 좋다. 여담이지만, 하나님은 아무것도 낭비하시는 법이 없다. 예수께서 무리를 먹이신 후(각각 4천 명과 5천 명씩) 두 번 다 남은 음식을 거두셨던 것이 좋은 예다. 하나님은 모든 것을 사용하시는 분이다. 그러므로 그 지도자들을 치유하는 주의 능력이 그 자리에 있었다면 적어도 한 사람(아마도 여럿)은 몸의 치유가 필요했다고 해도 무방할 것이다. 그런데 아무도 치유를 받지 못했다. 왜일까? 그중 한 사람도 받을 만한 믿음이 없었기 때문이다.

하지만 모두가 잃은 것은 아니다. 얼마 후 몇 사람이 한 중풍병자를 들것에 싣고 그 집으로 데려왔다. 그런데 사람들이 하도 많아서 안으로 들어갈 수가 없었다. 그래서 그들은 환자를 지붕으로 데리고 올라가 기왓장을 뜯고 예수님 앞으로 침상을 달아 내렸다.

> 예수께서 그들의 믿음을 보시고 이르시되 … 내가 네게 이르노니 일어나 네 침상을 가지고 집으로 가라 하시매 그 사람이 그들 앞에서 곧 일어나 그 누웠던 것을 가지고 하나님께 영광을 돌리며 자기 집으로 돌아가니 모든 사람이 놀라 하나님께 영광을 돌리며 심히 두려워하여 이르되 오늘 우리가 놀라운 일을 보았다 하니라(눅 5:20, 24-26).

나 역시 하나님의 말씀을 전하다가 영혼들 안에 믿음이 보이면 정말 좋다. 그들이 하나님의 은혜를 받는 모습을 보면 가슴이 뛴다. 그러나 서글프게도 믿음이 보이지 않을 때가 많다. 많은 경우 사람의 얼굴을 보면 안다. 예수님이 말씀하셨듯이 눈은 인간의 빛이다.

중풍병자와 그를 메고 온 친구들은 주님이 약속을 지키시는 분임을 알았다. 아마도 그들은 "그의 모든 은택을 잊지 말지어다 그가 네 모든 죄악을 사하시며 네 모든 병을 고치시며"(시 103:2-3)라고 한 하나님의 언약을 알았을 것이다. 환자와 친구들이 가졌던 믿음의 기초는 하나님의 말씀이었다.

반면, 지도자들은 중풍병자가 낫는 것을 보고 놀라 하나님께 영광을 돌리기까지 했지만 치유를 받은 사람은 한 명도 없었다. 아무리 하나님이 주시려는 것일지라도 믿음이 아니면 그 누구도 얻을 수 없기 때문이다! 아버지의 뜻은 병든 지도자들이 치유를 받는 것이었지만 그들은 받지 못했다! 하나님은 우리가 믿을 때 반응하시며, 믿음은 행동과 말로 나타나게 되어 있다.

끝까지 물러서지 않는 믿음

복음서에서 은혜의 가장 놀라운 기적 하나가 그리스 여인에게 벌어진다. 그녀는 예수님을 찾아와 자기 딸을 고쳐 달라고 계속 간청했다. 그런데 예수님의 반응을 보라.

> 예수는 한 말씀도 대답하지 아니하시니(마 15:23).

와, 웬만한 우리라면 좌절이나 상처나 분노를 느끼며 그쯤에서 포기했을 것이다. 딸의 목숨을 위해 빌었다가 무시당한 꼴이었다. 그러나 이 여자는 물러설 뜻이 없었고, 그래서 계속 믿음으로 예수께 애원했다. 여자가 포기하지 않자 결국 예수께서 그녀를 보시며 말씀하셨다.

> 자녀로 먼저 배불리 먹게 할지니 자녀의 떡을 취하여 개들에게 던짐이 마땅치 아니하니라(막 7:27).

이 말씀을 어떻게 해석하든 간에 그분이 여자를 개라고 칭하신 것만은 분명하다. 여자는 모욕을 느끼고, 그분을 인종주의자라고 비난하며, 홱 돌아서 가버릴 수도 있었다. 그러나 그녀는 그분의 성품을 알았기에 즉시 이렇게 대답했다. "주여, 옳소이다마는 개들도 제 주인의 상에서 떨어지는 부스러기를 먹나이다"(마 15:27).

여자는 자기가 하나님의 아들 앞에 있음을 알았고 그분의 선하심을 알았다. 그분의 능력이 부족하지 않음을 믿었다. 여자는 단호했다. 계속 요청하면 거절당하지 않으리란 것을 알았다. 그래서 믿음으로 일관했고, 결국 예수님의 허락을 받아 내었다.

여자여 네 믿음이 크도다 네 소원대로 되리라(28절).

여자가 집에 돌아가 보니 딸이 완치되어 있었다. 이 사건에 함축된 의미를 놓쳐서는 안 된다. 예수 그리스도(육체로 임하신 성육신 하나님)는 처음에 그 여인이 언약의 딸이 아니라서 거절하셨지만 그녀의 끈질긴 믿음 때문에 결국 주셨다. 이처럼 예수님은 필요에 반응하지 않으시고 믿음에 반응하신다. 여자의 요청은 처음에는 필요에서 나왔지만 주님의 거절에 대한 반응은 믿음에서 나온 것이다.

믿음은 모든 것을 받는 열쇠다

은혜가 이미 공급한 것을 사람들이 받지 못하는 이유, 사람들이 비범하게 살지 못하는 이유가 이제 분명해졌는가? 야고보는 "너희가 얻지 못함은 구하지 아니하기 때문"(약 4:2)이라고 딱 잘라 말한다. 이보다 더 분명할 수는 없다. 그가 말하는 구함이란 건성으로 구하는 게 아니라 단호한 믿음으로 구하는 것이다. 여러 예에서 본 것과 같다.

하나님이 필요에 응답하지 않으시고 믿음에 응답하신다는 이 원리는
거룩하게 행하는 능력, 창의적으
로 살아가는 능력, 기발한 아이디
어나 지혜를 깨닫는 능력, 병 고침
을 받거나 습관적 행동에서 벗어
나는 능력 등 삶의 모든 영역에 적

> **하**나님은 우리의 필요에
> 반응하지 않으시고 우리의
> 믿음에만 반응하신다!

용된다. 요컨대 우리 삶을 위한, 더 중요하게는 복음 전파를 위한, 천국의
모든 공급을 받는 데 다 적용된다. 믿음으로 하지 않고는 효과적인 사역을
할 수 없다. 사실 야고보는 우리가 하나님께 나아가 무엇을 구하든지 믿음
으로 해야 한다고 담대히 말한다.

> 오직 믿음으로 구하고 조금도 의심하지 말라 의심하는 자는 마치 바
> 람에 밀려 요동하는 바다 물결 같으니 이런 사람은 무엇이든지 주께
> 얻기를 생각하지 말라(1:6-7).

정말 중요한 말씀인 만큼 다시 한 번 보자. "이런 사람은 무엇이든지 주
께 얻기를 생각하지 말라." 아무것도 얻을 생각을 하지 말라는 것이다. 애
매할 것도 없고 예외도 없는 명확한 말씀이다! 하나님이 우리에게 확실히,
똑똑히 알려 주시는 것이다. 그분은 그 어떤 것도 아닌 오직 믿음에 반응
하신다.

산에게 직접 말하라

2002년 콜로라도 주에 역사상 최악의 산불이 발생했다. 헤이먼 화재라

고 불리는 이 산불을 낸 사람은 불 사용이 금지된 구역에서 전 남편의 편지를 태우던 한 여자였다. 한 달 새 13만 에이커 이상이 타 버렸다. 대형 참사였다.

산불이 최악으로 치달아 진화가 절망적으로 보이던 때, 나는 마침 일주일 간 사역을 위해 타지에 나가 있었다. 불이 우리 사무실과 집 쪽으로 점점 다가오고 있다는 뉴스가 계속 나왔다. 말할 것도 없이 나는 어서 돌아가고 싶었다. 우리 시에는 이미 자발적 대피 명령이 내려져 있었다. 비행기에서 내리자마자 나는 곧장 사무실 건물로 향했다. 사역 본부로 난 길은 기막힌 모습을 하고 있었다. 우리 건물은 유명한 로키산맥의 시발점으로 작은 봉우리들이 북에서 남으로 늘어선 프론트레인지 산맥 기슭에 있다. 건물에서 1킬로미터 정도밖에 떨어져 있지 않은 프론트레인지 등성이를 넘자 바로 끔찍한 광경이 펼쳐졌다. 거대한 연기와 재의 기둥들이 하늘로 치솟고 있었다. 내 차 앞 유리에도 재가 떨어졌다. 꼭 전쟁터에 들어가는 것 같았다.

주차장에 들어서니 우리 직원들 대부분이 뒷문에 이삿짐 트럭을 대놓고 건물에서 짐을 옮기고 있었다. 창고에 있는 책이며 자료가 죄다 뒤쪽 주차장의 운반대에 쌓여 있었고 서류장, 컴퓨터, 가구 등 다른 집기들도 마찬가지였다.

사역 본부가 콜로라도로 이사한 지 1년밖에 안 됐으므로 직원들 다수는 콜로라도 사람들이었다. 그들은 모두 하나님을 뜨겁게 사랑했고 착실하게 살았지만 하나님께 받는 부분에서는 부족한 면이 많았다. 첫해에 나는 직원들에게 기독교의 기본 진리를 매주 가르쳤다. 그들의 믿음이 부족했기 때문이다.

차를 주차해 놓고 나는 역시 콜로라도에서 채용된 선임 직원을 찾았다.

대피를 결정한 사람은 그였다. 그를 만나 말했다. "이삿짐 트럭에 짐 싣는 일을 그만두고 전 직원을 회의실로 소집하십시오. 할 말이 있습니다."

직원들이 모이는 동안 나는 화재 현황과 시행중인 대피 정책을 보고 받았다. 아직 자발적 대피 단계였다. 서쪽 산에서 위세를 떨치고 있는 불의 앞자락은 이제 램퍼트레인지 길에서 10킬로미터, 우리 사무실에서 불과 11킬로미터 거리까지 와 있었다. 불이 그 길만 넘어오면 우리 시에 의무적 대피 명령을 내린다는 당국의 발표가 있었다. 불은 서쪽에서 동쪽으로 부는 바람에 밀려 우리 사무실 쪽으로 시간당 1.5킬로미터 속도로 다가오고 있었다. 기적이

> **이**루어지라고 기도하고 명할 때, 바로 그때가 우리가 믿는 때이고 구한 것을 받는 때다.

없는 한 바람 때문에 파머레이크시가 전소될 것이고, 전문가들 추산으로는 그 일이 그날 중에 있을 것이라고 했다. 같은 길의 다른 두 사역 기관은 이미 그 전날 대피를 마친 상태였다. 직원들이 회의실에 모이자 나는 마가복음을 펴서 다음 석 절을 칠판에 적었다.

> 하나님을 믿으라 내가 진실로 너희에게 이르노니 누구든지 이 산더러 들리어 바다에 던져지라 하며 그 말하는 것이 이루어질 줄 믿고 마음에 의심하지 아니하면 그대로 되리라 그러므로 내가 너희에게 말하노니 무엇이든지 기도하고 구하는 것은 받은 줄로 믿으라 그리하면 너희에게 그대로 되리라(11:22-24).

나는 이렇게 말문을 뗐다. "여러분, 성경에서 이 말씀들은 빨간 글씨로 되어 있습니다. 예수님이 하신 말씀이라는 뜻이지요. 우리 시대의 어느

설교자나 과거의 어느 교사가 한 말이 아닙니다. 그러니까 하나님의 입에서 직접 나온 말씀임을 명심해야 합니다."

잠시 소화할 시간을 준 뒤에 이렇게 물었다. "예수님 말씀에 따르면, 우리가 하나님께 산을 옮겨 달라고 해야 합니까, 아니면 산에게 직접 말해야 합니까?"

"산에게 직접 말해야 합니다!" 그들이 대답했다. 신약의 다른 구절들에는 이 일을 예수님의 이름으로 하라고 했지만, 그래도 문제를 향해 직접 말하는 것은 우리 책임임을 나는 얼른 상기시켜 주었다.

"예수님이 이 말씀을 하시게 된 계기는 무엇입니까?" 나는 그렇게 말을 이은 뒤, 그들을 성경 기사 속으로 데려갔다. 전날 예수님은 어떤 무화과나무에서 열매를 구하셨으나 잎사귀밖에 없었다. 그래서 그분은 "나무에게 말씀하셨다. '다시는 아무도 네게서 열매를 먹지 못할 것이다!'"(14절, 메시지) 분명히 예수님은 나무에게 직접 말씀하셨다.

이튿날 예수께서 일행과 함께 그 나무 옆을 지나가시는데, 나무줄기는 바짝 오그라들고 가지는 마른 막대기처럼 되어 있었다. 베드로가 전날 있었던 일이 생각나서 말했다. "랍비여 보소서 저주하신 무화과나무가 말랐나이다"(21절). 그때 예수께서 하신 대답이 바로 내가 칠판에 적은 그 말씀이다.

마태복음에 보면 베드로의 호기심에 대한 예수님의 반응이 더 자세히 나온다.

내가 진실로 너희에게 이르노니 만일 너희가 믿음이 있고 의심하지 아니하면 이 무화과나무에게 된 이런 일만 할 뿐 아니라 이 산더러 들려 바다에 던져지라 하여도 될 것이요(마 21:21).

나는 직원들에게 물었다. "알겠습니까? 그분의 말씀을 다시 들어 보십시오. '이 무화과나무에게 된 이런 일만 할 뿐 아니라….' 한마디로 그분의 말씀은 이런 것입니다. '내가 일어나 풍랑에게 잠잠하라고 명했더니 그렇게 되었고, 내가 무화과나무에게 말해 죽으라고 명했더니 그렇게 된 것처럼, 내 자녀인 너희들도 똑같이 해야 한다!'"

연기 냄새가 매캐하고 회의실 창에 재가 날리는 중에도 다들 열심히 듣고 있었다. 나는 말을 이었다. "우리는 하나님께 구할 뿐만 아니라 문제를 향해 직접 말해야 합니다. 그분과 연합한 자, 그분의 공동 상속자, 풍성한 은혜를 통해 생명 안에서 다스리는 자의 권세로 말해야 합니다. 시편 8편을 봅시다."

그[우리]를 하나님보다 조금 못하게 하시고 영화와 존귀로 관을 씌우셨나이다 주의 손으로 만드신 것을 다스리게 하시고 만물을 그의 발 아래 두셨으니(5-6절).

"우리는 그분의 대사로서 하나님 자신보다 조금 못하게 지음 받았으며, 하늘에서처럼 이 땅에서도 생명을 이루어야 합니다! 천국에서는 어떤 건물도 불에 타서 잿더미가 되지 않습니다! 따라서 하나님이 주신 이 건물이 불타 없어지는 것은 하나님의 뜻이 아닙니다. 예수님은 '도둑이 오는 것은 도둑질하고 죽이고 멸망시키려는 것뿐이요 내가 온 것은 양으로 생명을 얻게 하고 더 풍성히 얻게 하려는 것이라'(요 10:10)고 분명히 말씀하십니다. 여기 모든 문제를 가르는 선이 있습니다. 도둑질하고 죽이고 멸망시키는 것과 관계된 일이라면 원수의 뜻입니다. 그러나 천국의 생활방식, 풍성한 삶과 관계된 일이라면 하나님에게서 난 것입니다."

내 말은 계속되었다. "이 불은 하나님에게서 난 것이 아닙니다. 이 멸망은 하나님에게서 온 것이 아닙니다. 이 불은 도둑이, 어둠이 시작한 일입니다. 우리는 시와 건물이 잿더미가 되도록 둔 채 불을 피해 달아나지 않을 것입니다. 일어나 불에게 멈추라고 명령할 것입니다!"

직원들의 얼굴 표정이 변하는 게 보였다. 두려움이 흥분으로 바뀌었다. 이런 상황에 관하여 예수께서 하신 말씀이 점점 분명해지자 그들 안에 믿음이 솟아났다.

나는 말했다. "좋습니다. 지금부터 우리는 '있어야 할 일'과 '있어서는 안 될 일'의 목록을 작성해서 그대로 기도하고 명령할 것입니다." 나는 칠판에 적기 시작했다. "첫째로, 이 건물이 손톱만큼도 타서는 안 됩니다. 다음, 우리 건물만 살리고 동네는 다 타 버리도록 구경하는 것도 하나님의 뜻이 아닙니다. 게다가 저 수려한 산과 고풍스런 소읍과 아름다운 초목이 내다보이는 이 멋진 부지를 우리는 웃돈 하나 안 들이고 얻었는데, 그것이 검게 불탄 풍경으로 바뀌게 내버려 둘 수는 없습니다. 그러므로 이 불은 우리 사무실에서 내다보이는 풍경을 한 점도 태울 수 없습니다." 이것이 목록의 두 번째 항목이 되었다.

나는 또 말했다. "우리는 괜히 건물에서 이사하느라 그 모든 시간과 에너지와 돈을 들이지 않을 것입니다. 시간과 에너지와 돈은 영혼을 섬기는 데 쓸 수 있는 값진 재산이므로 더욱 안 됩니다. 만약 우리가 대피해서 임시 장소에서 일하게 된다면 효과적인 업무 수행이 무척이나 어려워질 것입니다. 그러므로 세 번째 목록은 불이 램퍼트레인지 길을 넘어오지 않는 것입니다. 우리는 대피하지 않습니다."

매직펜을 들고 칠판 앞에 서서 나는 계속 말했다. "바람의 방향도 바뀌어야 합니다. 동쪽에서 서쪽으로 불어야 합니다." 목록의 네 번째 항목이었다.

직원들은 정말 빨려들고 있었다. 두려움과 낭패감에 짓눌리기는커녕 오히려 그들 가운데 새로운 에너지와 결의가 보였다. 누군가 폭우가 내려 불이 꺼져야 한다고 제안했다. 화재가 발생한 지 벌써 3주째인데 소방관들은 비가 없고 바람이 세서 진화에 어려움을 겪고 있었다. 모두 동의하여 폭우가 다섯 번째 목록이 되었다.

여섯 번째이자 마지막 항목은 불이 꺼지는 것이었다. 산소나 재목이 부족해서든 물로 꺼지든, 어쨌든 우리는 불에게 꺼지라고 명령할 참이었다. 불은 꺼질 것이다!

회의중에 나는 마치 풋볼 코치가 큰 시합을 앞두고 있는 선수들에게 의욕을 불어넣듯이 그렇게 직원들을 독려했다. 이제 그들은 아주 흥분되어서 어서 어서 주차장으로 나가 불에게 말하고 싶은 심정이었다. 그들의 눈빛이 살아나고 믿음이 솟아나 얼굴에서 두려움과 염려가 가시는 것을 지켜보노라니 재미있었다.

우리 신앙이 느낌이나 감정이나 지식적 정보에 이끌릴 때가 너무나 많다. 그런 것들은 우리의 믿는 능력을 죽인다.

나는 말했다. "좋습니다. 이제 하나만 더 말하면 됩니다. 우리는 구하는 것을 언제 받습니까?"

아무도 말이 없었다. "불이 꺼질 때"가 논리적인 답 같았지만, 똑똑한 우리 팀답게 왠지 그건 정답이 아님을 알았다. 갑자기 정적이 흘렀다. 그렇다고 솟아나던 그들의 믿음이 조금이라도 움츠러든 것은 아니다. 고요함 중에도 그들의 힘을 느낄 수 있었다.

잠시 후 내가 침묵을 깨고 힘주어 말했다. "칠판에 적힌 말씀을 다시 한

번 보십시오. '그러므로 내가 너희에게 말하노니 무엇이든지 기도하고 구하는 것은 받은 줄로 믿으라. 그리하면 너희에게 그대로 되리라.'" 이어 나는 같은 구절을 KJV역으로 읽어 주었다.

너희는 기도할 때 받은 줄로 믿으라.

"여러분, 예수님이 분명히 말씀하십니다. 이루어지라고 기도하고 명할 때, 바로 그때가 우리가 믿는 때이고 구한 것을 받는 때입니다. 우리한테는, 이 여섯 가지를 입 밖에 내는 순간 일이 이루어집니다. 눈으로 보는 것이나 감각으로 느껴지는 것은 중요하지 않습니다. 우리는 더 확실한 정보를 믿습니다. 바로 우리 하나님의 말씀입니다."

이어 나는 바울이 고린도 교인들에게 한 말을 지적해 주었다. "우리가 주목하는 것은 보이는 것이 아니요 보이지 않는 것[하나님의 말씀]이니 보이는 것은 잠깐이요 보이지 않는 것은 영원함이라"(고후 4:18). 우리는 눈에 보이는 불에 주목하지 않을 것이다. 그보다는 이 방에서 결정했고 주차장에서 명령할 그 내용에 주목할 것이다. 눈에 보이는 불은 변하게 마련이다.

나는 선임 직원을 시켜서 이삿짐 회사의 서비스가 필요 없게 되었음을 전하게 했다. 또 불에게 말하기를 마치면 주차장의 짐을 다 모아 도로 건물 안으로 들이라고 말했다.

"자, 불에게 말할 준비가 되었습니까?" 내가 큰소리로 물었다.

"예!" 그들은 힘차게 대답했다.

우리는 다 주차장으로 나갔다. 그리고 이렇게 기도했다. "아버지, 주의 영혼들을 섬길 수 있도록 우리에게 이 아름다운 건물을 주셔서 감사합니다. 아름다운 경치까지 보게 하시니 더욱 감사합니다. 이중 어느 것 하나도 소실되지 않고, 우리 건물이나 주변 경관 곧 다른 건물들이나 초목들도 불타지 않게 하실 것을 믿습니다. 대피해야 할 일이 없고 바람의 방향이 바뀌어 동쪽에서 서쪽으로 불게 해주실 것을 믿습니다. 끝으로, 폭우가 내려 불이 꺼지기를 기도합니다. 예수님의 이름으로 기도합니다."

이제 불에게 말할 차례였다. "이제 우리가 예수님 이름의 권세로 이 문제를 향하여 말할 때, 성령께서 저희 편이 되어 주시니 감사합니다." 우리는 모두 손가락으로 서쪽 산 위에 피어오르는 거대한 연기와 재의 기둥들 쪽을 가리켰다. 내가 먼저 말하고 직원들이 모두 한목소리로 크게 따라했다. "불아, 우리가 예수 그리스도의 이름으로 너에게 명한다. 너는 우리 건물을 태우지 말고, 우리 시도 태우지 말고, 저기 보이는 어떤 초목도 태우지 말아라. 너에게 명하노니 진행을 멈추고, 램퍼트레인지 길을 넘어오지 말아라. 너의 기세는 이제 곧 꺼져라! 바람아, 우리가 예수님의 이름으로 명하노니 너는 방향을 바꾸어라. 너에게 명하노니 동쪽에서 서쪽으로 불어라. 또한 폭우를 부르니 네 위에 쏟아져라. 이 모두를 예수 그리스도의 이름으로 선포한다!"

마음속에 부풀어 오른 믿음으로 다들 뜨겁게 선포했다. 우리는 모두 한 마음 한 뜻으로 일치단결하여 물러서지 않았다. 주님이 우리 편임을 알았다.

우리가 선포하자 갑자기 바람이 바뀌었다. 하나님이 증인이시고 내 직원들이 증인이다! 지금까지 바람은 서쪽에서 동쪽으로 급히 불었고 벌써 며칠째 그랬다. 그러던 바람이 순식간에 일정하게 동쪽에서 서쪽으로 불고 있었다. 더러는 이런 생각이 들었다. '꿈인가? 이렇게 될 줄 믿기는 했지만 자연을 향해 말을 마치기도 전부터 이렇단 말인가?'

선포가 막 끝나자 건물 안에 남아 전화를 받던 직원이 갑자기 주차장으로 달려 나오며 소리쳤다. "바람의 방향이 바뀌었대요!" 그녀는 곧장 선임 직원과 내게로 와서 말했다. "소방관들이 잔뜩 고무되어 있어요! 바람이 갑자기 방향을 바꾸어 동쪽에서 서쪽으로 불고 있답니다!" 그녀는 교환대 옆의 무전기를 소방관들의 주파수에 맞추고 있었다. 온종일 무전 교신을 살피던 그녀는 소방관들이 방금 발생한 극적인 풍향 변화 때문에 흥분하여 무전기에 대고 외치는 소리를 들었던 것이다. 이로써 도시를 향한 산불의 진행이 멈추었다.

우리 안에 저절로 함성이 터졌다. "아버지, 감사합니다! 아버지는 너무나 놀라우신 분입니다. 너무나 신실하신 분입니다!"

그날 밤 나는 집 뒤 베란다에 나가 또 다른 현상을 목격했다. 우리 집은 사무실 건물에서 동쪽으로 몇 킬로미터 거리에 있다. 바람은 여전히 동쪽에서 서쪽으로 불고 있었다. 사무실 쪽을 내다보는데 서쪽에서 이동해 오는 폭풍우가 보였다. 나는 아내를 베란다로 불러 말했다. "리자, 어떻게 이럴 수가 있소? 바람은 동쪽에서 서쪽으로 부는데 폭풍우는 서쪽에서 동쪽으로 이동하고 있소." 정말 폭우가 쏟아졌고 며칠 내로 산불은 완전히 꺼졌다. 정말 기적이었다.

그날 이후로 우리 직원들은 전과 달라졌다. 이제 그들은 하나님의 보좌 앞에 나아가 기도할 때 아주 담대하고 구체적이다. "의인의 간구는 역사하는 힘이 큼"(약 5:16)을 그들은 마음속 깊이 안다. AMP에 보면 의로운 기도는 "엄청난 능력을 가능하게[강력히 역사하게] 한다"고 되어 있다. 우리 기관 회의실의 큰 칠판에는 각 사역 부서의 기도 제목들이 구체적으로 적혀 있다. 많은 방문객들이 아침 직원 기도회 때 우리 사무실에 왔다가 팀원들이 믿음으로 뜨겁게 기도하는 것을 보고 감동한다.

내 질문은 이것이다. 나 자신의 삶을 위해서나 내 영향권 내의 다른 사람들을 위해서나 먼저 은혜를 받아야 하는데, 우리가 믿음으로 살지 않아 받지 못하고 있는 것들이 얼마나 많은가? 우리 신앙이 느낌이나 감정이나 지식적 정보에 이끌릴 때가 얼마나 많은가? 그런 것들은 우리의 믿는 능력을 죽인다.

우리는 처음부터 거절당하고도 그 거절을 답으로 받아들이지 않은 그 그리스 여인의 믿음을 배워야 한다. 사람들이 조용히 하라고, 현 상태를 받아들이라고, 무리하지 말라고, 자기들처럼 행동하라고 말할 때도 단념하지 않은 바디매오의 믿음을 배워야 한다. 중풍병자를 데려왔다가 예수께 다가갈 수 없자 결연히 지붕에 올라가 지붕을 뚫고서라도 주님께 고침을 받은 그 사람들의 믿음을 배워야 한다. '그분을 만져라도 보자'며 무리를 뚫고 사람들 발 사이로 바닥을 기어가 그분의 옷자락을 잡은 그 여인의 믿음을 배워야 한다.

우리는 어떤 믿음으로 살아왔는가? 우리는 결연히 받고자 하는가? 당차게 추구하는가? 아니면 패하고 있는가? 예수께서 값비싼 대가를 치르고 해방시켜 주려 하신 그 상태를 우리는 어떻게 받고 있는가? 예수께서 "그러나 인자가 다시 올 때에 그처럼 끈질긴 믿음을 이 땅에서 얼마나 찾을 수 있겠느냐"(눅 18:8, 메시지)라고 물으신 그 세대가 바로 우리는 아닌가?

내려오는 게 아니라 일어나는 것이다!

이사야는 예수께서 재림하여 맞이하실 영광스러운 교회를 희미하게나마 내다보고 이렇게 썼다.

일어나라 빛을 발하라 이는 네 빛이 이르렀고 여호와의 영광이 네 위에 임하였음이니라 보라 어둠이 땅을 덮을 것이며 캄캄함이 만민을 가리려니와 오직 여호와께서 네 위에 임하실 것이며 그의 영광이 네 위에 나타나리니 [잃어진] 나라들은 네 빛으로, 왕들은 비치는 네 광명으로 나아오리라 네 눈을 들어 사방을 보라 무리가 다 모여 네게로 오느니라 네 아들들은 먼 곳에서 오겠고 네 딸들은 안기어 올 것이라 그때에 네가 보고 기쁜 빛을 내며 네 마음이 놀라고 또 화창하리니 이는 바다의 부가 네게로 돌아오며 [믿지 않는] 이방 나라들의 재물이 네게로 옴이라(60:1-5).

이사야가 묘사한 대로 하나님은 비범하게 살라고 교회를 부르셨다. 사역을 오래 하면서 나는, 하나님이 조만간 교회에 큰 부흥을 주실 거라는 태도나 생각을 지닌 사람들을 정말 많이 보았다. 마치 그분이 갑자기 일어나 교회에 큰 능력을 부으시기를 우리 쪽에서 기다리는 것 같다.

세월이 가면서 말씀을 묵상하면 할수록 나는 그분이 우리를 기다리고 계신다는 결론에 이르게 된다! 그분은 믿음 있는 세대를 찾고 계신다. 이사야는 하나님의 영광이 우리에게 아주 강하게 나타나 잃어버린 영혼들이 우리의 빛으로 나아오리라고 선포했다. 그들은 떼 지어 몰려들 것이고, 영원한 하나님 나라에 영혼들의 큰 수확이 있을 것이다.

그러나 그분의 영광과 능력은 내려오지 않는다. 대신 이사야의 말을 보라. "여호와의 영광이 네 위에 일어났음이니라(NKJV)." 천국에서 내려오는 게 아니라 우리 안에서 일어나는 것이다. 교회는 본연으로 돌아와 드디어 하나님을 제대로 믿을 수 있을까? 우리의 믿음은 드디어 초대교회처럼, 아니 그보다 더 강해질 수 있을까? 우리는 예수님의 말씀을 정말 믿고 당찬 믿음으로 따라갈 것인가?

하나님이 우리를 간절히 기다리고 계신다! 마침내 알아들을 세대가 오리라는 것과 "의인은 믿음으로 말미암아 살"아 결국 비범한 영광을 받고 또 드러내리라는 것을 그분은 내다보셨다. 이 비범한 영광은 이전 모든 세대에게도 주어졌지만 그들은 단순히 믿지 않아서 그것을 놓쳤다.

믿음이 얼마나 중요한지 알겠는가? 성경에 왜 믿음이 없이는 하나님을 기쁘시게 할 수 없다(히 11:6 참조)고 했는지 알겠는가? 우리는 비범한 삶으로 부름 받았다. 그러나 당찬 믿음이 없이는 그것을 얻을 수 없다! 이제 우리의 수의를 벗어 버리자. 우리는 이 세상에 속한 사람들이 아니다. 우리는 왕 같은 제사장들이요 거룩한 세대요 종(種)이 다른 사람들이다. 우리는 신성한 성품을 지닌 빛의 아들딸들이며, 지극히 크신 능력이 우리 안에 있다.

마귀는 이사야가 예언한 영광스러운 교회와는 상대가 못 된다. 왜 우리는 예수께 속한 것들을 끝까지 끈기 있게 따라가지 않는가? 그분은 나라들을 해방시키려고 값을 치르셨다. 그분은 잃은 영혼들을 구원하고 그들에게 그분처럼 사는 법을 가르칠 권세를 우리에게 주셨다.

> 하늘과 땅의 모든 권세를 내게 주셨으니 그러므로 너희는 가서 모든 민족을 제자로 삼아 아버지와 아들과 성령의 이름으로 세례를 베풀고 내가 너희에게 분부한 모든 것을 가르쳐 지키게 하라 볼지어다 내가 세상 끝 날까지 너희와 항상 함께 있으리라(마 28:18-20).

이것은 당신과 내게 주시는 주님의 말씀이다. 하늘과 땅의 모든 권세를 받은 그분은 "그러므로 너희는 가서…"라고 말씀하신다. 자신의 권세를 우리에게 넘겨주신 것이다. 이제 우리는 그분의 권세를 가지고 그분을 대신하여 그분의 이름으로 가야 한다. 우리와 그분은 하나이며 "주께서 그러하심과 같이 우리도 이 세상에서 그러하”기(요일 4:17) 때문이다. 주님이 우리에게 얼마나 많은 것을 맡기셨는지 알겠는가? 우리는 당차게 전진하여 이 땅에 천국을 이루어야 한다. 자신의 삶에도 그렇고 자신의 영향권에 대해서도 마찬가지다.

당신의 믿음은 일어나고 있는가? 그 무엇이나 누구도 당신의 믿음을 막거나 이기거나 물리칠 수 없음을 알기 바란다. 당신 자신만이 믿음을 포기할 수 있는 선택권을 가지고 있다. 어떤 어둠의 세력도 당신의 믿음을 막지 못한다! 예수님은 “내가 너희에게 … 원수의 모든 능력을 제어할 권능을 주었으니 너희를 해칠 자가 결코 없으리라”(눅 10:19)고 말씀하신다. 그분은 우리에게 자신의 권세, 그 무엇으로도 대신할 수 없는 권세를 주셨다. 그것을 우리에게 맡기시면서 “너희를 해칠 자가 결코 없으리라”고 못박아 말씀하셨다.

때가 되었다. 10년 후도 아니고 1년 후도 아니다. 지금이 교회가 일어나 당당한 믿음을 통해 은혜의 능력 가운데 비범하게 행할 때다. 당신 자신의 능력은 이제 그만 쳐다보고 당신 안에 거하는 그분의 권세, 그분의 힘, 그분의 능력에 초점을 맞추라. 그분은 우리에게 아주 많은 것을 주셨다! 사람들을 풍성한 삶에 들어오게 하기 위해 우리가 할 수 있는 일은 무한하다.

15

마음 밭에
말씀의 씨를 심으라

Extraordinary: Life You're Meant to Live

우리 마음은 영적 전쟁터다. 마음의 화면에 무엇으로 채우고 믿든 바로 그것이 우리의 삶으로 나타난다. 우리가 날마다 듣고 주의하는 말이 우리 마음의 화면에 그림을 그려 낸다.

지금까지 읽은 내용들을 대강 요약해 보자. 믿음을 가진 우리들의 궁극적인 목표는 하나님을 기쁘시게 하는 것이다. 하늘 아버지께 감동을 드리는 것이 모든 신자들의 열망이다. 반면 '가짜' 신자들에게는 그런 간절한 의욕이 없다. 그런 사람들은 대개 신앙을 개인적 이익 추구라는 시각에서 본다. 은혜로 말미암아 능력 있게 살아가는 사람들은 개인적 이득, 호사스런 생활방식, 탐욕 등에 붙들리지 않는다. 그들의 삶은 자기 영향권 내에 있는 사람들에게 창의력, 재주, 통찰, 자원, 기타 삶의 혜택과 경건한 능력을 끼친다. 아파하는 이들의 필요를 채워 줄 줄 아는 그들의 삶은 당연히 모든 면에서 형통하다.

하지만 우리들 자신의 힘으로는 하나님을 기쁘시게 할 수 없다. 다행히 "하나님을 기쁘시게 하는 삶을 사는 데 필요한 모든 것이 우리에게 있다. 이 모두를 하나님 자신의 능력으로 우리에게 주셨다"(벧후 1:3, CEV). 그 능력은 다름 아닌 그분의 엄청난 은혜다. 이미 살펴본 대로 하나님이 주시는 은혜는 '죄 사함' 이상이다. 은혜는 우리에게 진리의 요구대로 행할 수 있는 힘과 능력을 주는 하나님의 임재다. 바울은 "하나님이 너희 안에서 일하시며 그분께 순종할 마음도 주시고 그분을 기쁘시게 할 능력도 주시나니"(빌 2:13, NLT)라는 말로 그것을 확증했다. 우리가 은혜로 말미암아 비범하게 살면 하나님이 크게 기뻐하신다.

이를 위해 하나님은 먼저 우리에게 새로운 본성을 주셨다. 우리는 용서만 받은 게 아니라 새로운 피조물로 지음 받았다. 예수님 자신의 형상과 모양을 입은 하나님의 자녀가 된 것이다. 이제 이 새로운 본성으로 성령과 연합하여 우리도 예수님처럼 살 수 있다. 그분이 하신 일을 하고 그보다 더 큰 열매도 맺으며, 거룩하고 능력 있고 비범한 삶을 살아갈 수 있다.

이 놀라운 은혜에 접속하는 길은 믿음이다. 은혜를 얻는 다른 길은 없다. 믿음은 은혜를 우리 삶 속으로 날라 주는 송수관과 같다. 우리 안에 죄를 용서받을 믿음밖에 없으면 우리는 다분히 열매 없는 패배의 삶을 살게 된다. 또한 죄를 용서받고 경건함을 이룰 믿음밖에 없으면 삶은 깨끗해지지만 장애물과 역경이 우리를 가로막아, 어려운 사람들에게 하나님 나라의 능력으로 다가갈 수 없다. 그러나 죄를 용서받고 경건하게 살 뿐 아니라 하나님이 그리스도 안에서 주시는 모든 신령한 복까지 받을 믿음이 있으면, 우리는 "그[그리스도]가 행하시는 대로 자기도 행할지니라"(요일 2:6)라는 명령을 능히 수행할 수 있다. 어려운 사람들에게 희망과 해답을 가져다줄 수 있다.

예수님은 사명에 집중하며 사셨다. 그분은 목적과 이유를 가지고 이 땅에 오셨고 그냥 되는 대로 사시며 우연히 기회가 생기는 대로 남을 섬기신 것이 아니다. 특히 목적이라는 말에 주목하며 그분의 말씀들을 들어 보라. "우리가 다른 가까운 마을들로 가자 거기서도 전도하리니 내가 이를[목적을] 위하여 왔노라"(막 1:38, NKJV). "내가 이를[목적을] 위하여 태어났으며 이를[목적을] 위하여 세상에 왔나니 곧 진리에 대하여 증언하려 함이로라"(요 18:37, NKJV). 요한은 그분에 대해 "하나님의 아들이 나타나신 것[목적]은 마귀의 일을 멸하려 하심이라"(요일 3:8, NKJV)고 했다.

그런 예수 그리스도께서 승천하시기 직전에 가장 놀라운 말씀을 우리에게 주셨다.

> 아버지께서 나를 보내신 것 같이 나도 너희를 보내노라(요 20:21).

우리 각자에게 이렇게 말씀하시는 것이다. "내가 목적을 위해(진리를 증언하고, 영원한 열매를 맺고, 마귀의 일을 멸하러) 왔듯이 이제 나도 너희를 보내노라." 그 점을 염두에 두고, 바나바가 안디옥 교회의 각 교인들에게 간곡히 권하는 말을 들어 보라. "그가 이르러 하나님의 은혜를 보고 기뻐하여 모든 사람에게 마음에 목적을 품고 주와 함께 머물러 있으라 권하니"(행 11:23, NKJV).

하나님의 은혜에 접속될 믿음이 없어서 비범하게 살지 못한다면, 우리는 영원한 열매를 맺는 능력과 마귀의 일을 멸할 능력을 잃고 만다. 자신의 목적을 다 이루지 못하게 되는 것이다. 그러고야 어찌 하나님을 기쁘시게 할 수 있겠는가?

그래서 성경은 "믿음이 없이는 하나님을 기쁘시게 하지 못하나니"(히 11:6)라고 못 박아 말한다. 다른 역본에는 "믿음이 없이는 하나님을 기쁘시게 하기가 불가능하나니"(NKJV)라고 했다. 결론은 이렇다. 믿음이 없으면 은혜에 들어갈 길도 없고 하나님을 기쁘시게 할 능력도 없다. 믿음이 조금 있으면 은혜에 조금 연결되어 하나님을 조금 기쁘시게 할 수 있다. 믿음이 크면 은혜가 차고 넘쳐 하나님을 기쁘시게 할 능력도 커진다. 모두가 믿음으로 귀결된다. 제자들은 이 사실을 깨닫는 데 꽤 오랜 시간이 걸렸다. 하지만 일단 깨닫고 나자 자신들의 부족함이 절실히 느껴졌고, 예수께서 적은 믿음을 그토록 참지 못하신 이유도 분명히 이해할 수 있었다. 결국 그들은 이렇게 부르짖었다.

우리에게 믿음이 더 필요하오니 믿음을 얻는 길을 가르쳐 주소서(눅 17:5, NLT).

다른 역본에는 "우리에게 믿음을 더하소서"라고 되어 있다. 마침내 사도들은 믿음의 중요성을 깨달았다. 이 깨달음이 주님의 귀를 얼마나 기쁘게 했을지 가히 상상이 간다. 주께서 몇 년째 그들을 상대로 참을성 있게 일하신 끝에 드디어 그들이 하나님 나라의 성공적인 삶에 꼭 필요한 것을 달라고 청한 것이다. 그분은 이렇게 응하셨다.

너희에게 겨자씨 한 알만한 믿음이 있었더라면 이 뽕나무더러 뿌리가 뽑혀 바다에 심기어라 하였을 것이요 그것이 너희에게 순종하였으리라(6절).

보다시피 예수님은 겨자씨를 언급하신다. 겨자씨는 지름이 2밀리미터 밖에 안 된다. 그 크기가 좁쌀보다 더 작아서 사인펜으로 종이에 살짝 찍은 점만 하다. 예수님의 말씀인즉, 믿음의 시작은 아주 시시해 보인다는 것이다. 그래서 많은 사람들이 그것을 놓친다. 그들은 비범한 삶을 논리적이거나 뭔가 대단한 데서 찾는다. 비범한 삶이 그분의 말씀에서 시작됨을 깨닫지 못하는 것이다. 그분의 말씀이 곧 씨다.

마음에 심어야 한다

그분의 말씀을 우리 존재의 내면에 들여놓는 것이 핵심이다. "사람이 마음으로 믿어"(롬 10:10). 마음은 믿음의 자리이며 따라서 씨를 심어야 할 곳도 바로 거기다. 예수님은 씨 뿌리는 자의 비유에서 이 중대한 진리를 가르치신다. 사실, 이 원리를 깨닫는 것이 오죽 중요했으면 이렇게까지 말씀하셨을까.

> 너희가 이 비유를 알지 못할진대 어떻게 모든 비유를 알겠느냐(막 4:13).

간단히 말해, 이 비유는 믿음의 기본 원리를 보여 준다. 이 비유를 이해하지 못하면 하나님 나라의 다른 원리들은 그대로 비밀로 남게 된다.

비유의 내용은 이렇다. 어떤 농부가 밭에 나가 씨를 뿌렸다. 뿌리는데 더러는 길에 떨어져 사람들이 밟고 새가 먹어 버렸다. 더러는 자갈밭에 떨어져 싹은 났으나 뿌리가 튼튼하지 못해서 곧 말라 버렸다. 더러는 잡초 속에 떨어져 싹은 나고 자랐으나 잡초가 함께 자라 결국 거기에 눌려 버렸다. 끝으로, 나머지 씨는 옥토에 떨어져 풍작을 이루었다.

나중에 예수님과 따로 있을 때 제자들이 비유의 뜻을 물었다. 예수님은 "이 비유는 이러하니라 씨는 하나님의 말씀이요"(눅 8:11)라고 대답하셨다. 이것은 매우 중요하다. "겨자씨 한 알만한 믿음"에서 씨는 성령께서 우리 마음에 하시는 말씀을 가리킨다. 성경을 통해서일 수도 있고, 성경에 합치되는 다른 통로를 통해서일 수도 있다. 앞에서 말했듯이 씨에는 해당 식물의 고유한 성질이 다 들어 있다. 씨는 흙만 있으면 그 생명을 틔워 성장할 수 있다. 곧 보겠지만 흙은 우리 마음을 가리킨다.

하나님은 이 땅에 당신의 나라를 나타내기 원하시며 어두운 세상에 하늘의 복을 베풀기 원하신다. 그런데 그분이 그리스도의 몸을 통해 하시는 일을 제한하는 것이 있다. 그것은 신자들의 마음 상태다. 예수님은 이 땅에 사실 때 아버지의 말씀을 온전히 믿으셨다. 그래서 성경은 그분에 대해 "하나님이여 보시옵소서 두루마리 책에 나를 가리켜 기록된 것과 같이 하나님의 뜻을 행하러 왔나이다"(히 10:7)라고 말한다. 예수님은 하나님의 소원을 온전히 이루셨다. 하지만 이제 그분은 아버지께로 돌아가셨고, 자신이 시작하신 일을 마치는 과제를 우리에게 맡기셨다. 이제 하나님의 뜻(진리를 증언하고 마귀의 일을 멸하는 것)은 한 사람 예수 그리스도를 통해서만 아니라 그분의 몸 전체, 곧 성도들을 통해 이루어질 수 있다. 유일한 조건은 우리가 협력해야 한다는 것이며, 이 모두는 마음에서 시작된다.

계속해서 가장 중요한 이 비유에 대한 예수님의 해석을 살펴보자.

길가에 있다는 것은 말씀을 들은 자니 이에 마귀가 가서 그들이 믿어 구원을 얻지 못하게 하려고 말씀을 그 마음에서 빼앗는 것이요(눅 8:12).

마귀는 믿음이 자기의 일을 멸한다는 것을 알기 때문에 사람들이 말씀을 믿는 것을 싫어한다. 그렇다면 여기서 나오는 논리적인 질문이 있다. "마귀는 하나님의 말씀을 어떻게 빼앗는가?" 하는 것이다. 그는 주로 실망스런 경험, 인간이 만든 기독교 전통, 인간의 논리, 우리가 고수하는 잘못된 신념 따위를 사용한다. 그밖에도 얼마든지 많이 있다.

우리가 기억할 것은 마귀가 뾰족한 꼬리와 뿔을 단 채 쇠스랑을 들고 와서는 "나는 마귀다. 하나님의 말씀을 훔치러 왔다"고 하지 않는다는 것이다. 만약 마귀가 그렇게 자신의 정체를 드러낸다면 대부분의 신자들이 그를 단호히 물리칠 것

> **믿**음의 시작은 아주 시시해 보인다. 그래서 많은 사람들이 그것을 놓친다.

이고, 들은바 말씀을 오히려 더 믿을 것이다. 하지만 성경은 마귀가 간교하고 교활하다고 말한다. 그의 전략은 극히 정상으로 보여서 여간해서는 분간하기가 어렵다. 그의 목표는 하나님의 말씀을 비정상으로 보이게 하고 자신의 지혜를 정상으로 보이게 하는 것이다. 이것이 사탄이 가장 많이 사용하며 사람들에게 잘 먹히는 전략이다!

예수님의 말씀을 다시 들어 보라. "마귀가 가서 그들이 믿어 구원을 얻지 못하게 하려고 말씀을 그 마음에서 빼앗는 것이요." 역시 어둠의 세력에게 위협이 되는 것은 머리에 든 말씀이 아니라 마음에 심긴 말씀이다. "너희에게 겨자씨 한 알만한 믿음이 있었더라면"이라는 예수님의 말씀은 우리 머릿속이 아닌 마음속에 있는 하나님의 말씀을 두고 하신 것이다. 다시 한 번 반복하지만 "사람이 마음으로 믿어 구원에 이"(롬 10:10)른다. 그러므로 비유의 진짜 초점은 씨가 아니라 땅 즉 마음 상태다. 더 읽어 보면 보다 분명해진다.

바위 위에 있다는 것은 말씀을 들을 때에 기쁨으로 받으나 뿌리가 없어 잠깐 믿다가 시련을 당할 때에 배반하는 자요(눅 8:13).

핵심 문구는 "뿌리가 없어"라는 말이다. TEV에는 "속에 깊이 박히지 않아"라고 했다. 그들은 머리로, 그리고 물론 마음으로도 어느 정도 말씀을 기쁘게 듣고 받지만 말씀이 깊이 뿌리내리지 못한다. 말씀이 현상적 세계보다 생생한 실체가 되지 못한다. 문제가 닥치면, 즉 상황이 하나님의 말씀에 어긋나면, 그들은 뒤로 물러난다. 그야말로 믿음이 얕다는 증거다. 그들의 믿음은 쉽게 뿌리 뽑히고 만다.

나를 찾아와 이렇게 말하는 사람들이 많이 있다. "나는 하나님의 말씀을 믿었지만 소용없었습니다. 내 기도는 응답되지 않았습니다." 어떻게 된 일인지 설명하자면 정말 간단하다. 내가 종종 말하는 '믿음의 결정적 시기'라는 것이 있다. 이 시기는 뭔가 구체적인 일을 놓고 하나님을 처음 믿을 때 시작되어 그 일이 이루어지거나 나타날 때까지 계속된다. 이때는 당신이 "믿고 있는" 그 일이 어떻게 될지 모른다. 이쪽으로 기울 수도 있고 저쪽으로 기울 수도 있다. 모두가 당신의 믿음에 달려 있다. 하나님이 '기대를 저버리신' 이유를 묻는 사람들에게 나는 이렇게 말한다. "당신은 믿음의 결정적 시기에 하나님의 말씀보다 문제를 더 믿었습니다."

개인의 믿음에 지나친 비중을 두는 듯한 강한 발언으로 들릴 수도 있다. 하지만 내 말을 뒷받침하는 증거가 성경 곳곳에 넘쳐난다.

예를 들어 베드로는 "오라, 물 위로 걸으라" 하신 예수님의 명령을 처음에는 믿었다. 믿는 동안에는 정말 물 위를 걸었다. 생각해 보라. 당신이 보트를 타고 아주 잔잔한 호수 한복판으로 나가 발을 내딛는다. 물론 당신은 물 위를 걷지 못한다. 하지만 베드로는 걸었다. 그런 베드로도 문제에 집중하기 시작하자 물에 빠지기 시작했다. 잠시 후 예수님은 베드로에게 "믿음이 작은 자"라고 하셨다. "믿음이 없는 자"라고는 하지 않으셨지만 베드로의 믿음은 뿌리가 깊지 못했다.

많은 사람들이 그와 똑같은 자리에 있다. 처음에는 믿지만 문제가 생기면 곧 자신의 얄팍한 믿음을 드러낸다. 우리는 깊이 믿어야 한다. 마지막으로 좋은 땅에 대한 예수님의 설명을 들어 보라(요점에 집중하기 위해 세 번째 흙의 상태는 건너뛴다).

> 좋은 땅에 있다는 것은 착하고 좋은 마음으로 말씀을 듣고 지키어 인내로 결실하는 자니라(눅 8:15).

"인내로 결실하는 자"라는 말을 잘 보라. 깊이 믿으면 고생을 참고 견디게 된다. 하나님이 보여 주신 것과 반대되는 문제도 인내로 헤쳐 나가게 된다. 그래서 성경을 통한 그분의 음성을 마음으로 듣는 것이 참 중요하다. 일단 들었으면 곰곰이 생각하며 묵상하고, 말씀이 그려 내는 그림에 집중해야 한다. 그리고 결국 그것을 말해야 한다.

말씀은 그림을 그려 낸다

말씀이 그려 내는 그림에 대해 이해하는 것이 중요하다. 많은 사람들이 이에 대해 충분히 시간을 두고 생각하지 않는 것 같다. 만일 내가 '석양'이라고 말하면 듣는 사람은 즉시 머릿속에 아름다운 노을의 모습을 떠올릴 것이다. 혹여 당신이 바다를 좋아하여 바닷가에서 휴가를 보냈던 소중한 추억들이 있다면, 해수면 위로 눈부시게 펼쳐진 구름 속에서 붉은 빛을 발하는 태양이 상상 속에 보일 것이다. 또는 당신이 애리조나 주에 산다면 황야에 떨어지는 붉은 불덩이가 보일 것이다. 나처럼 콜로라도 주에 산다면 형형색색의 찬란한 구름을 남기며 로키산맥의 삐죽삐죽한 봉우리들 뒤로 사라지는 태양이 보일 것이다. 하나님의 말씀도 그와 비슷하게 우리의 상상 속에 그림을 그려 낸다. 그분이 우리의 생리를 아시기 때문이다.

하나님이 아브라함[아브람]에게 나타나셔서 하신 말씀이 좋은 예다. 그분은 "아브람아, 두려워하지 말라. 내가 너를 보호하겠고 네게 큰 상을 줄 것이다"(창 15:1, NLT)라고 말씀하셨다. 하나님이 당신에게 나타나셔서 이런 말씀을 해주신다는 게 상상이 되는가? 정말 놀라운 일이다!

그런데 아브라함의 반응은 회의적이었다. "아들도 없는 제게 주의 모든 복이 무슨 소용입니까? … 주께서 제게 아들을 주지 않으셨으니 제 종들 중 하나가 상속자가 될 것입니다"(2-3절, NLT). 아내의 가임기가 끝났으므로 아브라함은 자식을 볼 희망이 없었다. 그의 마음속의 그림은 현실이 그려 준 것뿐이었다. 여자가 일정한 나이가 되면 폐경이 오고 그래서 자식을 가질 수 없다는 것은 경험으로나 지식으로나 맞는 그림이었다. 사라는 이미 오래 전에 그때를 넘겼고, 따라서 아브라함의 반응은 자연 세계에서는 당연한 것이었다. 그러나 하나님은 자연 세계를 초월하실 수 있다. 그분께는 불가능한 일이 없다. 아브라함은 그것을 깨닫지 못했다. 그래서 하나님이 "네 상이 클 것임이라"고 말씀하셨는데도 이 노인의 눈에는 그것이 대단해 보이지 않았다. 언젠가는 모든 것이 자기 종의 차지가 될 것이 아닌가.

이때 하나님이 어떻게 하시는지 보라. "그를 이끌고 밖으로 나가 이르시되 하늘을 우러러 뭇별을 셀 수 있나 보라"(5절).

아마 그때는 초저녁이었을 것이다. 과학자들의 말에 따르면 기상 조건이 좋을 때 인간이 육안으로 볼 수 있는 별의 숫자는 약 8천 개 정도라고 한다. 하지만 도시의 불빛이나 습도, 공해가 없었던 고대 중동에서는 눈에 보이는 별이 그보다 더 많았을 것이다. 그 일이 상상이 되는가? 아브라함은 몇 시간 동안 별을 세다가 지쳐서 그만 잠이 들고 말았을 것이다. 이튿날 아침에 깨보니 하나님이 아직 곁에서 이렇게 물어보신다. "그래, 아브라함아, 어젯밤에 별은 다 세었느냐?"

아브라함은 대답했을 것이다. "그럴 리가요. 별을 모두 세는 것은 불가능합니다. 헤아릴 수 없이 많아서요."

그러자 여호와께서 대답하셨다. "네 자손도 그와 같이 너무 많아 셀 수 없게 되리라!" 하나님은 아브라함의 상상 속의 화면에 그림을 그려 주셨다. 그때부터 아브라함은 자손에 대한 하나님의 약속을 생각할 때마다 헤아릴 수 없이 많은 별들을 바라보았을 것이다. 상상 속에서 별들이 갑자기 아기들 얼굴로 바뀌면서 모두 "아빠!" 하고 아브라함을 불렀을 것이다.

어둠의 세력에게 위협이 되는 것은 머리에 든 말씀이 아니라 마음에 심긴 말씀이다.

하나님은 또 모래의 이미지로 아브라함에게 이 진리를 말씀하셨다. "네 씨가 크게 번성하여 하늘의 별과 같고 바닷가의 모래와 같게 하리니"(창 22:17). 아브라함의 순례 여정은 바다를 끼고 돌 때가 많았다. 그에게는 아마 따뜻한 모래가 발밑에 느껴지던 좋은 추억도 있었을 것이다. 하나님의 말씀이 있기 전, 어느 날 아브라함 혼자 이런 생각을 했을 수도 있지 않을까? '모래가 정말 많구나. 도대체 모래알이 얼마나 될까? 헤아릴 수 없이 많겠지!' 아브라함의 세계에서 별과 모래는 무수히 많은 것의 상징이었고, 그래서 하나님은 그런 예들을 쓰셨다. 아브라함이 현대의 생물학자라면 하나님은 "네 자손이 인체의 세포 수만큼 많게 되리라"라고 하셨을지 모른다.

예수님도 하나님의 말씀을 전하실 때 똑같은 방법을 사용하셨다. 그분은 어부들에게는 물고기 이야기를, 농부들에게는 농사 이야기를, 상인들에게는 장사와 재정에 관계된 이야기를, 일반 대중에게는 결혼식과 가족 관계와 기타 일상적 이야기를 들려주셨다. 누구든지 진리를 자신의 일상 생활의 구체적인 무엇과 연결시킬 수 있도록 하신 것이다. 하나님은 오늘날 당신과 내게도 똑같이 하신다. 우리 상상 속의 화면에 말씀으로 그분이 원하시는 그림을 그려 주신다.

사람들의 마음을 가운데 놓고 원수와 하나님이 다투고 있다. 그래서 우리 마음은 영적 전쟁터다. 화면을 무엇으로 채우고 믿든 바로 그것이 우리의 삶으로 나타난다. 우리가 날마다 듣고 주의하는 말이 우리 마음의 화면에 그림을 그려 낸다. 그래서 예수님은 "너희가 무엇을 듣는가 스스로 삼가라"(막 4:24)고 하셨다.

사탄이 당신의 생각 속에 뿌리는 말은 실패, 패배, 빈곤, 질병, 절망, 남을 돕지 못하는 무능 따위다. 그밖에도 끝없이 많다. 당신이 자신을 변화를 경험할 수 없는 평범한 존재로 볼 때 사탄은 기뻐한다. 염려는 믿음의 반대이므로 사탄의 최대 무기가 된다. 염려는 아직 벌어지지도 않은 일을 당신 마음의 화폭에 그리다 못해 아예 영화로까지 상영하는 일이다. 당신이 두려워하는 것이 곧 당신의 화면을 지배하게 되어 있다.

하나님이 하시는 일은 그것과는 정반대다. 그분이 하시는 말씀은 희망의 그림을 낳는다. 그래서 성경은 아브라함에 대해 이렇게 말한다.

아브라함이 바랄 수 없는 중에 바라고 믿었으니 이는 네 후손이 이

같으리라 하신 말씀대로 많은 민족의 조상이 되게 하려 하심이라(롬 4:18).

하나님이 그 말씀을 하신 때는 아브라함이 별을 세려다 세지 못한 직후였다. 이제 그의 마음속에 수많은 자손의 그림이 그려졌다. 아내가 임신할 수 없어 종이 상속자가 될 것이라던 이전의 그림이 새로운 그림으로 대체되었다.

바울은 왜 아브라함이 "바랄 수 없는 중에 바랐다"라고 썼을까? 여기 첫 번째 바람은 본능적인 것이다. 아브라함의 경험으로 보건대 사라와의 사이에서 자식이 생길 리가 없었다. 하지만 다른 바람, 하나님이 주시는 소망이 있다. 바울이 말한 두 번째 바람이 그것이다. 안타깝게도 우리는 소망이라는 단어를 '어쩌면 혹시'라는 말로 전락시켜 버렸다. "그러기를 바란다"는 말의 속뜻은 "그럴 리 없겠지만 혹시 그럴지도 모른다"이다. 이것은 성경적 시각이 아니다. 성경에서 소망이라는 말은 '확신에 찬 기대'로 정의된다. 아브라함은 하나님이 자기 마음에 그려 주신 소망과 비전을 믿었다. 실제로 아들을 낳기 전부터 아브라함은 믿음으로 자기 이름을 '여러 민족의 아버지'라 고쳤다. 하나님은 거짓말하실 수 없으므로 그는 이미 된 줄로 믿었던 것이다. 그래서 히브리서 기자는 이렇게 말한다.

믿음은 바라는 것들의 실상이요(히 11:1).

소망은 하나님의 말씀이 우리 마음의 화면에 그려 내는 그림이다. 그리고 그것을 실상이 되게 하는 것, 즉 실현시키는 것은 믿음이다. 수많은 사람들이 믿음에 힘들어 하는 이유는 소망이 없어서다. 소망이 없으면 믿음이 실현할 것이 없어진다.

이렇게 보아도 좋다. 소망을 설계도로, 믿음을 건축 자재로 보는 것이다. 못, 목재, 타일, 창문, 기와, 배관 등이 아무리 많아도 설계도가 없으면 아무것도 지을 수 없다. 누군가 이렇게 반박할지 모른다. "그래도 나는 지을 수 있다. 그냥 생각해서 지으면 된다." 물론 그럴 수 있겠지만 그래도 어떻게 생긴 집인지 당신의 머릿속에 이미지가 있어야 한다. 그것이 바로 설계도다.

다시 말한다. 당신의 마음에 소망 곧 비전, 그림, 이미지, 설계도가 없으면 당신의 믿음은 실현할 것이 없어진다. 그래서 바울은 큰 박해를 당하고 있던 로마 그리스도인들에게 이렇게 말했다.

> 소망을 주시는 하나님이 너희 믿음 때문에 너희에게 온전한 행복과 평안의 복을 주시기를 기도하노라 또한 성령의 능력이 너희를 소망으로 가득하게 하기를 원하노라(롬 15:13, CEV).

이 말씀은 내가 제일 좋아하는 구절 가운데 하나다. NIV에는 "소망의 하나님이…"라고 되어 있다. 그분의 이름은 "소망의 하나님"이다! 그분과 함께 있으면 소망과 비전이 나온다. TEV에는 "소망의 근원이신 하나님이 너희 믿음으로 말미암아 너희를 모든 기쁨과 평안으로 충만하게 하셔서 너희 소망이 성령의 능력으로 계속 자라기를 원하노라"라고 했다. 소망과 믿음이 협력하여 어떻게 기쁨과 평안과 행복을 낳는지 보이는가? 소망은 성령의 능력에서 온다. 성령 하나님은 우리 마음에 진리의 그림을 그리기 원하시며, 우리에게 하시는 말씀을 통해 그 일을 하신다.

역시 이것은 치열한 전쟁이다. 성령뿐 아니라 마귀도 당신 마음의 화면에 접근하려고 한다. 원수가 당신으로 하여금 실패, 패배, 정욕, 교만, 질병, 죽음, 무능, 파멸 따위 – 그가 거짓말을 써서 그려내는 모든 그림 – 을 믿게 만들 수 있다면 그는 당신을 장악한 것이다. 믿음은 바라는 것들의 실상이지만 두려움은 염려하는 것들의 실상이다. 욥은 "내가 두려워하는 그것이 내게 임하고 내가 무서워하는 그것이 내 몸에 미쳤구나"(3:25)라고 말했다.

구원받은 직후인 20대 초반에 나는 굉장한 영적 싸움을 통과해야 했다. 머릿속에 성적으로 문란한 장면들이 보였고 밤이면 밤마다 그것들이 꿈에 나타났다. 이런 이미지들은 남들의 말, 영화나 텔레비전의 장면, 광고 등을 통해 더 강해졌다. 그러나 대부분의 경우 그 역겨운 그림들은 난데없이 불쑥 찾아왔다. 나는 그런 이미지들에 시달렸고 두려움에 붙들렸다. 그리고 이런 의문도 들었다. '장차 결혼하게 될 여자와 건강한 성생활을 할 수 있을까? 바른 생각으로 여자를 보는 것은 불가능한 일일까? 내 삶에 이런 죄가 있는데 어떻게 다른 사람들을 섬길 수 있나? 나는 비정상이 아닐까?'

그러던 어느 날 다음과 같은 하나님의 말씀을 만났다. "우리가 육신으로 행하나 육신에 따라 싸우지 아니하노니 우리의 싸우는 무기는 육신에 속한 것이 아니요 오직 어떤 견고한 진도 무너뜨리는 하나님의 능력이라"(고후 10:3-4). 바울이 말하는 견고한 진은 이렇다.

모든 이론을 무너뜨리며 하나님 아는 것을 대적하여 높아진 것을 다 무너뜨리고 모든 생각을 사로잡아 그리스도에게 복종하게 하니(고후 10:4-5).

제일 먼저 나온 말은 이론, 곧 우리 상상의 화면에 그려진 그림이다. 그 다음은 잘못된 지식이며, 끝으로 잘못된 생각이다(이 둘에 대해서는 이번 장 뒷부분에서 살펴볼 것이다). 바울이 분명히 밝혔듯이, 견고한 진은 물리적 전투가 아니라 영적 전투의 진이다. 비뚤어진 상상을 무너뜨리고 하나님의 소망으로 그 자리를 대신하려면 성령의 검(하나님의 말씀)이라는 막강한 무기가 필요하다.

그것을 알고부터 나는 싸움에서 우세해졌다. 나는 내 미래가 확실함을 알았고, 이제부터 하나님의 말씀으로 싸웠다. 이미지들을 상대로 직접 말하며, 예수님의 이름으로 무너지라고 명했다. 성생활에 관해 하나님의 말씀에 선포된 내용을 그대로 말했다. 힘든 싸움이었지만 어차피 그 견고한 진은 무너지고 건강한 이미지들로 대체되어야 했다.

이 싸움에서 이기자 다른 싸움이 닥쳐왔다. 처음에는 대부분 내 사생활과 관련된 싸움이었다. 그러다 내가 점점 성숙해지면서 싸움은 전도의 영역으로 넘어갔다. 이것이야말로 원수가 지배하려 드는 가장 중요한 격전지다. 우리가 다른 사람들에게 미치는 영향과 직결되기 때문이다. 예수님은 베드로를 보시며 말씀하셨다.

> 시몬아, 시몬아, 보라 사탄이 너희를 밀 까부르듯 하려고 요구하였으나 그러나 내가 너를 위하여 네 믿음이 떨어지지 않기를 기도하였노니 너는 돌이킨 후에 네 형제를 굳게 하라(눅 22:31-32).

언젠가 내가 중서부에서 사역할 때, 농부들을 섬기는 한 목사가 예수님이 시몬 베드로에게 하신 말씀을 내게 이해시켜 주었다. 밀을 아무렇게나 까부르면 알갱이가 손상되어 재생산이 불가능해진다고 한다. 그 설명을 듣고 보니 예수님이 베드로에게 하신 말씀이 "사탄이 너희의 재생산 능력, 열매 맺는 능력을 앗아가려 한다"는 뜻으로 이해되었다.

원수는 당신이 그리스도인으로서 편히 살고, 돈 많이 벌고, 장수를 누리다 어느 날 천국에 가는 것은 별로 신경 쓰지 않는다. 그가 가장 겁내는 것은 당신의 재생산이다. 일단 그 차원에 들어가면 더 맹렬한 싸움이 당신을 기다리고 있다.

우리 부부가 사역중에 겪어 왔던 영적 싸움을 말하자면 책 한 권은 족히 될 것이다. 영혼을 구하는 최전선에 있는 사람이라면 누구나 마찬가지일 것이다. 우리가 전임 설교 사역을 시작한 지 석 달 후인 1988년의 어느날 밤, 리자가 나를 보며 분해서 하던 말이 기억난다. "이렇게 큰 마귀들이 있을 줄은 몰랐어요."

우리에게 닥쳐오는 전투는 맹렬하고 노골적일 때도 있고 더 교활할 때도 있다. 앞서 말한 상상 속의 화면을 잘 보여 주는 교활한 전투의 사례가 있다.

나를 까부르려던 사탄의 교활한 시도

1992년의 어느 날 아침, 하나님은 내게 책을 쓰라고 말씀하셨다. 영원히 잊지 못할 신령한 만남이었다.

나는 학교에 다닐 때 국어를 싫어했고 대학입시 때도 언어 영역에서 낙제했다. 그래서 공대에 갔던 것이다. 그런 내게 책을 쓰라 하시다니 하나님이 정말 사람을 잘못 고르신 것 같았다. 나는 열 달 동안 불순종하며 책을 쓰지 않았다. 그러던 중에 2주 안에 두 여자가 똑같은 메시지를 들고 나를 찾아왔다. "존 비비어, 하나님이 쓰라고 주신 내용을 당신이 글로 쓰지 않는다면 그분은 그 메시지를 다른 사람에게 주실 것이고 당신은 불순종에 대해 심판을 받을 것입니다." 두 번째 여자의 말을 듣고서 나는 하나님이 두려워 종이와 펜을 꺼냈다.

첫 책을 써 놓고도 나는 '누가 이걸 출판해 주겠어?'라는 생각과 계속 싸웠다. 나는 잘 알려진 사람이 아니었고, 그때까지 교인이 백 명 안팎인 교회들에서만 말씀을 전했으며, 인구 3천의 중서부 소읍에서 자란 중고등부 전도사 출신이었다. 내 메시지가 어떻게 일반 대중에게 전해질 것인지 막막했다. 하지만 하나님이 하라고 하셨으니 계속 밀고 나갔다.

마침 내가 살던 도시에 기독교 출판사가 하나 있어서 그곳에 나의 첫 원고를 넘겼다. 몇 주 동안 아무 연락이 없었다. 전화를 해봤더니 높은 사람이 "책이 너무 설교조라서 출판할 마음이 없습니다"라고 대답했다. 그것도 모자라 며칠 후에는 내 친구 하나가 원고를 읽어 보고 이렇게 말했다. "성경 인용이 너무 많군."

> 염려는 아직 벌어지지도 않은 일을 당신 마음의 화폭에 그리다 못해 아예 영화로까지 상영하는 일이다.

나는 낙심과 싸웠다. 두 사람의 말은 내 상상 속에 실패의 그림을 그리고 있었다. 그때는 다 몰랐지만 그것이 내 재생산을 막으려는 원수의 계략이었음을 이제는 안다. 사탄이 나를 까부르려 했다. 하지만 하나님이 말씀하셨으므로 나는 그 책이 대중에게 전해지리라 믿었다. 내 앞에 두 길이 있었다. 영향력 있는 두 사람의 말이 내 마음속에 실패의 비전을 그리도록 둘 것인가, 아니면 하나님이 주신 말씀의 소망을 굳게 붙들 것인가? 나는 하나님을 믿기로 했고, 실패의 이미지와 싸웠다. 그런 이미지 대신에 하나님의 말씀을 입으로 말했다. 이 일은 다분히 기도 골방에서 이루어졌다. 내게 주신 하나님의 목적을 지지하는 사람들도 힘을 합해 주었는데, 그중에서도 가장 크게 격려해 준 사람은 아내였다.

다른 출판사에 연락했으나 역시 거부당했다. 원고를 원하는 출판사는 없고, 우리 또한 포기하지 않기로 이미 결심했으므로 결론은 하나, 자체 출간하기로 했다.

이듬해에 나는 작은 교회들에서 말씀을 전할 때마다 책을 판매했으나 메시지가 대중에게 전해지지는 않았다. 그래도 나는 다른 책을 썼고 이번에도 자체 출간했다. 반응은 그 다음해에도 같았다.

하나님이 책을 쓰라고 말씀하신 지 3년이 지난 해에 나는 또 다른 책을 계획중이었다. 주제는 실족하지 않는 삶이었다. 나는 긴 집필 과정에 착수했고 이번에도 자체 출간할 계획이었다. 미미한 판매 부수에 집중하지 않고 순종하기로 작정했다. 하나님은 내게 책을 쓰라고 명하셨고 내 책들이 대중에게 전해질 것이라고 말씀하셨다. 나는 희망을 버리지 않았다.

그즈음 나는 한 친구와 그의 지인이 동석하는 점심식사에 초대받았는데, 친구의 지인은 마침 나의 첫 책을 거절했던 그 출판사의 신임 간부였다. 소개와 잡담이 오간 후에 출판사 사람이 우리 사역에 대해 물었다. 나는 아내와 함께 여러 교회를 다니며 강연하고 있다고 말했다. 책 두 권을 자체 출간했다는 얘기도 했다.

그는 호기심을 보이며 내게 또 책을 쓸 계획이 있느냐고 물었다. 내가 세 번째 책을 쓰는 중이라고 하자 그는 책의 주제에 대해 물었다. 나는 약간 소개했고 그는 더 물었다. 마침내 그가 말했다. "우리는 1년에 24권의 책만 펴내는데 거의가 기성 저자들이나 전국적으로 잘 알려진 사역자들이라서 당신의 책은 정말 어쩔 도리가 없습니다. 하지만 메시지는 마음에 듭니다!"

"괜찮습니다." 나는 말했다. 그 주제로 얘기가 계속되었다.

막판에 그가 열의를 보이며 말했다. "말하시는 책을 우리가 출간했으면 좋겠는데 관행을 벗어나는 일인 만큼 사장님 허락을 받아야 합니다."

그렇게 그 회사는 나의 세 번째 책을 출간했다. 「관계(*The Bait of Satan*)」 (NCD)라는 책이다.

첫 6개월 동안 판매량은 저조했고 실패작이 될 것 같았다. 나는 왜 몇 사람밖에 읽지 않을 책들을 위해 권당 3백 시간이나 들였던가 하는 생각과 싸웠다. '한 영혼만 온전히 변화되어도 고생한 보람이 있지'라는 말로 자위하면서도 낙심과 실패의 그림과 싸웠다. 하지만 나는 하나님을 믿기로 했고 바랄 수 없는 중에 바라기로 했다. 나는 하나님께 받은 말씀의 자리에 낙심되는 생각이 들어서지 못하게 했다. 전 세계 사람들이 내 책을 읽는 그림이 내게 있었고, 그 그림을 내 화면에 올려 주신 분은 하나님이었다.

그즈음에 한 목사가 내게 와서 말했다. "하나님이 제게 보여 주셨는데 당신의 책이 십만 부 이상 팔릴 거랍니다." 그때까지 팔린 책이 수천 부에 지나지 않았으므로 그 말에 감동했을 것 같지만 사실은 그렇지 않았다. 오히려 그 말에 약간 기분이 상했다. 내게는 십만 부가 아닌 수백만 부가 팔리는 그림이 있었기 때문이다. 나는 절대로 희망을 버리지 않았다.

얼마 후 나는 전국적으로 방송되는 어느 기독교 토크쇼에 게스트로 초대되었다. 내 삶과 사역, 그리고 나의 책 「관계」에 대해 진행자 부부와 함께 25분 간 대화를 나누도록 되어 있었다. 그러나 그날 대화는 없었다. 내 말이 시작되자 진행자 부부는 말을 잃었다. 마치 스튜디오에 하나님이 쳐들어오신 것 같았다. 내가 '실족'을 주제로 말하는 40분 동안 그들은 한 번도 말을 끊지 않았다.

이튿날 미국 모든 서점에서 그 책이 매진되었고, 주말에는 출판사에 있던 물량마저 완전히 동이 나서 주문이 2만 부나 밀렸다. 급히 책을 더 찍어 내야 했다. 이 글을 쓰는 현재까지 내 책들은 수백만 부가 팔렸고 60여개 언어로 번역되었다. 정말 황송한 일이다. 하지만 그 책들의 저자가 누구인지 나는 누구보다도 잘 안다. 바로 성령이시다. 내 이름이 찍혀 있는것은 내가 첫 독자라서 그렇다!

되돌아보면 원수가 얼마나 끈질기게 그리고 교활하게 나를 밀 까부르듯 하려고 했는지 놀라울 정도다. 낙심되는 생각과 말이 참 많았다. 그것이 쉽게 의기소침한 그림으로 이어질 수 있었고, 그랬다면 나는 결국 집필을 그만두었을 것이다. 하나님은 내게 메시지를 맡겨 주셨고 그림대로 이루신 분도 그분이시다!

무엇을 듣고 있는가?

되풀이하여 말한다. 하나님의 말씀을 우리 존재의 내면에 들여놓는 것이 핵심이다. "사람이 마음으로 믿어"(롬 10:10). 그래서 바울은 우리더러적극적으로 "모든 이론을 무너뜨리며 하나님 아는 것을 대적하여 높아진것을 다 무너뜨리고 모든 생각을 사로잡아 그리스도에게 복종하게 하"라(고후 10:4-5)고 힘껏 도전한다.

여기 보면 그는 이론만 아니라 지식과 생각도 함께 언급했다. 지식이나생각도 우리 마음속에 잘못된 이미지를 만들어 낼 수 있기 때문이다. 마음이 믿음의 자리요 씨를 심어야 하는 곳임을 잊어서는 안 된다. 그래서 성경에 "모든 지킬 만한 것 중에 더욱 네 마음을 지키라 생명의 근원이 이에서 남이니라"(잠 4:23)라고 했다.

바울은 우리에게 하나님의 말씀 위로 높아진 지식을 무너뜨리라고 말한다. 마음을 지키려면 머릿속에 들어오는 것을 통제해야 한다. 머릿속에바른 지식을 넣지 않는 한 마음이 제대로 믿을 수 없기 때문이다. 그래서 예수님은 당시의 고집스런 지도자들에게 이렇게 말씀하셨다.

> 너희가 지식의 열쇠를 가져가서 너희도 들어가지 않고 또 들어가고자
> 하는 자도 막았느니라(눅 11:52).

보다시피 지식은 믿음의 열쇠다. 잘못된 지식을 주입하면 잘못된 신념
이 나오고, 결국 바라던 결과가 막힌다.

마음은 아주 진실하지만 믿는 내용이 한참 빗나간 그리스도인들을 나
는 수없이 보아 왔다. 하나님과 동행하는 기초를 하나님의 말씀이라는 바
른 지식에 두지 않고 인간의 논리, 집단 이론, 당연한 합리적 사고, 과거
의 경험, 감정 등에 두는 사람들도 헤아릴 수 없이 많다. 하나님 말씀의 전
체적 가르침에 어긋나는 내용을 고집하거나 심지어 그것을 위해 싸우는
사람들을 만나면 무섭다. 그들이 그러는 이유는 그 잘못된 오류를 진심으
로 믿기 때문이다. 그들은 '난 진실하니까 틀렸을 리 없다'는 논리로 자위
한다. 하지만 사실 마음은 진실해도 머리는 얼마든지 틀릴 수 있다. 생각
의 오류는 마음이 원하는 진리를 막는다.

유대 민족도 똑같았다. 바울은 자기 동족에 대해 이렇게 탄식했다.

> 내가 증언하노니 그들이 하나님께 깊이 헌신되어 있으나 그 헌신은
> 참된 지식에 기초한 것이 아니니라(롬 10:2, TEV).

바울의 말을 보면 "하나님께 깊이 헌신되어 있다"고 했지 "그들 자신에
게 깊이 헌신되어 있다"거나 "인류에 깊이 헌신되어 있다"거나 심지어 "종
교에 깊이 헌신되어 있다"고 하지 않았다. 아니, 그들은 천지를 지으신 하

나님, 우리 주 예수님의 하나님께 깊이 헌신되어 있었다. 다른 역본에는 바울의 말이 "하나님을 향한 그들의 열심을 내가 알거니와"(NLT)라고 되어 있다. 그들은 하나님을 사랑했고 그분의 일에 헌신되어 있었으나 그 진지하고 진실한 마음은 "참된 지식에 기초한 것이 아니"었다.

바울이 말하는 유대인들은 머릿속에 지식의 열쇠가 없었고, 그 때문에 말씀을 마음으로 깨닫지 못했다. 구원의 믿음이 없으니 당연히 구원의 은혜에 접속될 수 없었다. 바울의 말 전체를 두 역본을 합해서 다시 들어 보라. "하나님을 향한 그들의 열심을 내가 알거니와 그것은 방향이 빗나간 열정이다[NLT]. 그 열정의 기초는 지식이 아니라[NIV] … 자기 방법에 매달리고 있는 것이다[NLT]"(롬 10:2-3).

그들은 자기 방법에 매달리느라고 참 믿음을 놓쳤다. 잘못된 지식 때문에 그리스도의 엄청난 공급에서 끊어졌다.

우리도 마찬가지다. 우리도 예수님이 말씀하신 믿음의 씨가 없다면 그리스도의 공급에서 끊어질 수 있다. 이 모두가 잘못된 지식 때문이다. 그래서 바울은 이렇게 역설했다. "너희를 위하여 기도하기를 그치지 아니하고 구하노니 너희로 하여금 모든 신령한 지혜와 총명에 하나님의 뜻을 아는 것으로 채우게 하시고 주께 합당하게 행하여 범사에 기쁘시게 하고 모든 선한 일에 열매를 맺게 하시며"(골 1:9-10).

머릿속에 바른 지식이 있다는 것은 우리 마음에 바른 정보가 주입된다는 뜻이다. 예수님은 우리에게 "너희가 무엇을 듣는가 스스로 삼가라 … 있는 자는 받을 것이요 없는 자는 그 있는 것까지도 빼앗기리라"(막 4:24-25)고 경고하셨다. 하나님의 완전한 말씀에 어긋나는 인간의 논리나 이론이나 경험을 듣는다면 어떻게 믿음의 씨가 우리 마음속에 심길 수 있겠는가? 우리는 마음 밭에 어떤 씨를 뿌리고 있는가?

사고와 마음의 연관성이 어떻게 작용하는지 예화를 통해 알아보자. 당신에게 수만 평방킬로미터의 땅이 있다고 하자. 어느 날 당신은 그 땅에 커다란 인공 호수를 조성하고 그 안에 농어를 방류하기로 작정한다. 일단 농어를 키운 다음, 해마다 호수를 공개해 대대적인 농어 낚시 대회를 여는 게 당신의 꿈이다.

호수가 완공되자 당신은 조사를 통해 인근에서 서비스가 가장 좋은 양식업자를 선정한다. 그리고 그 회사에 가서 거액의 돈을 들여 농어를 다량으로 주문한다. 그런데 그 회사의 신입사원 하나가 큰 실수를 저질러 당신의 호수에 농어 대신 메기를 배달한다.

농어가 다 자라기까지 4년을 기다려 드디어 때가 왔다. 이 꿈을 위해 많은 시간과 노력과 돈을 들였다. 당신은 대회 날짜를 정하고 광고를 한다. 호수에 농어만 있다는 것은 대회의 가장 큰 매력이었다. 호수에 다른 물고기는 없다. 당신이 전 과정을 직접 감독했다. 강물의 유입이 없는 인공 호수인지라 다른 잡어나 탐탁찮은 물고기가 살 수도 없다.

대회 날이 되었다. 특이한 조건 덕분에 사방에서 낚시꾼들이 모여든다. 수백 킬로미터나 떨어진 곳에서 온 사람들도 있다. 모든 참가자들이 보트에 시동을 걸고 호수로 나가는 모습을 보며 당신은 신이 났다. 당신도 농어가 얼마나 크게 자랐을지 알고 싶어 잔뜩 흥분되어 있다.

그런데 한 시간도 못 되어 배들이 돌아오고 당신은 어리둥절해진다. 사람들 얼굴에 웃음은 없고 실망과 노기와 격분뿐이다. 뭐가 잘못된 것일까? 호반에 일착으로 도착한 참가자들이 지겹다는 듯 메기를 들어 보이며 소리친다. "허위 광고요! 호수에 농어만 있다고 하지 않았소? 그런데 농어는 한 마리도 없고 잡히는 거라곤 이놈의 메기뿐이오!" 그들은 환불을 요구한다. 당신은 몇 년을 낭비했고 모든 것을 잃었다. 의도도 좋았고 마음도 진실했지만 당신은 호수의 어종을 제대로 관리하지 못했다.

우리의 믿음도 마찬가지다. 우리는 하나님을 기쁘시게 하는 삶을 원한다. 죽어가는 세상에 복음의 빛을 주는 믿음을 원한다. 하지만 우리가 그간 머릿속에 방류한 것은 하나님의 말씀이라는 바른 지식이 아니라 인간의 논리, 과거의 경험에서 나온 잘못된 이론, 리더십 서적에서 받은 감화, 불신에서 비롯된 변덕스런 감정적 결론 등이다. 우리의 호수(머리)에 가득한 것은 메기다. 그러니 우리의 마음이 거기서 잡아 올릴 것이 무엇이겠는가?

그러므로 우리가 던져야 할 질문은 이것이다. 내 삶에 뿌려지고 있는 씨는 무엇인가? 주입되고 있는 지식은 무엇인가? 내가 듣고 있는 가르침은 무엇인가? 값비싼 농어인가, 원치 않는 메기인가? 예수님은 많은 열매를 맺으며 비범하게 사셨고 사도들도 그랬다. 그런데 교회인 우리는 큰 자원을 받고도 영원한 열매를 맺지 못하며 평범하게 살고 있다. 이래가지고서야 어떻게 기독교가 제 구실을 하겠는가?

우리가 정직하다면 이 질문이 불편할 것이다. 교회에는 계속 나가고 있을지라도 우리는 뒷걸음질 쳤고, 우리 마음은 예수님과 초대교회처럼 살려는 희망을 버렸다. 우리는 경건의 모양도 있고 마음도 진실하나 능력이 없다. 마음속에 믿음의 씨를 심기 위해 진리를 들어야 할 우리가 그러지 못했기 때문이다.

다행히 우리는 계속 그 상태로 있을 필요가 없다. 예수 그리스도는 어제(그분의 사역과 초대교회)나 오늘(우리 시대)이나 영원토록(미래의 모든 세대) 동일하시다. 그분은 교회가 일어나 이 땅에서 그리스도의 몸이 되기를 인내심 있게 기다리고 계신다. 그분은 포기하지 않으신다. 과거에도 그러셨고 앞으로도 그럴 것이다. 신성한 성품이 우리에게 주어졌다! 비범한 잠재력이 우리에게 있다! 이제 우리는 머릿속에 바른 지식을 넣어야 한다. 그러면 그것이 결국 마음에 심겨질 것이다. 또한 우리는 깊이 믿어야 한다. 그러면 어떤 문제를 향해서도 "뿌리가 뽑혀라"고 명하게 될 것이다. 그러면 그 문제가 우리에게 순종한다. 머릿속에 주입하는 내용이 최종 결과는 아니지만 거기서부터 시작된다. 그래서 바울은 이렇게 역설한다.

> 너희는 이 세대를 본받지 말고 오직 마음[생각]을 새롭게 함으로 변화를 받아 하나님의 선하시고 기뻐하시고 온전하신 뜻이 무엇인지 분별하도록 하라(롬 12:2).

"생각을 새롭게 함으로 변화를 받아"라는 말을 잘 보라. 이 세상 사람들은 공중의 권세 잡은 자, "불순종의 아들들 가운데서 역사하는 영"(엡 2:2)이 넣어 준 지식을 따라 살아간다. 사탄은 당신이 그리스도 안에서 자신의 참 정체를 알게 되는 것을 싫어한다. 그는 당신이 열매 없는 그리스도인의 실존에 안주하기를 원한다. 그는 당신이 "우리 가운데서 역사하시는 능력"(엡 3:20)을 모르기를 원한다.

잊지 말아야 할 것이 있다. 바울 당시의 유대인들을 호도하여 그리스도께서 주신 모든 지식을 막았던 그 세력들이 지금도 동일하게 역사하여 교회의 바른 믿음을 막고 있다. 그 악한 세력들은 믿음의 씨를 두려워한다. 따라서 당신의 생각이 달콤한 종교적 사상과 능력 없는 기독교의 가르침들로 채워지고 있다면, 당신은 지는 것이다. 바울의 말을 다른 역본으로 들어 보라. "너희는 이 세상 기준에 맞추지 말고 생각을 완전히 바꾸어 내면에 변화를 받으라"(TEV).

생각이 하나님의 말씀과 조화를 이루면 결국 내면의 믿음도 그렇게 된다. 바울은 다른 교회에 담대히 이렇게 썼다. "너희는 성령으로 말미암아 사고방식에 변화를 받아 새사람이 되라. 너희는 하나님을 본받도록 지음 받았다"(엡 4:23-24, CEV). 당신과 나는 하나님을 닮도록 지음 받았다. 우리는 하나님을 본받아야 한다(엡 5:1 참조)! 바른 생각이 종착점은 아니지만 그 모두는 바른 생각에서 시작된다. 이 과정이 완성되면 우리의 사고는 하나님의 말씀에 부합되게 되고, 그런 사고 과정이 마음속에 씨처럼 심겨져 단단히 뿌리를 내리게 된다. 그러므로 "[사고의] 영이 새롭게 되어"야 한다 (엡 4:23, NKJV)!

16

믿음은 육신의
소욕을 이긴다

생명의 성령의 법이 죄와 사망의 법에서 우리
를 해방시켜 주었다. 하지만 생각의 양분이 영
에서 오지 않고 육신에서 온다면 우리는 생명
의 성령의 법이라는 세계에서 살아갈 수 없다.

지금까지 나는 육신에 대해 거의 언급하지 않았다. 믿음의 부족이나 경
건함의 부재를 손쉽게 육신의 연약함 탓으로 돌리는 신자들이 많기 때문
이다. 그들은 육신의 지배력에 너무 많은 비중을 둔다. 이번 장에서는 이
런 잘못된 사고방식이 비범한 삶에 얼마나 해가 되는지 살펴보고자 한다.

먼저 인간 존재의 구성을 살펴보자. 인간은 하나님의 형상대로 지음 받
았다. 그리고 그 하나님은 한 분이시다. 예수님은 "첫째는 이것이니 이스
라엘아 들으라 주 곧 우리 하나님은 유일한 주시라'"(막 12:29)라고 말씀하
셨다. 바울도 "하나님은 한 분이시니라"(롬 3:30)라며 그것을 확증했다.

하나님은 한 분이지만 별도의 세 위격으로 존재하신다. 인간을 지으실

때 하신 말씀을 보라. "우리의 형상을 따라 … 우리가 사람을 만들"자(창 1:26)라는 말씀 속에서 분명히 우리라고 하셨다. 베드로는 "하나님이 나사렛 예수에게 성령[을] … 기름 붓듯 하셨으매"(행 10:38)라고 증언한다. 아버지와 아들과 성령의 존재가 분명히 구별된다. 이것은 예수께서 세례를 받으실 때도 확인되었다. "예수께서 세례를 받으시고 곧 물에서 올라오실새 하늘이 열리고 하나님의 성령이 비둘기 같이 내려 자기 위에 임하심을 보시더니 하늘로부터 [하나님 아버지의] 소리가 있어 말씀하시되 이는 내 사랑하는 아들이요 내 기뻐하는 자라 하시니라"(마 3:16-17). 역시 성부와 성자와 성령이 각기 별개의 존재로 인정되고 있다.

각 위격의 신성에 대해서라면, 우선 성부 하나님은 의문의 여지없이 하나님이시다. 그분은 "나는 여호와라 나 외에 다른 이가 없나니 나밖에 신이 없느니라"(사 45:5)라고 선언하셨다.

예수 그리스도 역시 하나님이시다. 바울은 "[하나님이] 육신으로 나타난 바 되시고 영으로 의롭다 하심을 받으시고 천사들에게 보이시고 만국에서 전파되시고 세상에서 믿은바 되시고 영광 가운데서 올려지셨느니라"(딤전 3:16)라고 썼다. 요한도 그분의 신성을 이렇게 확증한다. "태초에 말씀이 계시니라 이 말씀이 하나님과 함께 계셨으니 이 말씀은 곧 하나님이시니라 … 말씀이 육신이 되어 우리 가운데 거하시매"(요 1:1, 14).

끝으로, 우리는 성령 또한 하나님이심을 안다. 그분은 "하나님의 성령"(고전 2:14, 기타 많은 구절)이다. 성경은 "하나님의 영이 나를 지으셨고 전능자의 기운이 나를 살리시느니라"(욥 33:4)라고 말한다.

이와 똑같지는 않지만 비슷하게 인간도 삼위일체의 존재다. 구별된 세 인격이 하나로 존재하는 것은 아니지만 우리는 영이며, 혼이 있고, 물리적 몸 안에 산다. 바울의 말에서 그것을 분명히 볼 수 있다.

평강의 하나님이 친히 너희를 온전히 거룩하게 하시고 또 너희의 온 영과 혼과 몸이 우리 주 예수 그리스도께서 강림하실 때에 흠 없게 보전되기를 원하노라(살전 5:23).

바울은 인간의 전체 구성을 영과 혼과 몸으로 보았다. 간단히 이해를 돕고자 인간을 세 개의 원으로 볼 수 있겠다. 바깥쪽 원과 가운데 원과 안쪽 원이 안으로 포개져 하나를 이룬다. 바깥쪽 원은 우리의 몸을, 가운데 원은 혼을, 안쪽 원은 영을 나타낸다(그림 1 참조).

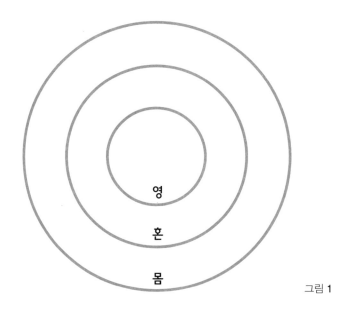

그림 1

우리의 존재 중에서 바깥쪽 육신은 오감을 통해 자연 세계와 접촉하는 부분이다. 가운데 원은 혼을 나타낸다. 혼을 지나치게 단순화하여 사고와 의지와 감정으로만 보려는 사람들도 있다. 물론 혼 안에 그런 속성들이 있기는 하지만 실은 그보다 훨씬 복잡하다. 한 인간의 독특한 개성이 이 혼에서부터 비롯된다. 혼은 자기만의 고유한 본질이다.

안쪽 원은 우리의 영을 가리킨다. 영은 인간이라는 존재의 생명의 근원이다. 그리고 이 영이 몸을 떠나면 몸은 무너진다. 하나님은 인간을 지으실 때 이미 창조하신 흙을 재료로 사람의 몸을 빚으셨다. 몸이 완성되자하나님이 "생기를 그 코에 불어넣으시니 사람이 생령이 되"었다(창 2:7). 안쪽 원으로 표시된 우리 영은 생명이 머무는 곳이다.

세 가지 원의 그림에서 중요한 것은 몸(바깥쪽 원)이나 영(안쪽 원)이 둘다 혼(가운데 원)에 영향을 미칠 수 있다는 점이다. 비범한 삶을 살려면 이사실을 꼭 알아야 한다. 인간이 따라갈 방향을 혼이 결정짓기 때문이다. 짧게나마 좀 더 설명하자면 이렇다.

구원이 없는 사람은 그 영이 죽어 있다. 영이 존재하지 않는다는 것이아니라 타락한 상태라서 불이 꺼져 있고 하나님과 교류가 없다는 말이다. 따라서 구원이 없는 사람들은 완전히 육신의 영향 아래 있고, 하나님과 멀어진 사고에 의해 전적으로 지배당한다. 그들은 하나님의 길에 대해서 문외한이며 그야말로 어둠 속에 있다.

그러나 사람이 거듭나면 영이 새로워져 하나님과의 관계가 살아나며영을 통해 하나님과의 소통이 흘러든다. 성경은 "사람의 영혼[영]은 여호와의 등불이라"(잠 20:27)라고 했다. 또 "영을 알 수 있는 통로는 영밖에 없습니다. 하나님의 영과 우리의 영은 막힘없이 서로 통합니다"(고전 2:14, 메시지)라고 했다. 그리스도인들은 영으로 하나님과 직접 교류한다. 하지만영과 몸 중 어느 쪽의 정보에 따를 것인지는 혼이 결정한다.

앞 장의 내용을 다시 생각해 보면 한 가지 논리적인 질문이 나온다. "마음은 어떤가? 이 그림에서 마음의 자리는 어디인가?" 이 질문에 대한 답이 나오면 그림은 실제에 더 가까워진다. 지금은 영과 혼의 경계가 너무 단순하다. 다음 말씀을 잘 읽어 보라.

> 하나님의 말씀은 살아 있고 활력이 있어 좌우에 날선 어떤 검보다도
> 예리하여 혼과 영[을] … 찔러 쪼개기[구분하기]까지 하며 또 마음의 생
> 각과 뜻을 판단하나니(히 4:12).

히브리서 기자는 혼과 영이 만나는 부분을 마음이라 했다. 혼과 영은
아주 촘촘히 얽혀 있어 그 경계선을 뚫고 들어가려면 하나님의 말씀이 필
요하다. 확장역에 정확히 그렇게 되어 있다. "[우리 본성의 가장 깊은 부분들
의] 경계선을 뚫고 들어가 … 마음의 생각과 목적 자체를 드러내고 가려내
고 분석하고 판단하나니."
　나는 오랜 시간의 연구와 말씀 묵상 끝에, 개인적으로 혼과 영이 통합
되는 부분이 마음이라고 믿는다. 즉 마음에는 혼과 영이 둘 다 포함된다.
혼은 우리의 가장 깊은 생각, 신념, 목적, 동기다. 영은 어떤 면에서 흔히
들 말하는 직관과 잠재의식이다. 그러므로 앞의 원 그림에 마음의 위치를
그려 넣는다면 이렇게 될 것이다.
　〈그림 2〉와 같이 영과 혼은 내가 마음이라고 표시한 부분에 둘 다 포함
된다. 둘은 바로 여기서 서로 얽히며, 하나님의 말씀만이 그 둘을 구분할
수 있다. 웨이머스(Weymouth) 역본에는 "뚫고 들어가 영과 혼을 분리시키
기까지 한다"고 되어 있다. 둘의 밀접한 관계를 뒷받침해 주는 또 다른 개
념은 죽음의 현실이다. 몸이 죽으면 영은 혼과 함께 떠나 영원한 집으로
간다. 바울이 천국을 다녀올 때도 이와 비슷하게 영과 혼이 갔다. 하지만
몸에 대해서는 본인도 확실히 몰랐다. 그는 "사실, 나는 이 일이 몸을 입
은 채 일어났는지, 몸을 떠나서 일어났는지 알지 못합니다"(고후 12:2, 메시

지)라고 직접 고백했다. 이 경험에서 그의 혼은 영과 얽혀 있었지만 몸은
아니었다.

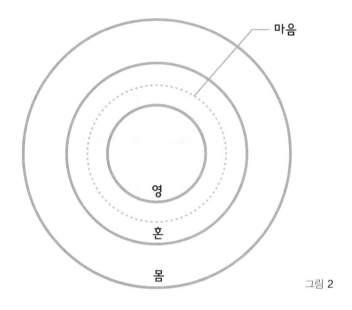

그림 2

영과 혼과 몸의 구원

육신과 영과 혼이 어떻게 상호작용하는지 살펴보기 전에 각 부분을 위
한 하나님의 구원 계획을 먼저 살펴보는 게 좋겠다. 우선 영으로 시작하여
혼을 거쳐 마지막으로 몸에 대해 살펴보기로 하자.

이 책 앞부분에 자세히 말한 것처럼, 인간의 영은 예수님을 주님으로
영접하는 순간 새로워진다. 영은 순식간에 그분의 형상으로 변한다. "주
께서 그러하심과 같이 우리도 이 세상에서 그러하니라"(요일 4:17)라는 요
한의 말이 이 사실을 확인해 준다. 분명히 이 말의 대상은 이미 상급을 받
으러 간 신자들이 아니라 여기 이 세상에 살고 있는 신자들이다. 하나님의

영으로 말미암아 참으로 거듭난 사람은 현재 이곳에서 영으로 온전해진 상태다.

반면, 혼의 구원은 우리가 하나님의 자녀가 되는 순간 그 과정이 시작된다. 혼은 하나님의 말씀과 우리의 순종을 통해 구원 또는 변화를 받는다. 사도 야고보는 이렇게 썼다.

> 내 사랑하는 형제들아 ··· 그러므로 모든 더러운 것과 넘치는 악을 내버리고 너희 영혼[혼]을 능히 구원할 바 마음에 심어진 말씀을 온유함으로 받으라 너희는 말씀을 행하는 자가 되고 듣기만 하여 자신을 속이는 자가 되지 말라(약 1:19, 21-22).

중요한 것은 야고보가 지금 비신자들이 아닌 믿는 형제들에게 그들의 혼의 구원에 대해 말하고 있다는 것이다. 그의 말을 보면, 신자들의 혼은 영처럼 회심 때 온전해지지 않는다. 박사가 아니라도 누구나 알 수 있는 사실이다. 우리 혼이 온전해졌다면 교회에 아무런 문제도 없을 것이다. 이 부분은 아직 진행중이다!

야고보는 혼의 구원 과정에서 하나님의 말씀을 심을 것과 거기에 순종할 것을 둘 다 강조한다. 인간의 존재 중에서 혼은 우리가 구원의 속도를 정할 수 있는 유일한 부분이다. 우리의 협력은 듣고, 믿고, 순종하는 것으로 나타난다. 그에 따라 과정이 빨라질 수도 있고 거꾸로 느려질 수도 있다. 혼의 변화는 이 땅에서 비범한 삶을 사는 데 중요하며, 신자로서 끝을 잘 마무리하는 데도 중요하다.

구원의 마지막 측면은 몸이다. 이에 대한 바울의 설명을 잘 들어 보라.

우리가 살고 있는 이 땅의 천막이 무너지면[죽어 이 몸을 떠나면] 천국에 집 곧 인간의 손으로 아니라 하나님이 직접 지어 주신 영원한 몸이 우리에게 있을 것을 안다. 지금의 몸은 피곤해지므로 우리는 천국의 몸을 새 옷처럼 입을 날을 사모한다. 우리는 몸 없는 영이 아니라 천국의 새 몸을 입게 된다(고후 5:1-3, NLT).

한없는 희망과 힘을 주시는 말씀이다. 보다시피 바울은 우리가 영원한 몸을 받게 된다는 사실을 그냥 언급만 하는 정도가 아니라 자세히 기술하고 있다. 또한 바울은 "이 썩을 것이 반드시 썩지 아니할 것을 입겠고 이 죽을 것이 죽지 아니함을 입으리로다"(고전 15:53)라고 말했다.

장차 우리가 입을 몸은 예수님의 몸과 다르지 않다. 성경은 우리가 "그의 부활과 같은 모양으로 연합한 자도 되리라"(롬 6:5)라고 말한다. 또 "사랑하는 자들아, 우리가 지금은 하나님의 자녀라 장래에 어떻게 될지는 아직 나타나지 아니하였으나 그가 나타나시면 우리가 그와 같을 줄을 아는 것은"(요일 3:2)이라고 했다.

부활하신 예수님의 몸을 보면 장래 우리 몸의 성질을 엿볼 수 있다. 그분께 있는 모든 신체적 특성을 우리도 새 몸으로 누리게 될 것이니 살짝 들여다보도록 하자. 무덤에서 부활하신 예수님은 제자들에게 나타나 이렇게 말씀하셨다.

어찌하여 두려워하며 어찌하여 마음에 의심이 일어나느냐 내 손과 발을 보고 나인 줄 알라 또 나를 만져 보라 영은 살과 뼈가 없으되 너희 보는 바와 같이 나는 있느니라(눅 24:38-39).

그분은 살과 뼈가 있다! 하지만 보다시피 피에 대한 말씀은 없다. 그분의 피가 하나님의 속죄소에 뿌려졌기 때문이다. 이제 그분의 혈관에 흐르는 것은 하나님의 영광이다. 장차 우리도 예수님처럼 살과 뼈가 있겠지만, 그때는 우리 몸의 생명이 피에 있지 않고 하나님의 영광에 있으리라 믿는다!

예수님의 모습은 보통 사람과 다르지 않았다. 그분은 공상과학 영화에 나오는 외계인처럼 생기지 않으셨다. 마리아는 그분이 동산지기인 줄 알았고(요 20:14-15 참조), 엠마오로 가던 제자들은 그분을 그냥 행인으로 착각했다(눅 24:13-35 참조). 그분의 몸은 지금 우리의 몸과 아주 비슷했다. 다만 썩지 않을 완전한 몸이었다.

> **우리가** 늘 잊지 말아야 할 것은 바른 믿음이 바른 삶을 낳는다는 것이다. 거꾸로도 사실이다. 잘못된 믿음은 잘못된 삶을 낳는다.

예수님은 음식도 잡수실 수 있었다. 그분이 제자들에게 "이르시되 여기 무슨 먹을 것이 있느냐 하시니 이에 구운 생선 한 토막을 드리니 받으사 그 앞에서 잡수"셨다(눅 24:41-42). 한 번만 잡수신 게 아니라 두 번이나 더 드시는 장면이 나온다. 한번은 엠마오 도상에서 만난 사람들의 집에서였고, 또 한 번은 호반에서 열한 제자에게 아침을 차려 주실 때였다(요 21:1-14 참조). 우리가 영원한 몸을 받고도 먹을 수 있다니 다행이다!

예수님은 영광의 몸을 입으신 뒤로도 보통 사람처럼 말하고 노래하고 걷고 물건을 드실 수 있었다. 하지만 그분은 순식간에 벽을 뚫고 사라지실 수도 있었다!

이날 곧 안식 후 첫날 저녁 때에 제자들이 유대인들을 두려워하여 모인 곳의 문들을 닫았더니 예수께서 오사 가운데 서서(요 20:19).

그 후에 예수님은 도마의 손가락을 그분의 손에, 손을 그분의 옆구리에 넣어 보라고 하셨다. 이로써 그분께 살과 뼈가 있음이 또 한 번 확인된다. 예수님은 순식간에 나타나셨다 순식간에 사라지실 수 있었다. 그분이 엠마오 도상에서 만난 사람들과 빵을 떼신 후의 일을 성경은 이렇게 말한다.

그들의 눈이 밝아져 그인 줄 알아보더니 예수는 그들에게 보이지 아니하시는지라(눅 24:31).

우리도 부활한 몸을 입으면 한곳에서 사라져 불쑥 다른 곳에 나타날 수 있게 된다. 새 하늘과 새 땅의 장거리 이동 방법이 그것으로 설명된다. 생각해 보라. 우리의 영원한 본향인 새 예루살렘은 넓이와 길이가 각각 약 2,250킬로미터다. 어떻게 돌아다닐 것인가? 모노레일이나 비행기는 아니다. 그렇다고 우주선을 타고 성운을 옮겨 다닐 것인가? 아니다. 우리 몸은 시간과 공간의 제약을 받지 않게 된다. 얼마나 재미있겠는가!

우리가 이 죽을 몸을 떠나면 우리의 존재 전체(영, 혼, 몸)가 온전해진다. 그때 우리 몸은 피곤해지지 않고 휴식도 필요 없다. 원하지 않는 한 먹거나 쉬거나 잘 필요도 없다. 무한한 에너지와 놀라운 체력이 우리에게 있을 것이다.

무엇보다 우리는 하나님을 볼 수 있다. 맞다, 타락하여 연약해진 인간의 몸 때문에 모세도 거절당한 그 일을 우리는 새 몸으로 쉽게 경험하게 된다. 성경은 우리가 "그의 얼굴을 볼 터이요"(계 22:4)라고 말한다. 우리는 그분의 영광을 보고도 밧모 섬의 요한이나 다메섹 도상의 바울처럼 고꾸

라지지 않는다. 얼마나 감격스러운가!

결정권은 혼에게 있다

하지만 지금 현재의 몸은 어떤가? 분명히 지금의 몸은 구속(救贖)되지 못했고 장차 썩어질 것이다. 하지만 스스로 선택하지 않는 한 우리는 더 이상 욕망, 정욕, 이기심 등 육신의 타락한 본성의 노예가 아니다. 이제 우리는 새로운 본성에서 힘을 얻어, 육신 대신 그 힘으로 살아갈 수 있다. 결정적 요인은 우리의 혼이다. 결정권은 혼에게 있다. 많은 사람들이 수수께끼의 이 부분을 이해하지 못한다.

이렇게 생각해 보라. 당신이 전쟁 포로가 되어 수년째 적의 감방에 갇혀 있다고 하자. 감방 이름은 "육신의 부정한 욕망"이다. 세월이 흐르고 어느 날 당신의 왕이 전쟁에 이겨 당신을 풀어 준다. 왕의 신하가 도착하여 감방 문을 열어 준다. 이제 당신은 선택할 수 있다. 선한 왕이 베풀어 준 자유 속으로 나갈 것인가, 아니면 그동안 익숙해진 곳에 그냥 있을 것인가? 당신의 왕은 신사라서 출옥을 강요하지 않는다. 결정은 당신 몫이다.

감옥 문이 열리기 전까지는 당신에게 선택권이 없었고 자유의 몸이 될 수도 없었다. 이제 당신은 "육신의 부정한 욕망"이라는 감방에서 나올 수 있다. 전쟁에 이겨 자유를 얻었는데도 감방에 남기로 한다면 포로 상태를 벗어나지 못할 것이다. 이 결정은 혼이 내린다. 이 예화처럼 구원받은 사람들이 여전히 육신의 욕망을 위해 살아가는 것은 서글픈 현실이다.

이런 맥락에서 앞의 원 그림으로 다시 돌아가 보자. 앞서 말했듯이 바깥쪽 원(육신)은 자연 세계와 교류하는 부분이다. 안쪽 원(영)은 성령의 영향을 받는다. 바울은 "주와 합하는 자는 [그분과] 한 영이니라"(고전 6:17)라고 했다. 잠시 멈추어 이 말씀을 생각해 보라. 우리는 말 그대로 하나님의 영과 하나다. 그래서 "성령으로 아니하고는 누구든지 예수를 주시라 할수 없"다(고전 12:3). 우리에게 주신 신성한 성품도 바로 여기서 온다. 그분과의 연합이다! 이 어마어마한 실체를 당신이 깨닫기를 바란다. 예수님은 "내가 비옵는 것은 이 사람들만 위함이 아니요 또 그들의 말로 말미암아나를 믿는 사람들도 위함이니 … 그들도 다 하나가 되어 우리 안에 있게하사"(요 17:20-21)라고 기도하셨다. 여기 "우리"에 당신과 나도 들어간다!

예수님도 다르지 않으셨다. 자신과 성령의 연합에 대한 그분의 말씀을 들어 보라. "아들이… 아무것도 스스로 할 수 없나니"(요 5:19). 또 그분은 "너희가 아버지께서 내 안에 계시고 내가 아버지 안에 있음을 깨달아 알리라"(요 10:38)라고 하셨다. 이런 말씀도 하셨다.

아버지께서 내 안에 계셔서 그의 일을 하시는 것이라(14:10).

이제 물어보자. 예수님 안에 계시는 아버지는 누구인가? 성부 하나님은 아니다. 예수께서 친히 "하늘에 계신 우리 아버지여, 이름이 거룩히 여김을 받으시오며"(마 6:9)라고 기도하셨으니 말이다. 분명히 성부 하나님은 하늘에 계시며, 따라서 예수께서 말씀하신 분은 자기를 잉태하신 성령이시다. 성령 하나님은 마리아의 태에 신성한 정자를 넣으신 분이다. 천사가 요셉에게 한 말을 떠올려 보라. "그에게 잉태된 자는 성령으로 된 것이라"(1:20). 성부 하나님은 예수님을 "보내셨고," 예수님 안에 "거하신" 아버지는 성령 하나님이시다. 예수님은 "나와 아버지는 하나이니라"(요 10:30)라고 선포하신다. 예수께서 성령과 하나이시듯이 우리도 그렇다. "주와 합하는 자는 [그분과] 한 영"이기(고전 6:17) 때문이다.

현실을 이기는 새로운 존재의 법

다시 한 번 말하지만 그림에서 혼의 위치가 가운데인 까닭은 혼이 육신이나 영의 생각 중 어느 쪽이나 선택할 수 있기 때문이다. 육신의 양분은 자연 세계에서 오지만 영은 성령의 영향 아래 있다. 이 진리를 정립한 상태에서 이제 로마서의 핵심 장으로 시선을 돌린다.

> 그러므로 이제 그리스도 예수 안에 있는 자에게는 결코 정죄함[유죄 판결]이 없나니 이는 그리스도 예수 안에 있는 생명의 성령의 법[우리의 새로운 존재의 법]이 죄와 사망의 법에서 너를 해방하였음이라(롬 8:1-2).

"새로운 존재의 법"(우리의 새로운 본성)이 아담의 범죄의 결과로 인류에게 임한 죄성의 법에서 우리를 해방시켰다. 보다시피 바울은 두 가지 다른 법을 말하고 있다. 예를 들어 지구에는 중력이라는 자연법이 존재한다. 중력은 지구가 지표면이나 근처에 있는 물체를 끌어당기는 힘이다. 쉽게 말해, 고층건물에 올라가 발을 뗐을 때 아주 빠른 속도로 콘크리트 바닥으로 추락하는 이치다. 물리적인 물체는 무엇이나 마찬가지며 모든 인간은 이 법의 제약을 받는다.

하지만 1700년대에 다니엘 베르누이가 발견한 다른 법이 있다. 바로 양력(揚力)의 법이다. 비행기가 날 수 있는 능력이 이 법에서 나온다. 일정한 속도로 엔진에 추력(推力)을 가하면 비행기는 중력의 법에서 벗어나 공중으로 날아오른다. 양력의 법이 당신을 중력의 법에서 해방시키는 것이다! 생명의 성령의 법(새로운 존재의 법)이 죄와 사망의 법에서 우리를 해방시켜 준 이치를 잘 보여 주는 예화라 하겠다.

새로운 본성을 받기 전까지만 해도 우리는 사뿐히 하늘로 날아오를 비행기, 우리를 죄와 사망의 법에서 해방시켜 줄 비행기가 없었다. 그러나 하나님을 알고 나서는 은혜의 비행기에 올라타 믿음의 추력으로 자유로이 비상할 수 있다. 이제 우리는 더 이상 이전의 삶에 매여 있거나 고삐 풀린 육신의 부정한 욕망에 잡혀 있지 않아도 된다. 우리는 다시 태어난 본성의 비행기 안에 머물며 비범하게 살아갈 자유가 있다. 다시 말하지만 더 이상 육신대로 살아갈 필요가 없다. 우리는 자유롭다!

그런데 내가 12,000미터 상공에서 비행기 엔진을 끄고 전진을 멈추기로 한다고 하자. 어떻게 될까? 중력은 여전히 존재하므로 다시 나는 중력의 지배하에 들어가 초고속으로 땅에 떨어질 것이다. 내가 중력에서 해방되어 있는 동안 중력이 없어진 게 아니기 때문이다. 베르누이의 법칙은 중력을 없앤 것이 아니라 그 영향력을 없앴을 뿐이다.

우리의 육신도 크게 다를 바 없다. 신자의 혼이 성령의 영향 아래 있는 새로운 본성 대신 계속 육신의 말을 듣기로 한다면, 머잖아 육신이 군림하게 되고 신자는 더 이상 하나님을 기쁘시게 할 수 없다. 바울이 로마 그리스도인들에게 한 말을 들어 보라.

> 은혜의 삶이 값없이 주어졌건만 율법주의는 당신이 겨우 벗어난 그 오물 구덩이로 다시 초점을 돌려놓는다.

> 육신을 따르는 자는 육신의 일을 [생각하고] 영을 따르는 자는 영의 일을 생각하나니 육신의 생각은 사망이요 영의 생각은 생명과 평안이니라(롬 8:5-6).

이 말씀에 비추어 원 그림을 다시 생각해 보라. 생각(혼)을 육신의 일에 두는 사람들은 삶도 그렇게 된다. 그들은 타락한 세상의 욕망과 정욕과 욕심에 놀아난다. 혼이 엉뚱한 출처에서 양분을 얻기 때문이다. 그러나 영의 양분을 얻는 데 생각을 두는 사람들은 생명과 평안 가운데 산다.

> 육신의 생각[세속적 사고와 목적]은 하나님과 원수가 되나니 이는 하나님의 법에 굴복하지 아니할 뿐 아니라 할 수도 없음이라 육신에 있는 [세속적 본성의 욕심과 충동을 채우는] 자들은 하나님을 기쁘시게 할 수 없느니라(7-8절).

생각의 양분이 영에서 오지 않고 육신에서 온다면 우리는 생명의 성령의 법이라는 세계에서 살아갈 수 없다. 여전히 죄와 사망의 법에 매여 있기 때문이다. 어느 날 죽어서 천국에 갈 수 있을지는 몰라도 여전히 우리는 비신자 시절에 우리를 속박했던 그 법 아래 있다. 감방에 그냥 남아 있거나 도로 들어간 것이다.

이렇게 하여 세상 사람들과 전혀 다를 바 없이 살아가는 교회 안의 사람들이 설명된다. 우리는 교인이지만 이혼율이 높다. 싸우고 다툰다. 반목하며 살고, 독하게 용서하지 않는다. 걸핏하면 파벌을 나눈다. 포르노나 약물에 중독된다. 가난한 자들과 과부와 고아의 부르짖음을 외면한다. 말하자면 끝이 없다. 육신에서 양분을 얻는 자들은 하나님을 기쁘시게 할 수 없고 아직 "죄의 법" 아래 있다는 바울의 말이 흥미롭지 않은가? 그래서 바울은 이렇게 말을 잇는다.

> 그러므로 형제들아 우리가 빚진 자로되 육신에게 져서 육신대로 살 것이 아니니라 너희가 육신대로 살면 반드시 죽을 것이로되(12-13절).

바울이 형제들이라는 말을 쓴 것으로 보아 두말할 것도 없이 이 말의 대상은 비신자들이 아니라 그리스도인들이다. 그래서 묻게 된다. 신자들이 어떻게 무책임하게 "그냥 육신 탓이다!"라고 말할 수 있는가? 이것은 사소한 문제가 아니다. 바울은 우리가 육신에 거하면 죽는다고 했다! 앞서 말했듯이 죽는다는 말에 대한 해석은 당신에게 맡기겠다. 하지만 하나님의 입에서 죽는다는 말이 나왔을 때는 행복하거나 바람직한 결과와는 거리가 멀다. 그분은 아담에게 이 말씀을 처음으로 하셨다. "네가 먹는 [그] 날에는 반드시 죽으리라"(창 2:17). 아담은 몸으로 죽었지만 그것은 그가 반역한 지 오랜 후의 일이었다. 그런데 하나님은 아담이 열매를 먹는 그날에 죽으리라고 하셨다. 과연 어떤 일이 있었을까? 반역한 그날에 아담에게 찾아온 죽음은 어떤 죽음이었을까?

죽을 몸도 살리신다

여기서 질문이 생긴다. 어째서 우리는 세속적 생각으로 자꾸 기우는 것일까? 육신의 충동을 물리치려면 어떻게 해야 할지 바울의 답을 들어 보자. 첫째로, 우리는 성령께서 우리 영 안에 주시는 능력으로 육신을 물리친다. 둘째로, 우리 몸에 미치는 성령의 놀라운 영향력을 힘입는다.

> 또 그리스도께서 너희 안에 계시면 [너희의 타고난] 몸은 죄로 말미암아 죽은 것이나 영은 [그분이 전가해 주시는] 의로 말미암아 살아 있는 것이니라 예수를 죽은 자 가운데서 살리신 이의 영이 너희 안에 거하시면 그리스도 예수를 죽은 자 가운데서 살리신 이가 너희 안에 거하시는 그의 영으로 말미암아 너희 죽을[잠깐 살다 스러지는] 몸도 살리시리라(롬 8:10-11).

이것이야말로 로마서에 나오는 최고의 해방 선언이 아닐까 싶다. 그의 말을 메시지 성경으로 들어 보라. "여러분 안에 사시는 그분의 성령으로 말미암아, 여러분의 몸도 그리스도의 몸처럼 살아나게 될 것입니다!" NLT에는 이렇게 되어 있다. "너희 안에 사시는 그 동일한 성령으로 말미암아 그분이 너희 죽을 몸에 생명을 주시리라." 성령은 우리 인간의 영을 재창조하시고 능력을 주실 뿐만 아니라 죽을 수밖에 없는 우리의 물리적인 몸속에 생명을 불어넣어 주신다! 왜 우리는 이것을 더 많이 선포하지 않는가?

나의 경우 구원받은 후로 육신의 부정한 욕망이 약해졌다. 내 영에 주신 그리스도의 본성 때문이었지만 또한 내 물리적인 몸에 미친 성령의 영향력 때문이기도 했다. 죄는 매력을 잃었다. 이전의 나는 욕을 많이 했었는데 회심한 직후로 욕이 사라졌다. 파티와 술도 좋아했다. 금요일 저녁이나 주말에는 학생회관이나 캠퍼스에서 친구들과 파티를 벌이는 낙으로 살 정도였다. 그런데 나중에는 흥청망청 술에 취하고 싶은 욕구가 사라졌다. 파티가 있는 날 학생회관에 갔다가 사내들이 잔뜩 술에 취해 바보짓을 하며 여자들을 건드리는 모습을 보면서 이런 생각도 들었다. '저런 것이 즐겁고 좋다 못해 저것 때문에 살았다니 내가 어떻게 그랬을까?'

하나님의 영과 연합한 뒤로 분명해진 사실은 구원받기 전에는 죄를 즐겼지만 그 후로는 혹시 죄를 지어도 죄가 싫었다. 이것은 성령께서 내 새로운 영에 능력을 입혀 주신 결과이자 그분이 내 죽을 몸에 생명을 불어넣어 주신 결과였다. 이제 내 속사람이 살아났다. 구원받기 전에는 나의 죄성이 내 육신의 세속적 욕망을 더 부추겼는데 이제는 나의 새로운 본성이 죄를 싫어하게 된 것이다. 전에 탐하던 것이 이제는 역겨웠다. 내 영은 성령의 인도하심을 따르기 원했다. 나는 그분의 교제와 길과 지혜를 사모했다. 그래서 바울은 이렇게 말을 잇고 있다.

> 하나님의 영이 우리를 손짓해 부르고 계십니다. 해야 할 일들, 가야
> 할 곳들이 얼마나 많은지요! 하나님께 받은 이 부활 생명의 삶은 결코
> 소심하거나 무거운 삶이 아닙니다. 이는 기대 넘치는 모험의 삶, 어린
> 아이처럼 늘 하나님께 "다음은 또 뭐죠, 아빠?"라고 묻는 삶입니다(롬
> 8:14-15, 메시지).

그리스도 안의 삶은 감격스럽고 기대에 찬 모험이다. 한마디로 비범한
삶이다! 이제 우리는 한때 우리를 노예로 부리던 죄와 사망의 법에서 해방
되었다. 우리는 더 이상 타락한 육신의 욕망을 따를 필요가 없다. 그리스
도 안의 새로운 삶이 우리 영은 물론 몸에도 영향을 미치고 있다. 얼마나
놀라운 구원인가!

자유로운 삶으로 부름 받다

바울은 이 멋진 자유를 갈라디아 교인들에게도 소개한다. "그리스도께
서 우리를 해방시켜 자유로운 삶을 살게 해주셨습니다. 그러니 굳게 서십
시오!"(5:1, 메시지) 우리는 죄와 사망의 법에서 해방되었다. 우리 영이 새로
워졌고 우리 몸이 성령의 능력을 힘입었다. 주신 것을 굳게 붙들고 은혜의
비행기 안에서 높이 살자. 어둠의 자녀들을 얽어매는 굴레에서 벗어나 믿
음의 능력으로 살자. 바울은 계속해서 이 자유에 대해 말한다.

> 하나님께서 여러분을 자유로운 삶으로 부르셨다는 것은 틀림없는 사
> 실입니다. 그러나 여러분은 그 자유를 방탕한 삶을 위한 구실로 삼지

마십시오. 여러분의 자유를 망치지 마십시오(13절, 메시지).

바울의 경고를 어느 상습 절도범의 예를 통해 살펴보기로 하자. 그는 가난하게 살았고 생계를 위해 뭔가를 훔쳐야 했다. 되풀이되는 절도 행각으로 옥살이도 많이 했다. 25년 동안 다섯 번이나 감옥살이를 했는데 죄목은 매번 편의점 무장 강도죄였다. 그는 풀려나도 늘 몇 주 만에 다시 감옥에 들어가곤 했다. 결국은 잦은 절도죄로 종신형까지 선고받았다.

그러던 어느 날 어느 의사가 신약을 개발하여 이 죄수를 도벽에서 해방시켜 주었다. 동시에 정부 고위 관리가 그를 사면하여 타국에 보호소를 얻어 주며 새 출발을 하도록 해주었다. 그 나라의 한 소매업자는 좋은 일자리를 소개해 주었고 그는 방세를 내고 음식과 의복 등 생필품을 살 돈을 충분히 벌 수 있게 되었다. 월급이 넉넉해서 일부 사치품도 살 수 있었다. 이제 이 전과자는 종신형에서는 물론 강박적인 절도 욕구에서도 완전히 해방되었다.

두어 해는 잘 지나갔다. 그런데 옛 전과자 친구 몇이 그의 근황을 전해 듣고는 새 나라로 와서 그를 꼬드겼다. 그중 두목이 말했다. "우리가 이 도시의 큰 은행을 털어 큰돈을 챙길 방도를 찾아냈는데 이 일만 끝나면 우린 죽는 날까지 일 안 하고 눌러앉아 즐겁고 호화롭게 살 수 있어. 어때, 같이 할 거지?"

일하지 않고도 호화롭게 산다는 생각에 그는 솔깃해진다. '여생을 그렇게 보내면 얼마나 좋을까' 하는 생각이 든다. 그래서 그는 갱단에 낀다.

몇 주 후 그들은 작전에 성공하지만 이튿날 모두 체포되어 종신형을 선고받는다. 완전히 자유의 몸이던 그는 그 자유를 이용해 이전의 행실로 돌아갔고 그래서 겨우 받은 자유마저 잃게 되었다.

바울의 말을 다시 들어 보라. "그러나 여러분은 그 자유를 방탕한 삶을 위한 구실로 삼지 마십시오. 여러분의 자유를 망치지 마십시오." 이 사람이 한 일이 바로 그것이다. 일부 신자들이 하는 일과 그들이 비범하게 살지 못하는 이유도 그것이다. 그들은 다시 육신의 노예가 되었다. 그래서 바울은 우리에게 강력히 도전한다. "오히려 여러분의 자유를 사랑 안에서 서로 섬기는 일에 사용하십시오. 그것이야말로 자유가 자라는 길입니다" (13절, 메시지).

우리가 사랑 안에서 살면 유혹에 빠져 경건함을 버릴 일은 없을 것이다. 우리는 사랑이신 하나님의 세계에 있고 성령과 협력하고 있다. 이로써 우리의 자유는 자라 간다. 하지만 성령의 영향력이 없다면 우리 육신은 이기심, 사욕, 나밖에 모르는 태도, 각종 죄악으로 돌아서게 된다. 그래서 바울은 계속해서 이렇게 말한다.

> 내가 이르노니 너희는 [일상적으로] 성령을 따라 행하라[성령께 반응하고 성령의 통제와 인도에 따르라] 그리하면 육체[하나님 없는 인간 본성]의 욕심을 이루지 아니하리라 육체의 소욕은 성령을 거스르고 성령[의 소욕]은 육체[신 없는 인간 본성]를 거스르나니(16-17절).

성령의 감화로 영의 양식을 받게 되면 '인간 본성'의 욕심과 탐욕을 채우지 않게 된다. 하지만 위 말씀을 자세히 다시 보라. 이것은 '하나님 없는 인간 본성'으로도 번역되었다. 그리고 우리는 하나님이 없는 존재가 아니다. 하나님이 우리 안에 살아 계신다! 우리가 영의 일을 생각하면(영에게서 양분을 받으면) 성령께서 "너희 죽을 몸에 생명을 주시리라"고 했다. 이제 우리 몸은 생명이 불어넣어진 상태다! "하나님 없이" 육신에 지배당하는 사람과는 경우가 다르다.

여기서 다시 이 장의 맨 앞에서 했던 말로 돌아가 보자. 상당히 많은 신자들이 육신의 지배력에 너무 많은 비중을 둔다. 가능한 이유는 하나뿐이다. 그들은 성경을 주의 깊게 살피지 않았고, 따라서 신약 기자들이 밝혀 놓은 위와 같은 진리들을 발견하지도 못했고 자신의 존재 속에 깊이 심지도 못했다. 자신의 죽을 몸에 성령께서 생명을 불어넣어 주셨고 완전한 자유 가운데 행할 능력을 주셨음을 깨닫지 못한 것이다.

다시 모든 것은 믿음으로 돌아간다. 육신이 압도적으로 우세하고 막강해서 내가 육신에 좌우된다고 믿으면, 과연 그대로 거둔다. 그러나 하나님의 말씀을 믿으면, 즉 성령께서 육신에 생명을 불어넣어 주시므로 내가 더 이상 육신에 종속되지 않았다고 믿으면, 역시 그 믿음대로 된다! 성경에 "믿음이 없이는 하나님을 기쁘시게 하지 못하나니"(히 11:6)라는 선언을 다시 한 번 생각해 보라. 우리가 늘 잊지 말아야 할 것은 바른 믿음이 바른 삶을 낳는다는 것이다. 거꾸로도 사실이다. 잘못된 믿음은 잘못된 삶을 낳는다. 바울은 이렇게 말을 맺는다.

> 이것이 우리가 선택한 삶, 곧 성령의 인도를 받는 삶이니, 그 삶을 그저 머릿속 사상이나 마음속 감정으로 여기지 말고, 그 삶에 담긴 뜻을 우리 삶 구석구석에 힘써 적용하십시오(갈 5:25, 메시지).

이보다 더 잘 표현할 수는 없다. 앞 장과 이번 장의 내용이 이 말 속에 완벽하게 압축되어 있다. 하나님의 말씀을 이상(理想)으로 받들거나 마음 속의 감정으로 여겨서는 비범한 삶을 살 수 없다. 믿지 않으면 결코 이룰 수 없다. 많은 사람들이 이 지점에서 장벽을 만나 고생하지만 실은 아주 간단하다. 어린아이라도 적용할 수 있을 만큼 간단하다.

바로 앞 절에 바울은 "그리스도 예수의 사람들은 육체와 함께 그 정욕과 탐심을 십자가에 못 박았느니라"(24절)라고 썼다. 성령의 능력으로 우리는 부정한 욕심을 십자가에 못 박는다. 영광은 우리 몫이 아니라 하나님의 몫이다. 이로써 바울이 고백했던 다음 구절의 의미가 한층 분명해진다. "내가 그리스도와 함께 십자가에 못 박혔나니 그런즉 이제는 내가 사는 것이 아니요 오직 내 안에 그리스도께서 사시는 것이라 이제 내가 육체 가운데 사는 것은 … 하나님의 아들을 믿는 믿음 안에서 사는 것이라"(2:2). 마지막 말을 잘 보라. 우리 몸에 능력을 주는 은혜에 접속시켜 주는 것은 우리 안에 사시는 그리스도의 영을 믿는 믿음이다. 우리는 더 이상 하나님의 생명을 떠난 육신의 굴레 아래 있지 않다. 이제 우리는 내 안에 사시는 분의 능력을 믿는 믿음으로 산다. 우리는 해방되었고 비범하게 살아갈 수 있다!

능동적으로 움직이라

우리는 수동적이 아니라 능동적으로 살아야 한다. 비범한 삶은 방어적인 사고가 아니라 공격적인 사고방식에서 나온다. 바울의 말을 다시 들어보라. "영으로써 몸의 행실을 죽이면 살리니"(롬 8:13). 보는 바와 같이 능동적인 말이다. 우리가 성령의 감화로 영의 양분을 받으면 육신의 부정한 욕망에 대해서는 자동적으로 매력을 잃게 된다. 삶다운 삶에 흠뻑 매료되어 있기 때문에 죽음이 그 힘을 발휘하지 못하는 것이다.

아내를 향한 생각과 태도와 사랑을 능동적으로 지키는 남자가 좋은 예가 될 것이다. 그는 어떤 부정적이거나 비판적인 생각도 허용하지 않는다. 그 결과 그에게는 자기가 세상에서 가장 매력 있고 현명하고 사랑스럽고 아름다운 여자와 결혼했다는 굳은 믿음이 있다. 아내에게 이렇게 매료되면 설령 다른 여자가 그를 유혹하려 해도 그는 속으로 웃으며 이런 생각을 할 것이다. '당신과의 외도에 전혀 관심이 없소이다. 내가 결혼한 여자가 최고라오.' 이것이 공격적인 삶의 태도이다.

종교나 율법주의는 정반대다. 율법주의의 초점은 당신에게 이미 있는 것들의 놀라운 실체가 아니라 당신에게 있어서는 안 될 것들에 있다. 은혜의 삶이 값없이 주어졌건만 율법주의는 당신이 겨우 벗어난 그 오물 구덩이로 다시 초점을 돌려놓는다. 율법주의는 사람에게 계속 이렇게 말한다. "죄지으면 안 된다. 구원받기 전에 네가 했던 모든 부정한 일을 멀리해야 한다."

서글프게도 우리는 율법 아래서 "…하지 말지니라"의 지배를 지금껏 받고 있다. 그것은 전혀 기독교가 아니다. 율법의 속박으로 되돌아가면 육신이 더 드세지는 게 자연스런 이치다. 율법은 우리 육신 안에 다시금 하나님을 거슬러 살려는 욕망을 조장하기 때문이다! 바울은 "죄는 율법으로부터 권능을 얻는다"(고전 15:56, TEV)라고 경고한다.

예를 들어 보자. 나는 한때 어느 클럽에서 3년 간 테니스 강사로 일한 적이 있다. 일주일에 25시간씩 코트에서 청소년과 성인들을 가르쳤다. 수백 명에게 테니스를 가르치면서 흥미로운 사실을 하나 깨달았는데 강습생들에게 뭔가를 하지 말라고 말하면 할수록 오히려 그것을 계속 더 하려는 성향이 있더라는 것이다.

예컨대, 테니스 초보자는 대개 몸을 뒤로 젖히면서 뒷발에 힘을 주는 본능적 성향이 있다. 특히 센 공을 받을 때 그렇다. 그렇게 하면 받아칠 시간을 더 벌 수 있다는 게 무경험자의 논리다. 하지만 전문가의 입장에서 볼 때 그렇게 하면 받아치는 공이 약해지기 때문에 대개는 실점으로 이어진다. 중급과 고급 수준에서는 특히 더하다. 그래서 내가 "뒷발에 힘을 주지 마세요"라고 계속 말하는데도 그들은 공을 힘없이 받아넘겨 놓고는 계속 대책 없이 그 행동을 되풀이했다.

그러다 나는 말을 바꾸기로 했다. "좋아요, 머릿속에 공을 공격한다는 그림을 그려 보세요. 공을 향해 공격적으로 움직이세요. 공이 나한테 오게 하지 말고 내가 공한테 가는 겁니다." 몇 번 말한 뒤에는 더 간단히 줄여 "움직이세요," "공격하세요"라고 짧게 지시했다. 놀랍게도 그때부터 그들은 뒷발에 힘을 주지 않고 공쪽으로 나아가 공격하기 시작했다.

이 예에 비추어 바울의 말을 다시 들어 보라.

> 너희는 성령을 따라 행하라 그리하면 육체의 욕심을 이루지 아니하리라(갈 5:16).

보다시피 능동적인 말이다. 죄의 욕심을 죽이려면 영의 양분을 받아야 하며, 성령의 감화로 생명의 법 가운데 거해야 한다. 그러면 비범한 세계에 들어가 거기에 계속 머물 수 있게 된다.

테니스 강사로서 나는 강습생들에게 뒷발에 힘을 주는 것이 왜 현명하지 못한지 그 이유를 알려 주었다. 받아치는 공이 약해져 점수를 잃을 수 있다고 말이다. 대개 그 말은 한두 번만 하고 그친다. 하지만 능동적 반응은 계속 강조하고 강조했다. "공을 보고 움직인 후 공격하세요." 그들 머릿속에 그런 그림이 있기를 나는 원했다.

바울을 비롯한 신약 기자들도 육신으로 되돌아갈 때 따르는 결과를 경고했다. 이해를 돕기 위한 것이었다. 경건한 두려움은 지혜와 명철의 시작이기 때문이다. 그러나 신약 기자들이 가장 중점을 두어 강조한 것은 성령 안에서 능동적으로 살아가는 삶이었다. 바울의 능동적인 말을 다시 한 번 들어 보라. "무릇 하나님의 영으로 인도함을 받는 사람은 곧 하나님의 아들이라"(롬 8:14).

구원의 세 측면 즉 영과 혼과 몸을 자세히 다룬 후에 사도 바울은 그 모두를 통틀어 이렇게 정리했다.

> 그러므로 형제들아 내가 하나님의 모든 자비하심으로 너희를 권하노니 너희 몸을 하나님이 기뻐하시는 거룩한 산 제물로 드리라 이는 너희가 드릴 영적 예배니라 너희는 이 세대를 본받지 말고 오직 마음[생각]을 새롭게 함으로 변화를 받아 하나님의 선하시고 기뻐하시고 온전하신 뜻이 무엇인지 분별하도록 하라(롬 12:1-2).

나는 여기서 두 부분을 강조했다. "너희 몸을 하나님이 기뻐하시는 거룩한 산 제물로 드리라." "생각을 새롭게 함으로 변화를 받아." 앞 장과 이번 장에 다룬 내용이 사실상 이 두 구절에 고스란히 들어 있다. 예수님이 모든 일을 하셨고 다 이루셨다. 우리에게 자유를 주시려고 값을 다 치르셨다. 그렇다면 이제 우리가 할 몫은 무엇인가? 바로 이 두 가지로 귀결된다.

우선, 우리 몸을 하나님이 기뻐하시는 거룩한 산 제물로 드리는 것이다. 그러려면 실제적으로 어떻게 해야 할까? 하나님께 드린 제물은 그분께 완전히 바쳐진 것이다. 다시 말해, 한번 드리면 도로 가져올 수 없다. 더 이상 우리 것이 아니기 때문이다. 하나님께 헌금을 해놓고서 교회나 사역 기관에 전화를 걸어 돈을 돌려 달라고 할 사람은 아무도 없을 것이다. 더 이상 자기 돈이 아니기 때문이다.

우리 몸에 대해서도 그래야 한다. 몸을 제물로 드리라. 단, 이 제물은 돈처럼 죽은 게 아니라 살아 있다. 이것이 너무 과한 요구처럼 보이는가? 그분은 우리에게 자유를 주시려고 그토록 큰 값을 치르셨다. 우리 몸은 더 이상 내 것이 아니라 그분의 것이라고 보아야 한다. 그분의 재산을 우리가 청지기로서 관리하는 것이고, 그분의 뜻을 이루는 데 쓰는 것이다.

그렇다면 그분의 뜻이 무엇인지는 어떻게 아는가? 답은 "이 세대를 본 받지 말고 오직 생각을 새롭게 함으로 변화를 받아 하나님의 선하시고 기뻐하시고 온전하신 뜻이 무엇인지 분별"하는 것이다. 하나님의 말씀을 듣거나 믿지 않고서야 어찌 그분을 기쁘시게 할 수 있겠는가? 우리의 생각이 여전히 자연인들의 사고방식에 젖어 있고서야 어찌 영의 세계에 거할 수 있겠는가? 생각이 구원받기 전과 똑같은데 어떻게 영의 일을 생각할 수 있겠는가?

우리의 사고방식과 인생관이 완전히 바뀌어야 한다. 하나님의 말씀을 공부하여 그분의 시각을 받아들여야 한다. 그렇지 않고는 세상의 흐름에 계속 휩쓸릴 수밖에 없다.

경험을 통해 배운 것인데, 맑은 생각과 마음으로 성경을 읽으면 내 영이 혼에 미치는 영향력의 채널이 열린다. 마치 내 영과 혼을 잇는 통로가 뻥 뚫리는 것처럼 성령의 지시가 잘 들린다. 더 똑똑히 보이고 생각도 더 선명해진다. 몸도 생기와 활력을 얻는 것 같다. 그러나 하나님의 말씀을 듣지 않으면(성경 읽기, 기도, 영감 있는 메시지 듣기, 기름 부음이 있는 책 읽기 등을 통해) 마치 세상의 영향력이 슬금슬금 기어들 듯, 어느새 나는 세상의 풍습과 방식을 더 따라가고 있다.

솔직히, 우리는 하나님의 말씀을 듣는 일, "그 삶을 그저 머릿속 사상이나 마음속 감정으로 여기지 말고, 그 삶에 담긴 뜻을 우리 삶 구석구석에 힘써 적용"하는 일(갈 5:25, 메시지)이 얼마나 중요한지 과소평가하고 있다. 그것을 무시하고서는 이런 의문을 품는다. '나는 왜 제대로 그리스도인답게 살지 못하지? 내 육신은 왜 이렇게 약하지? 왜 내가 정말 원하는 일을 못하는 거지? 왜 내 삶은 사도행전에 나오는 신자들의 삶과 이렇게도 다르지?' 성경이 답을 말해 준다. "대저 그 마음의 생각이 어떠하면 그 위인도 그러한즉"(잠 23:7). 바울은 우리에게 이렇게 신신당부한다.

> 따라서 우리에게는 못 배워서 그랬다는 핑계가 통하지 않으니, 저 낡은 생활방식과 관련된 모든 것[말 그대로 모든 것]을 버리십시오. 그것은 속속들이 썩었으니, 내다 버리십시오! 그 대신, 전혀 새로운 생활방식을 입으십시오. 하나님께서 그분의 성품을 여러분 안에 정확하게 재현해 내시는 것같이, 하나님께서 만들어 주신 생활, 안에서부터 새로워진 생활을 몸에 익히고, 그 생활이 여러분의 행위에 배어들게 하십시오(엡 4:22-23, 메시지).

낡은 습성을 벗으려면 사고방식(사고의 영)이 달라져야 한다. 우주에서 가장 창의적이고 혁신적이고 능력 있고 지혜로우신 분이 이제 우리와 하나가 되셨다. 그 사실이 우리가 딛고 다니는 땅이나 마시는 물보다도 더 우리에게 실체가 되어야 한다. 이것은 그저 그분이 선포하신 내용에 대한 지적인 동의가 아니라 말 그대로 우리가 하나님의 사고방식 속에 들어간다는 뜻이다. 이제 우리는 자신을 하나님의 시각으로 보며 더 이상 자신의 힘으로 살지 않는다. 성령께서 우리를 통해 사신다는 것을 확실히 알기 때문이다. 우리 존재의 핵에까지 그렇게 믿는다. 우리는 "새사람을 입었다."

그렇게 되면 상황이나 구원받지 못한 사람들이 당신에게 하는 말은 중요하지 않다. 당신은 이제 자신이 비범한 사람임을 의심의 여지없이 알며, 당신의 삶을 통해 하나님이 영광을 받으신다.

17

은혜의 삶은
세상의 빛과 소금이다

Extraordinary: Life You're Meant to Live

천국을 내면에 가진 우리는 세상의 희망이요
이 땅의 소금이다. 우리는 넘치는 은혜로 말미
암아 생명 안에서 다스려야 한다.

이번 마지막 장에서는 우리에게 잘 알려진 주기도문에 주목해 보자.

하늘에 계신 우리 아버지여, 이름이 거룩히 여김을 받으시오며 나라
가 임하시오며 뜻이 하늘에서 이루어진 것 같이 땅에서도 이루어지이
다(마 6:9-10).

어느 날 퍼뜩 깨달은 것이 있다. 예수님이 하나님 나라에 강조점을 두
시고 말씀하신 부분이 많다는 것이다. 이것을 염두에 두고 복음서를 읽어
보니 그분이 하나님 나라를 언급하신 곳이 하도 많아서 입이 벌어질 정도

였다. 복음서에 '하나님 나라'가 나오는 구절은 족히 백 개도 넘는다.

10장에서도 말했지만, 예수께서 말씀하신 하나님 나라는 사실상 '하나님의 통치'를 가리킨다. 복음서에 가장 자주 쓰인 그리스어 표현은 바실레이아 투 데오스(basileia tou Theos)다. 데오스란 하나님을 뜻하고 바실레이아란 "왕권, 통치, 다스림"으로 정의된다. 바실레이아는 "터, 기초"를 뜻하는 단어에서 파생되었다. 이 어근의 뜻을 더 선호하는 학자들도 있다. "독재"의 의미로 혼동될 소지가 없기 때문이다. 그들은 "하나님의 엄위하신 통치"나 "하나님의 통치 영역"을 최고의 번역으로 본다.

나는 엄위하다는 말이 좋다. 여기에는 "권세가 지극하다"는 뜻이 들어 있다. 비슷한말로는 왕답다, 위엄 있다, 당당하다, 웅대하다, 장려하다 등이 있다. 그런 개념을 떠올리면서 엄위하다는 말을 다시 보라.

사실상 예수님의 말씀은 이런 것이다. "하늘에 계신 우리 아버지, 전능하신 하나님이여, 엄위하신 통치가 임하시오며 뜻이 하늘에서 이루어진 것 같이 땅에서도 이루어지이다." 하나님 나라는 이미 임했다! 하지만 아직 이 땅에 물리적으로 임한 것은 아니다. 이사야의 예언처럼 예수님은 장래에 영원무궁토록 통치하실 것이며, 사탄의 영향력은 영원히 제거될 것이다. 하나님 나라는 그분의 백성인 우리 내면에 있다. 우리는 가는 곳마다 그분의 통치 영역을 넓혀야 한다. 여기에 비추어 다음 말씀을 보자.

> 더욱 은혜와 의의 선물을 넘치게 받는 자들은 한 분 예수 그리스도를 통하여 생명 안에서 왕 노릇 하리로다(롬 5:17).

이렇게 주기도문의 의미를 "하나님의 엄위하신 통치"라는 관점에서 이해하고 나면, "생명 안에서 왕 노릇 한다"는 바울의 말이 다른 차원을 띤다. NIV는 "생명 안에서 통치한다"고 번역했고, 웨이머스는 "생명 안에서 왕들처럼 다스린다"고 번역했다. 왕이나 여왕처럼 말이다!

이 중요한 두 말씀은 어떻게 서로 맞물리는가? 우리는 "땅[이] … 여호와의 것"(시 24:1)이지만 그것을 다스리는 권세를 인간에게 위임하셨음을 잊지 말아야 한다. 시편 기자는 "하늘의 하늘은 하나님의 것이지만 땅의 책임은 우리에게 맡기셨도다"(115:16, 메시지)라고 기록했다. 아담이 범죄함으로 빼앗겼던 지배권을 한 사람 예수께서 순종함으로 되찾으셨다. 이제 최종 권세는 하나님이 원래 의도하셨던 자리로(자녀들의 손으로) 돌아왔다. 하지만 그 권세를 사용하는 것은 우리에게 달려 있다. 우리가 사용하지 않으면 악한 자의 수하에 남는다.

여기 엄숙한 진리가 있다. 하나님의 사람들이 어떻게 하느냐에 따라 이 땅에 하나님의 뜻이 이루어질 수도 있고 그렇지 않을 수도 있다! 복음서의 모든 이야기가 이 진리를 예시해 준다. 한 예로 예수께서 배를 타고 갈릴리를 건너가실 때 그분은 목숨을 위협하는 풍랑을 맞닥뜨려야 했다. 하나님은 예수님 일행이 죽기를 원하지 않으셨지만, 그렇다고 초자연적으로 풍랑을 잠잠하게 하신 것도 아니다. 한 사람 예수께서 용감히 풍랑에 맞서 지배권을 행사하셔야 했다.

이 원리들은 구약에서도 보여진다. 예를 들어, 엘리사는 여호와께서 이스라엘을 아람에서 구하신다는 표시로 이스라엘 왕에게 화살로 땅을 치라고 했다. 왕은 땅을 세 번만 쳤다. 엘리사는 격노하며 왕을 질책했다. "왕이 대여섯 번을 칠 것이니이다 그리하였더면 왕이 아람을 진멸하기까지 쳤으리이다 그런즉 이제는 왕이 아람을 세 번만 치리이다"(왕하 13:19). 하나님은 이스라엘이 아람을 멸하기를 원하셨으나 한 사람이 그분을 제한하는 바람에 뜻이 이루어지지 못했다.

이스라엘 또한 "거룩하신 이를 제한"했다(시 78:41, NKJV). 생각해 보면 뜨끔한 일이다. 자신의 성품 때문에 하나님은 자신이 하실 일을 스스로 제한하신다. 그분은 인간에게 위임하신 권세를 도로 빼앗지 않으신다. 이런 예는 한없이 많다.

> 주 여호와께서는 자기의 비밀[계획]을 그 종 선지자들에게 보이지 아니하시고는 결코 행하심이 없으시리라(암 3:7).

"결코 행하심이 없으시리라"는 말씀을 잘 보라. 구약 시대에는 하나님이 일단 그분의 계획을 보이시면 선지자 또는 그 책임을 위임받은 사람이 하나님의 뜻을 발표하거나 시행했다. 그 당시에는 하나님이 그분의 뜻을 선지자들에게 대표로 보이셨다. 그러나 신약 시대에 와서 세례 요한이 그때까지를 통틀어 가장 큰 선지자라고 하시며 이어 천국에서는 극히 작은 자라도 요한보다 크다는 충격적인 말씀을 하셨다(마 11:11 참조). 어떻게 그럴 수 있을까? 지금 우리 안에는 하나님 나라가 있기 때문이다! 이제 우리 각자는 하나님의 자녀로서, 이 땅에 그분의 뜻을 행하시려는 하나님의 계획을 들을 수 있다. 그리스도 예수 안에서 우리는 생명 안에서 통치하는 비범한 사람들이다.

이 모두를 종합하여 이제 주기도문을 이렇게 읽어도 된다. "하늘에 계신 우리 아버지, 전능하신 하나님이여, 엄위하신 통치가 임하시오며 주권이 이 땅에 이루어지이다. 하나님의 넘치는 은혜를 힘입은 성도들을 통해 하나님의 통치가 세워지게 하소서." 그야말로 놀라운 신비다!

그간의 여정을 간략이 되돌아보자. 우리의 최고 목표는 하나님을 기쁘시게 하는 것이다. 그런데 우리 안에는 그럴 역량이 없다. 하지만 지금껏 살펴본 것처럼, 그리스도인들은 자기 힘을 의지해서는 안 된다. 하나님의 은혜를 넘치게 받았기 때문이다. 은혜는 죄 사함뿐 아니라 훨씬 많은 것을 포괄한다. 은혜는 우리를 죄에서 구하였고, 예수 그리스도의 성품을 그대로 소유하게 했다. 그 결과로 우리는 정결하고 경건한 삶을 살 수 있을 뿐 아니라 그분이 맺으신 열매를 똑같이 맺을 수 있다. 다시 말해 이 어두운 세상에 천국의 엄위하신 통치를 이룰 수 있다.

예수님은 생명 안에서 다스리셨다. 우리도 그래야 한다!

이 진리의 위력이 당신을 온통 압도하고 있는가? 아담이 에덴동산에서 사탄에게 내준 것을 한 사람 예수 그리스도께서 되찾으셨다. 장차 그 일이 완성되면 이 땅과 모든 거민은 완전히 회복된다. 하지만 그러기 전에 하나님 나라는 이미 사람들의 마음과 삶 속에 온전히 임했다. 우리는 듣고, 믿고, 하나님의 은혜로 움직이기만 하면 된다. 그렇게 그분의 통치를 세워나가면 된다.

예수께서 삶의 모든 영역에 천국의 엄위하신 통치를 가져오신 것처럼 우리도 그래야 한다. 몇 가지만 예를 들어 보자.

- 내다 팔 물고기가 잡히지 않아 낑낑대던 시몬이 예수님을 만나자 공쳤다고 생각한 하루가 사상 최고의 만선의 날로 바뀌었다.
- 가나의 결혼식이 끝장나려는 찰나 예수께서 그것을 되살려 주셨을 뿐 아니라 급을 격상시켜 주셨다.
- 나인성의 무력한 과부가 더이상 국가의 돌봄을 받지 않아도 되었

다. 예수께서 과부의 죽은 외아들을 다시 살려 주셨다. 그리하여 그 여인은 존엄성을 지키고 정신적 유산을 물려주게 되었다.

삭개오가 예수님을 만나자 사회는 더 안전하고 풍요로워졌다. 도둑이 새사람으로 바뀌면서 지역사회는 갈취와 빈곤을 면하게 되었다. 거기서 끝나지 않았다. 사기당한 사람들에게 400퍼센트의 보상이 돌아가 경제가 활성화되었다.

광인은 혼자 숨어서 인생을 허비할 필요가 없어졌다. 이제 그는 영광스런 소식을 선포하고 천국 통치를 열 고을(데가볼리)에 전하며 생산적인 삶을 살 수 있게 되었다.

이밖에도 얼마든지 많다. 복음서에 기록되지 않은 것들도 있다. 요한은 예수께서 행하신 일들을 모두 기록하자면 세상이라도 그 책들을 두기에 부족할 것이라고 말했다. 예수님은 천국 통치를 이 땅에 이루시려는 하나님의 계획을 보여 주셨다. 생명 안에서 다스리는 법을 우리에게 가르쳐 주셨다.

> **하**나님 나라는 이미 사람들의 마음과 삶 속에 온전히 임했다. 우리는 듣고, 믿고, 하나님의 은혜로 움직이기만 하면 된다.

이것은 모본 정도가 아니라 우리의 의무다. 우리는 은사와 소명이 다 다르기에 모두 목사나 교사가 될 수는 없다. 하지만 처한 삶의 자리가 어디이든 우리는 은혜 안에서 승리하는 삶을 드러내야 한다. 우리의 사업은 남들이 고전할 때도 번창하며 우리의 지역사회는 더 안전하고 즐겁고 풍요로워야 한다. 우리의 일자리는 늘어나야 한다. 우리의 음악은 세상 음악인들이 흉내 내고 싶을 정도로 참신하고 독창적이어야 한다. 우리의 그래픽 디자인과 건축 설계도 마찬가지다. 세상 사람들이 모든 면에서 우리의 창의력에 감화를 받고 쫓아와야 한다. 운동이든 연예든 예술이든 언론이든 모든 분야에서 우리는 실력이 돋보여야 한다. 의인들이 다스릴 때 우리의 시, 도, 국가는 융성해야 한다. 의인들이 가르칠 때 우리의 학교는 탁월해야 한다. 결론적으로, 비범한 사람들이 손을 대면 창의력, 생산성, 안정성, 민감성, 재능이 넘쳐야 한다. 천국에 있는 모든 것이 이 땅에도 나타나야 한다. 과연 우리는 이 어두운 세상의 빛이 되어야 한다.

물론 규모는 훨씬 작지만 구약에서도 그런 장면을 볼 수 있다. 요셉은 형들의 미움 때문에 큰 고생을 겪었다. 그런데 노예인 그를 통해서도 배울 것이 많다.

> 여호와께서 요셉과 함께하시므로 그가 형통한 자가 되어 그의 주인 애굽 사람의 집에 있으니 그의 주인이 여호와께서 그와 함께 하심을 보며 또 여호와께서 그의 범사에 형통하게 하심을 보았더라 … 그가 요셉을 가정 총무로 삼고 자기의 소유를 다 그의 손에 위탁하니 그가 요셉에게 자기의 집과 그의 모든 소유물을 주관하게 한 때부터 여호와께서 요셉을 위하여 그 애굽 사람의 집에 복을 내리시므로 여호와의 복이 그의 집과 밭에 있는 모든 소유에 미친지라(창 39:2-5).

주인 보디발은 단지 요셉이 밑에서 일해 준 탓에 엄청난 형통을 누렸다. 요셉은 존경받는 유급직도 아니고 노예 신분이었다!

요셉은 억울하게 감옥에 갇힌 뒤로도 계속 복을 받았을 뿐 아니라 그의 주변까지 형통했다. 결국 그는 다른 죄수들의 책임자가 되었다. 성경에 보면 "간수장은 그의 손에 맡긴 것을 무엇이든지 살펴보지 아니하였으니 이는 여호와께서 요셉과 함께하심이라 여호와께서 그를 범사에 형통하게 하셨더라"(23절)라고 했다. 어디에 있든지 비범한 삶이 요셉을 따라 다녔다. 감방도 예외가 아니었다!

다니엘과 그의 세 친구들도 있다. 세계 최강대국이었던 바빌론 정부를 위해 봉사하도록 징용된 그들은 정식 교육을 받지 못한 외국 소년들이었다. 그런데 면담 결과 담당자는 그들이 왕의 다른 모든 고문들보다 "십 배나 나은 줄"을 알았다(단 1:20 참조). 그들이 내놓은 새로운 방법과 운영 절차는 정부에 즉시 채택되었다. 그들은 비범한 사람들이었다.

다윗, 야곱, 룻, 에스더, 예레미야 등 다른 예들도 얼마든지 있다. 아직 천국에 가까웠을 뿐인 구약 사람들에게도 그런 일이 있었다면, 천국이 내면에 있는 우리에게는 얼마나 더 넘쳐야 하겠는가? 우리는 세상의 희망이요 이 땅의 소금이다. 우리는 넘치는 은혜로 말미암아 생명 안에서 다스려야 한다. 비범하게 살아야 한다!

막는 자가 있다

당신은 이렇게 물을 수 있다. "하나님은 우리가 세상(정부, 교육, 연예, 재정, 언론, 무역 등의 시스템)을 문자적으로 장악하기를 바라시는가? 예수께서 다시 오셔서 우리가 준비해 둔 상태를 인수받으실 수 있도록 말이다." 아니다, 성경은 그렇게 가르치지 않는다. 신약에 분명히 나와 있듯이, 세상 시스템은 여전히 어둠 속에 있고 불법에 젖어 있을 것이다. 그것이 예수님의 재림에 관해 바울이 데살로니가 교회에 쓴 내용이다.

누가 어떻게 하여도 너희가 미혹되지 말라 먼저 배교하는 일이 있고 [예언된 대로 자칭 그리스도인들이 대대적으로 변절하고] 저 불법[죄]의 사

람 곧 멸망의 아들이 나타나기 전에는 그날이 이르지 아니하리니 그
는 대적하는 자라 신이라고 불리는 모든 것과 숭배함을 받는 것에 대
항하여 그 위에 자기를 높이고 [실제로] 하나님의 성전에 앉아 자기를
하나님이라고 내세우느니라 내가 너희와 함께 있을 때에 이 일을 너
희에게 말한 것을 기억하지 못하느냐 너희는 지금 그로 하여금 그의
때에 나타나게[지금 당장 나타나지 못하게] 하려 하여 [그를] 막는 것이
있는 것을 아나니(살후 2:3-6).

이 말씀을 비롯하여 여러 말씀에 나와 있는 대로, 예수께서 재림하시기
전에 세상 시스템은 썩어갈 것이다. 재림 후에야 그분은 하나님의 원수들
을 멸하고 이 땅에 그분의 물리적인 통치를 여실 것이다(계 19:11-20:6 참조).
그런데 보다시피, 누군가가 하나님을 향한 대역(大逆)의 화신을 "막고" 있
다. 사실 그분은 적그리스도뿐 아니라 전체 불법까지 저지하고 있다.

불법의 비밀[하나님의 권세에 반역하는 숨은 원리]이 이미 활동하였으나
지금은 그것을 막는 자가 있어 [그 막는 자(he)가] 그중에서 옮겨질 때까
지 하리라(7절).

바울의 말은 적그리스도의 시대뿐 아니라 모든 신약 시대를 아우르며
거기에는 당연히 지금도 포함된다. 그러므로 적그리스도가 올해 나타나
든 앞으로 50년 후에 나타나든 이 말씀은 분명히 지금도 적용된다. 누군
가가 불법을 저지하고 있다. 그렇다면 그가 누구인가?
첫 번째 논리적 가정은 성령이다. 하지만 그분일 수는 없다. "불법의 사
람"이 다스리는 기간에 많은 사람들이 예수 그리스도께 삶을 드릴 텐데,

성경은 성령의 감화가 없이는 누구도 예수님께 올 수 없고 "성령으로 아니하고는 누구든지 예수를 주시라 할 수 없느니라"(고전 12:3)고 했다. 그러므로 "막는 자"는 성령이 될 수 없다.

다른 가능성은 그리스도의 몸 된 교회다. "막는 자(he)"가 옮겨진다는 것은 주께서 오셔서 참 신자들(교회[살전 4:16-17, 고전 15:51-52 참조])을 취하여 가실 때를 말한다. 예수 그리스도는 여성 대명사(she)로 지칭된 적이 없으므로 그분은 틀림없이 남성이다. 그분의 교회인 "몸"을 말할 때는 그 몸이 남성으로 지칭되어야 한다. 반면, 우리와 예수님의 관계를 말할 때는 우리가 "그리스도의 신부"(엡 5:25-32 참조)이므로 여성으로 표현된다. 하지만 권세와 관련해서는 "그리스도의 몸"은 남성으로 취급된다.

예수님 자신이 생명 안에서 다스려 불법을 막으셨듯이 그리스도가 통치하는 몸인 교회(남성 대명사로 표현된 "막는 자")도 불법을 막을 수 있다. 우리 주님은 "내가 세상에 있는 동안에는 세상의 빛이로라"(요 9:5)라고 하셨다. 그리고 우리에게 "너희는 세상의 빛이라"(마 5:14)라고 하신다. 그분은 머리이시고 우리는 그분의 몸이다. 예수께서 세상의 빛이시듯 우리도 세상의 빛이다.

빛은 어둠을 물리칠 수 있지만 어둠은 빛을 이길 수 없다. 어둠을 밝히는 전등은 있지만 빛을 어둡게 하는 도구는 없다. 강당에 가득한 사람들에게 60와트 전등을 하나씩 준다면 강당이 불빛으로 환해질 것이다. 그러나 60와트 전등을 가진 사람이 몇 명 안 된다면 그 불빛은 희미할 것이다. 어둠이 빛을 결코 막을 수는 없지만 빛의 존재가 줄어들면 그만큼 빛이 흐려지는 것이다.

마찬가지로, 자신이 그리스도 예수 안에서 은혜의 능력 가운데 승리하는 자임을 깨닫는 사람들이 많지 않다면 이 세상도 그만큼 흐려진다. 우리는 너무나 오랫동안 세상을 희미하게만 밝혀 왔다. 하지만 계속 그 상태로 있을 필요가 없다!

나에게는 꿈이 있다! 남녀노소로 이루어진 그리스도의 몸이 빛으로 충만하여, 하나님이 숨겨 두신 내면의 것들이 깨어나고 그분의 영광과 능력이 밝히 드러나는 꿈이다. 이들의 삶은 아주 비범하여, 그들의 말뿐 아니라 매력 넘치는 삶과 훌륭한 행실 때문에 허다한 무리가 하나님 나라로 들어온다. 나는 이 꿈이 하나님이 주신 것이라고 믿는다. 이사야도 그렇게 예언했다.

> 일어나라 빛을 발하라 이는 네 빛이 이르렀고 여호와의 영광이 네 위에 임하였음이니라 보라 어둠이 땅을 덮을 것이며 캄캄함이 만민을 가리려니와 오직 여호와께서 네 위에 임하실 것이며 그의 영광이 네 위에 나타나리니 나라들[비신자들]은 네 빛으로, 왕들은 비치는 네 광명으로 나아오리라(사 60:1-3).

보다시피 세상은 어둠 속에 있고 사람들은 캄캄함 중에 있을 것이다. 그러나 빛이 비칠 것이다! 60와트 전등을 켜는 사람들이 점점 많아지면서 강당의 희미한 불빛이 점점 환하게 바뀔 것이다.

이사야는 여호와의 영광이 내려오지 않고 "네 위에 일어났음이니라(NKJV)"고 예언한다. 교회에 큰 부흥이 시작되기를 고대하고 있는 그리스도인들이 참 많다. 하지만 나는 하나님 쪽에서 우리가 깨어나기를 기다리고 계신다고 믿는다. 그분은 우리가 본래 어떤 존재로 지음 받았는지를 깨닫고, 우리 안에 이미 주신 능력을 실제로 써먹기를 기다리고 계신다. 우리가 참으로 믿는다면 우리 모두 세상의 어두운 모습을 환히 밝히는 존재들이 될 것이다. 우리의 비범한 삶에 비신자들의 마음이 끌리게 될 것이다. 이 얼마나 감격스런 시대에 살고 있는가!

방해까지도 기뻐할 수 있는 믿음

성경에서 보는 바와 같이 이 일이 이루어지는 데는 방해꾼이 있다. 그렇다면 이 방해가 은혜로 사는 비범한 삶을 막는 힘이 될 수 있을까? 아니다. 비범한 사람은 환난까지도 오히려 기회로 보아야 한다. 요셉의 역경은 위대한 사명으로 가는 길이었다. 모세는 광야에서 양을 친 경험을 통해 이스라엘 나라를 목양할 준비가 되었다. 그는 바로의 아들로서 세상 모든 학문과 강력한 리더십을 배웠지만 그것으로 이스라엘 백성을 지도하지 않았다. 학대받던 노예들을 돌보려면 목자의 심정이 필요했다. 다

> 우리는 그냥 이기는 정도가 아니라 넉넉히 이기는 자들이다! 생명 안에서 다스리는 자의 눈에는 모든 방해가 기회가 된다.

윗과 그의 동지들도 역경을 통해 왕조를 세울 준비를 갖추었다. 그밖에도 많이 있다.

바울은 초대교회를 향해 "우리가 하나님의 나라에 들어가려면 많은 환난을 겪어야 할 것이라"(행 14:22)라고 했다. 이번 장에서 배운 정의를 넣어 이 말씀을 다시 읽어 보자. "우리가 일어나 하나님의 엄위하신 통치에 들어가려면 많은 환난을 겪어야 할 것이라." 다시 말해서, 생명 안에서 다스리는 데는(비범하게 사는 데는) 반드시 방해가 따른다.

싸움이 없으면 승리도 없다. 방해가 없으면 새로 취할 땅도 없다. 한동안 바울은 삶의 이 부분을 잘못 보았었다. 그래서 사탄의 사자가 자신을 괴롭히자 그 문제를 없애 달라고 주께 세 번이나 간구했다. 하지만 하나님

의 응답은 그의 기대와 달랐다. "내 은혜가 네게 족하도다 이는 내 능력이 약한 데서 온전하여짐이라"(고후 12:9). 바울의 약함은 사탄의 방해를 물리치지 못하는 무능한 육신이었다. 하나님은 다만 이렇게 말씀하신다. "비범한 삶이 인간의 힘으로 뭔가를 해낼 수 없을 때 시작됨을 모르느냐? 바로 그때 내 은혜[능력]가 간극을 메운다. 그러니 내가 그 방해거리를 제할 이유가 무엇이냐? 네가 내 은혜로 말미암아 그것을 물리쳐 멸해야 한다!"

이 사실을 알고 나서 바울은 이렇게 말했다.

> 그러므로 도리어 크게 기뻐함으로 나의 여러 약한 것들[무능함]에 대하여 자랑하리니 이는 그리스도의 능력[은혜]이 내게 머물게 하려 함이라 그러므로 내가 그리스도를 위하여 약한 것들과 능욕과 궁핍과 박해와 곤고를 기뻐하노니 이는 내가 [인간의 힘으로] 약한 그때에 [하나님의 은혜로] 강함이라(고후 12:9-10).

문제를 대하는 태도가 얼마나 달라졌는가. 문제를 없애 달라던 그가 이제 그 방해를 기뻐한다고 말한다. 은혜의 능력을 터득한 것이다!

그래서 몇 년 후에 바울은 이렇게 썼다. "누가 우리를 그리스도의 사랑에서 끊으리요 환난이나 곤고나 박해나 기근이나 적신이나 위험이나 칼이랴 … 그러나 이 모든 일에 우리를 사랑하시는 이로 말미암아 우리가 넉넉히 이기느니라"(롬 8:35, 37). 우리는 그냥 이기는 정도가 아니라 넉넉히 이기는 자들이다! 다시 말해서, 생명 안에서 다스리는 자의 눈에는 모든 방해가 기회가 된다.

마지막으로 남길 주의사항, 권고의 말이 있다. 바울은 고린도 교인들에게 "내가 예언하는 능력이 있어 모든 비밀과 모든 지식을 알고 또 산을 옮길 만한 모든 믿음이 있을지라도 사랑이 없으면 내가 아무것도 아니요"(고전 13:2)라고 썼다. 하나님의 은혜 안에서 자신의 참 정체도 알았고 내 안에 거하는 지극히 크신 능력도 발견했으나 우리의 동기가 긍휼과 진실한 사랑이 아니라면, 우리는 자신에게뿐 아니라 자기 영향권 내의 사람들에게도 쓸모없는 존재가 된다.

예수님을 움직인 것은 긍휼이다. 긍휼은 그분의 믿음과 은혜의 배후 원동력이었다. 긍휼(불쌍히 여김)이라는 단어에 관해 복음서 전체를 살펴보며 공부해 보라. 예수님이 긍휼한 마음에 이끌리신 적이 얼마나 많았는지 발견하게 될 것이다. 성경은 "그리스도 예수 안에서는 할례나 무할례나 효력이 없으되 사랑으로써 역사하는 믿음뿐이니라"(갈 5:6)라고 분명히 말한다. 이 서신에서 바울은 할례 대 무할례, 율법 아래의 삶 대 성령 안의 삶을 다루고 있다. 우리의 취지상 이 구절을 이렇게 바꾸어 볼 수 있다.

> 그리스도 예수 안에서는 평범한 삶이나 비범한 삶이나 사랑 없이는 효력이 없으되 지극히 유익한 것은 사랑으로써 역사하는 믿음이니라.

우리의 힘으로 하나님의 일을 하려 한다면 그것은 지극히 어리석은 일이다. 성경이 너무나 분명히 그 사실을 말해 주고 있다. 그런데도 믿음 없이 인간의 힘만으로 하나님을 기쁘시게 하려는 사람들이 얼마나 많은가?

반면, 이 책에 나온 모든 계시를 충분히 깨닫고 비범하게 살려고 하되 사랑 없이 하려 한다면 그 또한 똑같이 어리석은 일이다. 하지만 긍휼과 진실한 사랑이 동기가 되어 믿음으로 말미암아 은혜의 능력 가운데 산다면 그것은 하나님과 사람들 앞에 큰 효력이 있다. 당신이 우리 세대의 비범한 사람들 가운데 하나가 되기를 빈다! 일어나 빛을 발하며 그분의 엄위하신 통치와 영광스런 다스림을 드러낼 것을 믿는다.

능히 너희를 보호하사 거침이 없게 하시고 너희로 그 영광 앞에 흠이 없이 기쁨으로 서게 하실 이 곧 우리 구주 홀로 하나이신 하나님께 우리 주 예수 그리스도로 말미암아 영광과 위엄과 권력과 권세가 영원 전부터 이제와 영원토록 있을지어다 아멘(유 1:24-25).

'빛나는 그리스도인의 삶'을 시작하는 기도

빛나는 그리스도인의 삶은 어떻게 시작될까? 그것은 무엇보다, 예수 그리스도께서 당신을 위해 해주신 일과 관계된다. 예수님은 당신의 창조 주이신 하나님 아버지께 당신을 되돌려 주시려고 귀한 목숨을 버리셨다. 당신이 영생을 살 수 있는 유일한 값은 십자가에서 죽으신 그분의 죽음뿐 이다.

성별, 나이, 사회 계층, 인종, 배경, 종교, 그 밖의 모든 인간적 호불호 와 관계없이 당신은 하나님의 자녀가 될 자격이 있다. 하나님은 당신이 그 분의 가족이 되기를 간절히 바라신다. 그렇게 되는 길은 간단하다. 그동 안 하나님을 떠나 살아온 죄를 버리고 당신의 삶을 주님 되신 예수 그리스 도께 드리면 된다. 그렇게 하면 당신은 말 그대로 다시 태어나며 더 이상 어둠의 노예가 아니다. 예수 그리스도의 십자가를 믿는 모든 사람들은 하 나님의 새로운 아들딸로 거듭나게 된다. 성경은 이렇게 선포하고 있다.

네가 만일 네 입으로 예수를 주로 시인하며 또 하나님께서 그를 죽은 자 가운데서 살리신 것을 네 마음에 믿으면 구원을 받으리라 사람이 마음으로 믿어 의에 이르고 입으로 시인하여 구원에 이르느니라(롬 10:9-10).

그러므로 예수 그리스도께서 당신을 위하여 죽으셨음을 믿고 당신의 삶을 그분께 드릴(더 이상 자신을 위해 살지 않을) 마음이 있다면, 진실한 마음으로 다음과 같이 기도하기 바란다. 그러면 하나님의 자녀로 다시 태어날 것이다.

하늘에 계신 하나님, 제가 죄인인 것과 하나님의 의로운 기준에 미치지 못하였음을 인정합니다. 저는 죄 때문에 영원히 심판을 받아 마땅합니다. 하지만 저를 그 상태로 두지 않으시니 감사합니다. 저는 하나님이 외아들 예수 그리스도를 보내 주신 것과 예수께서 동정녀 마리아에게 나셔서 십자가에서 저를 위해 죽으시고 제 심판을 대신 받으신 것을 믿습니다. 또한 사흘 만에 부활하셔서 지금 저의 구주와 주님으로 하나님의 오른편에 앉아 계신 것을 믿습니다. 그래서 오늘 _____년 ___월 ___일에 저는 주님 되신 예수님께 제 삶을 전부 드립니다.

예수님, 예수님을 저의 주님과 구주와 왕으로 고백합니다. 성령을 통하여 제 삶 속에 들어오셔서 저를 하나님의 자녀로 변화시켜 주십시오. 그동안 붙들고 살았던 어둠의 일들을 버립니다. 오늘부터 저는 더 이상 저 자신을 위해 살지 않고 제게 영생을 주시려고 자신을 버리신 예수님을 위해 살겠습니다.

주님, 감사합니다. 이제 제 삶은 완전히 주님의 손안에 있습니다. 주님의 말씀대로 저는 결코 부끄러움을 당하지 않을 것입니다. 예수님의 이름으로 기도합니다, 아멘.

이제 당신은 구원받았다. 하나님의 자녀가 되었다! 지금 이 순간 온 천국이 당신과 함께 기뻐하고 있다. 한 가족이 된 것을 환영한다! 이제 다음세 가지 유익한 일을 권하고 싶다.

1. 방금 당신이 한 일을 다른 신자들에게 나누라. 성경에 보면 어둠을 이기는 방법 중 하나가 우리의 증언이라고 했다(계 12:11 참조). 우리 사역기관 메신저 인터내셔널에 연락할 것을 권한다 (messengerinternational.org). 당신의 이야기를 듣고 싶다.

2. 하나님의 말씀을 가르치는 좋은 교회에 나가라. 등록하고 참여하라. 부모는 갓 태어난 아기를 길에 내놓고 "알아서 살아가라!"고 하지 않는다. 당신은 그리스도 안에서 아기다. 하나님 아버지께서 당신의 성장을 도울 가정을 준비해 두셨다. 바로 신약성경에서 말한 지역교회다.

3. 세례를 받으라. 당신은 이미 하나님의 자녀이지만 세례는 당신의 삶을 예수 그리스도를 통해 하나님께 드렸음을 영적인 세계는 물론 일반 세계에 공적으로 고백하는 일이다. 세례는 순종의 행위이기도 하다. 주님은 새 신자들에게 "아버지와 아들과 성령의 이름으로"(마 28:19) 세례를 주라고 명하셨다.

그리스도 안에서 새로 시작된 당신의 삶이 아주 잘되기를 바란다. 우리는 당신을 위해 꾸준히 기도할 것이다. 이 삶에 들어선 것을 환영한다!